舊五代史

四部備要

史部

上海中華書局據武英殿本校刊

桐鄉陸費逵總勘
杭縣高時顯
杭縣吳汝霖輯校
杭縣丁輔之監造

多　羅　質　郡　王臣永瑢等謹

奏爲舊五代史編次成書恭呈

御覽事臣等伏案薛居正等所修五代史原由官撰成自宋初以一百五十卷之書括八姓十三主之事具有本末可爲鑒觀雖值一時風會之衰體格尙沿于冗弱而垂千古廢興之迹異同足備夫參稽故以楊大年之淹通司馬光之精確無不資其賅貫據以編摩求諸列朝正史之間實亦劉昫舊書之比乃徵唐事者並傳天福之本而考五代者惟行歐陽之書致此逸文寖成墜簡閱沈淪之已久信顯晦之有時欽惟我

皇上紹繹前聞網羅羣典

發祕書而讎校廣四庫之儲藏欣覩遺篇因裒散帙首尾略備篇目可尋經呵

護以偶存知表章之有待非當

聖世曷闡成編臣等謹率同總纂官右春坊右庶子臣陸錫熊翰林院侍讀臣

紀昀纂修官編修臣邵晉涵等按代分排隨文勘訂彙諸家以搜其放失

臚衆說以補其闕殘復爲完書可以繕寫竊惟五季雖屬閏朝文獻足徵
治忽宜監有薛史以綜事蹟之備有歐史以昭筆削之嚴相輔而行偏廢
不可幸遭逢乎
盛際得煥發其幽光所裨實多先覩爲快臣等已將永樂大典所錄舊五代史
依目編輯勒成一百五十卷謹分裝五十八冊各加考證粘籤進
呈敬請刊諸
祕殿頒在學官搜散佚于七百餘年廣體裁于二十三史著名山之錄允宜
傳播于人間儲
乙夜之觀冀稟折衷于
睿鑒惟慚疏陋伏候
指揮謹
奏乾隆四十年七月初三日
多羅質郡王臣永瑢

經筵日講起居注官武英殿大學士臣舒赫德
經筵日講起居注官文華殿大學士臣于敏中
工部尚書和碩額駙一等忠勇公臣福隆安
經筵講官協辦大學士吏部尚書臣程景伊
經筵講官戶部尚書臣王際華
經筵講官禮部尚書臣蔡新
經筵講官兵部尚書臣嵇璜
經筵講官刑部尚書仍兼戶部侍郎臣英廉
都察院左都御史臣張若溎
經筵講官吏部左侍郎臣曹秀先
戶部右侍郎臣金簡

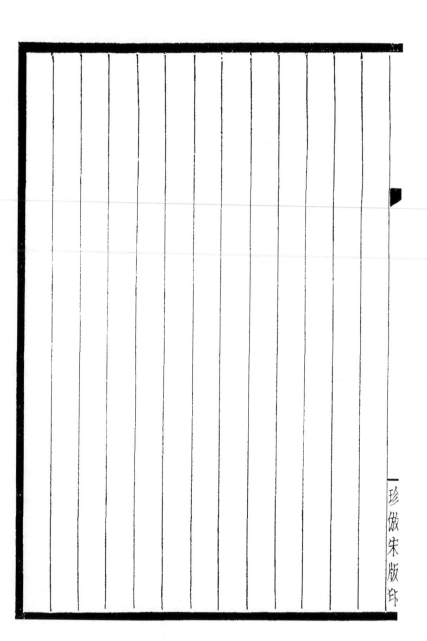

奉

旨開列編校舊五代史諸臣職名

總裁

多羅質郡王臣永瑢

經筵日講起居注官太子太保武英殿大學士御前大臣管理吏部刑部兼管戶部三庫掌翰林院事教習庶吉士兼管鑲黃旗滿洲都統事務世襲雲騎尉臣舒赫德

經筵日講起居注官太子太保文華殿大學士管理戶部事務掌翰林院事臣于敏中

太子太保議政大臣御前大臣領侍衛內大臣工部尚書正白旗滿洲都統管理戶部三庫兼管兵部理藩院總管內府大臣步軍統領鑾儀衛掌衛事總管健銳營官兵事務管理善撲處總管御茶膳房養心殿造辦處武備院奉宸苑事務圓明園八旗內府三旗官兵和碩額駙一等忠勇公臣福隆安

經筵講官協辦大學士吏部尚書教習庶吉士臣程景伊

經筵講官太子少傅戶部尚書臣王際華

經筵講官禮部尚書兼管國子監事務臣蔡新

經筵講官兵部尚書臣嵇璜

經筵講官議政大臣刑部尚書仍兼辦戶部侍郎事務管理三庫事務正黃旗滿洲都統總管內務府大臣臣英廉

都察院左都御史臣張若溎

經筵講官吏部左侍郎臣曹秀先
戶部右侍郎署正紅旗蒙古副都統總管內務府大臣臣金簡

總纂

右春坊右庶子今陞翰林院侍讀學士臣陸錫熊
翰林院侍讀臣紀昀

纂修

翰林院編修臣邵晉涵

提調

司經局洗馬臣夢吉
翰林院編修臣劉錫嘏
翰林院編修臣百齡
翰林院檢討臣王仲愚
翰林院編修臣張燾

翰林院編修臣宋銑

翰林院編修臣蕭際韶

吏部考功司郎中今改福建道監察御史臣章寶傳

吏部文選司員外郎今陞考功司郎中臣馮應榴

御製題舊五代史八韻

上承唐室下開宋五代興衰紀欲詳舊史原監薛居正宋開寶中詔修五代史盧多遜扈蒙張澹李昉劉兼李穆李九齡同修宰相薛居正監修書成凡百五十卷其後歐陽修別譔五代史記七十五卷藏於家修歿後官爲刊印新書重撰吉歐陽泰和獨用滋侵佚歐史既出遂與薛史並行當時以薛史爲舊史歐史爲新史至金章宗泰和時始詔學官專用歐陽史於是薛史遂微元明以來傳本漸就湮沒永樂分收究未彰永樂大典雖載其文然割裂淆舛已非居正等篇第之舊四庫蒐羅今制創羣儒排纂故編償因校四庫全書詞臣等於永樂大典各韻所引薛史甄錄條繫得十之八九復採冊府元龜太平御覽通鑑考異五代會要契丹國志北夢瑣言諸書以補其缺並參考新舊唐書東都事略宋史遼史續通鑑長編五代春秋九國志十國春秋及宋人說部文集幷碑碣尚存者以資辨證卷帙悉符原書而考核更加詳備殘縑斷簡研磨細合璧連珠體裁去聲良遂使已湮得再顯果然紹遠藉搜旁兩存例可援劉昫書成呈覽館臣請倣劉昫舊唐書之例列于廿三史刊布學官從之專注事曾傳馬光薛史文筆雖不及歐史謹嚴而敘事頗爲詳核其是非亦不詭於正司馬光通鑑多採用之序以行之詩代序惕懷殷鑒念尤長

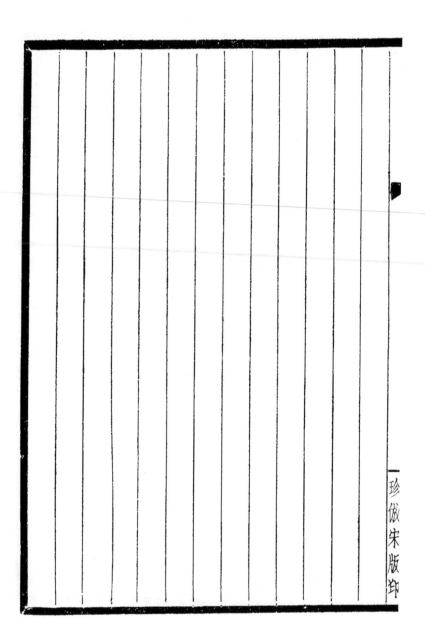

舊五代史編定凡例

一薛史原書體例不可得見今考其諸臣列傳多云事見某書或云某書有傳知其于梁唐晉漢周斷代爲書如陳壽三國志之體故晁公武讀書志直稱爲詔修梁唐晉漢周書今仍按代分編以還其舊

一薛史本紀沿舊唐書帝紀之體除授沿革鉅纖畢書惟分卷限制爲永樂大典所割裂已不可考詳核原文有一年再紀元者如上有同光元年春正月下復書同光元年秋七月知當于七月以後別爲一卷蓋其體亦仿舊唐書通鑑尙沿其例也今釐定編次爲本紀六十一卷與玉海所載卷數符合

一薛史本紀俱全惟梁太祖紀原帙已闕其散見各韻者僅得六十八條今據冊府元龜諸書徵引薛史者按條采掇尙可薈萃謹仿前人取魏澹書高氏小史補北魏書之例按其年月條繫件附釐爲七卷

一五代諸臣類多歷事數朝首尾牽連難于分析歐陽修新史以始終從一者入梁唐晉漢周臣傳其兼涉數代者則創立雜傳歸之褒貶謹嚴于史法最

合薛史僅分代立傳而以專事一朝及更事數姓者參差錯列賢否混淆殊乖史體此卽其不及歐史之一端因篇有論贊總敘諸人難以割裂更易姑仍其舊以備參考得失所在讀史者自能辨之

一后妃列傳永樂大典中惟周后妃傳全帙具存餘多殘闕今采五代會要通鑑契丹國志北夢瑣言諸書以補其闕用雙行分注不使與本文相混也

一宗室列傳永樂大典所載頗多脫闕今並據冊府元龜通鑑注諸書采補其諸臣列傳中偶有闕文亦仿此例

一諸臣列傳其有史臣原論者俱依論中次第排比若原論已佚則考其人之事蹟以類分編

一薛史標目如李茂貞等稱世襲傳見于永樂大典原文其楊行密等稱僭僞傳則見于通鑑考異今悉依仿編類以還其舊

一薛史諸志永樂大典內偶有殘闕今俱采太平御覽所引薛史增補仍節錄五代會要諸書分注于下以備參考

一凡紀傳中所載遼代人名官名今悉從遼史索倫語解改正

一永樂大典所載薛史原文多有字句脫落音義舛訛者今據前代徵引薛史之書如通鑑考異通鑑注太平御覽太平廣記冊府元龜玉海筆談容齋五筆青緗雜記職官分紀錦繡萬花谷藝文類聚記纂淵海之類皆爲參互校訂庶臻詳備

一史家所紀事蹟流傳互異彼此各有舛誤今據新舊唐書東都事略宋史遼史續通鑑長編五代春秋九國志十國春秋及宋人說部文集與五代碑碣尚存者詳爲考核各加案語以資辨證

一陶岳五代史補王禹偁五代史闕文本以補薛史之闕雖事多瑣碎要爲有裨史學故通鑑歐陽史亦多所取今並仿裴松之三國志注體例附見于後

一薛史與歐史時有不合如唐閔帝紀薛史作明宗第三子而歐史作第五子考五代會要通鑑並同薛史又歐史唐家人傳云太祖有弟四人曰克讓克修克恭克寧皆不知其父母名號據薛史宗室傳則克讓爲仲弟克寧爲季

弟克修爲從父弟父曰德成克恭爲諸弟非皆不知其父母名號又晉家人傳止書出帝立皇后馮氏考薛史紀傳馮氏未立之先追冊張氏爲皇后而歐史不載又張萬進賜名守進故薛史本紀先書萬進後書守進歐史刪去賜名一事故前後遂如兩人其餘年月之先後官爵之遷授每多互異今悉爲辨證詳加案語以示折衷

一歐史改修原據薛史爲本其閒有改易薛史之文而涉筆偶誤者如章如愚山堂考索論歐史載梁遣人至京師紀以爲朱友謙傳以爲朱友諒楊涉相梁三仕三已而歲月所具紀載實異至末年爲相但書其罷而了不知其所入歲月唐明宗在位七年餘而論贊以爲十年之類是也有尙沿薛史之舊而未及刊改者如吳縝五代史纂誤譏歐史杜曉傳幅巾自廢不當云十餘年羅紹威傳牙軍相繼不當云二百年之類是也今並各加辨訂于每卷之後庶二史異同得失之故讀者皆得以考見焉

舊五代史提要

臣等謹案舊五代史一百五十卷並目錄二卷宋司空同中書門下平章事薛居正等撰考晁公武讀書志云開寶中詔修梁唐晉漢周書盧多遜扈蒙張澹李昉劉兼李穆李九齡同修宰相薛居正等監修玉海引中興書目云開寶六年四月戊申詔修五代史七年閏十月甲子書成凡百五十卷目錄二卷爲紀六十一志十二傳七十七多據累朝實錄及范質五代通錄爲稿本其後歐陽修別錄五代史記七十五卷藏于家修歿後官爲刊印學者始不專習薛史然二書猶並行于世至金章宗泰和七年詔學官止用歐陽史于是薛史遂微元明以來罕有援引其書者傳本亦漸就湮沒惟明內府有之見于文淵閣書目故永樂大典多載其文然割裂淆亂已非居正等篇第之舊恭逢

聖朝右文稽古網羅放佚零縑斷簡皆次第編摩臣等謹就永樂大典各韻中所引薛史甄錄條繫排纂先後檢其篇第尙得十之八九又考宋人書之

徵引薛史者每條采錄以補其闕遂得依原書卷數勒成一編晦而復彰散而復聚殆實有神物呵護以待時而出者遭逢之幸洵非偶然也歐陽修文章遠出居正等上其筆削體例亦特謹嚴然自宋時論二史者卽互有所主司馬光作通鑑胡三省作通鑑注皆專據薛史而不取歐史沈括洪邁王應麟輩爲一代博洽之士其所著述于薛歐二史亦多兼采而未嘗有所軒輊蓋修所作皆刊削舊史之文意主斷制不肯以紀載叢碎自貶其體故其詞極工而于情事或不能詳備至居正等奉詔撰述本在宋初其時秉筆之臣尚多逮事五代見聞較近紀傳皆首尾完具可以徵信故異同所在較核事蹟往往以此書爲長雖其文體卑弱不免敘次煩冗之病而遺文瑣事反藉以獲傳實足爲考古者參稽之助又歐史止述司天職方二考而諸志俱闕凡禮樂職官之制度選舉刑法之沿革上承唐典下開宋制者一概無徵亦不及薛史諸志爲有裨于文獻蓋二書繁簡各有體裁學識兼資難于偏廢昔修與宋祁所撰新唐書事增文省足以

括劉昫舊書而昫書仰荷

皇上表章今仍得列于正史況是書文雖不及歐陽而事蹟較備又何可使隱沒不彰哉謹考次舊文釐爲梁書二十四卷唐書五十卷晉書二十四卷漢書十一卷周書二十二卷世襲列傳二卷僭僞列傳三卷外國列傳二卷志十二卷共一百五十卷別爲目錄二卷而蒐羅排纂之意則著于凡例具列如左乾隆四十年七月恭校上

舊五代史目錄上

舊五代史目錄上

舊五代史目錄下

卷九十一　晉書第十七

列傳六

舊五代史目錄下

舊五代史卷一

宋門下侍郎參知政事監修國史薛居正等撰

梁書第一

太祖紀一

太祖神武元聖孝皇帝姓朱氏諱晃本名溫宋州碭山人其先舜司徒虎之後高祖黯曾祖茂琳祖信父誠帝卽誠之第三子母曰文惠王皇后（五代會要梁肅祖宣元皇帝諱黯舜司徒虎四十二代孫開平元年七月追尊宣元皇帝廟號肅祖葬興極陵敬祖光獻皇帝諱茂琳宣元皇帝長子母曰宣僖皇后范氏開平元年七月追尊光獻皇帝廟號敬祖葬永安陵憲祖昭武皇帝諱信光獻皇帝長子母曰光孝皇后楊氏開平元年七月追尊昭武皇帝廟號憲祖葬光天陵烈祖文穆皇帝諱誠昭武皇帝長子母曰昭懿皇后劉氏開平元年七月追尊文穆皇帝廟號烈祖葬咸寧陵）以唐大中六年歲在壬申十月二十一日夜生于碭山縣午溝里是夕所居廬舍之上有赤氣上騰里人望之皆驚奔而來曰朱家火發矣及至則廬舍儼然既入鄰人以誕孩告衆咸異之昆仲三人俱未冠而孤母攜養寄于蕭縣人劉崇之家帝既壯不事生業以雄勇自負里人多厭之崇以其慵惰每加譴杖惟崇母自幼憐之親爲櫛髮

嘗誡家人曰朱三非常人也汝輩當善待之家人問其故答曰我嘗見其熟寐之次化爲一赤蛇然衆亦未之信也唐僖宗乾符中關東薦饑羣賊嘯聚黄巢因之起于曹濮饑民願附者凡數萬帝乃辭崇家與仲兄存俱入巢軍以力戰屢捷得補爲隊長唐廣明元年十二月甲申黄巢陷長安遣帝領兵屯于東渭橋是時夏州節度使諸葛爽率所部屯于櫟陽巢命兵招諭爽爽遂降于巢中和元年二月巢以帝爲東南面行營先鋒使令攻南陽下之六月帝歸長安巢親勞于灞上七月巢遣帝西拒邠岐鄜夏之師于興平所至皆立功二年二月巢以帝爲同州防禦使使自攻取帝乃自丹州南行以擊左馮翊拔之遂據其郡時河中節度使王重榮屯兵數萬糾兵諸侯以圖興復帝時與之隣封屢爲重榮所敗遂請濟師于巢表章十上爲僞左軍使孟楷所蔽不達又聞巢軍勢蹙諸校離心帝知其必敗九月帝遂與左右定計斬僞監軍使嚴實舉郡降于重榮重榮卽日飛章上奏時僖宗在蜀覽表而喜曰是天賜予也乃詔授帝左金吾衛大將軍充河中行營副招討使仍賜名全忠自是率所部與河中兵士

偕行所向無不克捷三年三月僖宗制授帝宣武軍節度使依前充河中行營副招討使仍令候收復京闕卽得赴鎮四月巢軍自藍關南走帝與諸侯之師俱收長安乃率部下一旅之衆仗節東下七月丁卯入于梁苑是時帝年三十有二時蔡州刺史秦宗權與黃巢餘孽合從肆虐共圍陳州久之僖宗乃命帝爲東北面都招討使時汴宋連年阻饑公私俱困帑廩皆虛外爲大敵所攻內則驕軍難制交鋒接戰日甚一日人皆危之惟帝銳氣益振是歲十二月帝領兵于鹿邑與巢衆相遇縱兵擊之斬首二千餘級乃引兵入亳州因是兼有譙郡之地四年春帝與許州田從異諸軍同收瓦子寨殺賊數萬衆是時陳州四面賊寨相望驅擄編氓殺以充食號爲舂磨寨帝分兵翦撲大小凡四十戰四月丁巳收西華寨賊將黃鄴單騎奔陳帝乘勝追之鼓噪而進會黃巢遁去遂入陳州刺史趙犨迎于馬前俄聞巢黨尚在陳北故陽壘帝遂逕歸大梁是時河東節度使李克用奉僖宗詔統騎軍數千同謀破賊與帝合勢于中牟北邀擊之賊衆大敗于王滿渡多束手來降時賊將霍存葛從周張歸厚張歸霸皆

匍匐于馬前悉宥而納之遂逐殘寇東至于寃句五月甲戌帝與晉軍振旅歸
汴館克用于上源驛既而備犒宴之禮克用乘醉任氣帝不平之是夜命甲士
圍而攻之會大雨雷電克用因得于電光中踰垣遁去惟殺其部下數百人而
已六月陳人感解圍之惠爲帝建生祠堂于其郡是歲黃巢雖殄而蔡州秦宗
權繼爲巨孽有衆數萬攻陷鄰郡殺掠吏民屠害之酷更甚巢賊帝患之七月
遂與陳人共攻蔡賊于溵水殺數千人九月己未僖宗就加帝檢校司徒同平
章事封沛郡侯食邑千戶光啓元年春蔡賊掠亳頴二郡帝帥師以救之遂東
至于焦夷敗賊衆數千生擒賊將殷鐵林梟首以徇軍而還二月僖宗自蜀還
長安改元光啓四月戊辰就加帝檢校太保增食邑千五百戶十二月河中太
原之師逼長安觀軍容使田令孜奉僖宗出幸鳳翔二年春蔡賊益熾時唐室
微弱諸道州兵不爲王室所用故宗權得以縱毒連陷汝洛懷孟唐鄧許鄭圜
幅數千里殆絕人烟惟宋亳滑頴僅能閉壘而已帝累出兵與之交戰然或勝
或負人甚危之三月庚辰僖宗降制就封帝爲沛郡王是月僖宗移幸興元五

月嗣襄王煴僭即帝位于長安改元爲建貞遣使齎僞詔至汴帝命焚之于庭未幾襄王果敗七月蔡人逼司州節度使鹿宴宏使來求救帝遣葛從周等率師赴援師未至而城陷宴宏爲蔡賊所害十一月滑州節度使安師儒以怠于軍政爲部下所殺帝聞之乃遣朱珍李唐賓襲而取之由是遂有滑臺之地十二月僖宗降制就加帝檢校太傅改封吳興郡王食邑三千戶是歲鄭州爲蔡賊所陷刺史李璠單騎來奔帝宥而納之以爲行軍司馬宗權既得鄭益驕帝遣裨將邏于金隄驛與賊相遇因擊之賊衆大敗追至武陽橋斬首千餘級帝每與蔡人戰于四郊既以少擊衆常出奇以制之但患師少未快其旨宗權又以己衆十倍于帝恥于頻敗乃誓衆堅決以攻夷門既而獲蔡之諜者備知其事遂謀濟師焉三年春二月乙巳承制以朱珍爲淄州刺史俾募兵于東道且慮蔡人暴其麥苗期以夏首回歸珍既至淄棣旬日之內應募者萬餘人又潛襲青州獲馬千匹鎧甲稱是乃鼓行而歸四月辛亥達于夷門帝喜曰吾事濟矣是時賊將張晊屯于北郊秦賢屯于版橋各有衆數萬樹柵相連二十餘里

其勢甚盛帝謂諸將曰此賊方今息師蓄銳以俟時必來攻我況宗權度我兵少又未知珍來謂吾畏懼止于堅守而已今出不意不如先擊之乃親引兵攻秦賢寨將士踴躍爭先賊果不備連拔四寨斬首萬餘級時賊衆以爲神助庚午賊將盧瑭領萬餘人于圃田北萬勝戍夾汴水爲營跨河爲梁以扼運路帝擇精銳以襲之是日昏霧四合兵及賊壘方覺遂突入掩殺赴水死者甚衆盧瑭自投于河河南諸賊連敗不敢復駐皆併在張晊寨自是蔡寇皆懷震讋往往軍中自相驚亂帝旋師休息大行犒賞繇是軍士各懷憤激每遇敵無不奮勇五月丙子出酸棗門自卯至未短兵相接賊衆大敗追斬二十餘里僵仆就枕宗權恥敗益縱其虐乃自鄭州親領突將數人逕入張晊寨其日晚大星隕于賊壘有聲如雷辛巳兗鄆滑軍士皆來赴援乃陳兵于汴水之上旌旗器甲甚盛蔡人望之不敢出寨翼日分布諸軍齊攻賊寨自寅至申斬首二萬餘級會夜收軍獲牛馬輜重生口器甲不可勝計是夜宗權晊遁去遲明追之至陽武橋而還宗權至鄭州乃盡焚其廬舍屠其郡人而去始蔡人分兵寇陝洛孟

懷許汝皆先據之因是敗也賊衆恐懼咸棄之而遁帝乃愼選將佐俾完葺壁壘爲戰守之備于是遠近流亡復歸者衆矣是時揚州節度使高駢爲裨將畢師鐸所害復有孫儒楊行密互相攻伐朝廷不能制乃就加帝檢校太尉兼領淮南節度使九月亳州裨將謝殷逐刺史宋袞自據其郡帝親領軍屯于太清宮遣霍存討平之帝之禦蔡寇也鄆州朱瑄兗州朱瑾皆領兵來援及宗權既敗帝以瑄瑾宗人也又有力于己皆厚禮以歸之瑄瑾以帝軍士勇悍私心愛之乃密于曹濮界上懸金帛以誘之帝軍利其貨而赴者甚衆帝乃移檄以讓之朱瑄來使不遜乃命朱珍侵曹伐濮以懲其奸未幾珍伐曹州執刺史邱禮以獻遂移兵圍濮兗鄆之釁自茲而始矣通鑑攷異引高若拙後史補云梁太祖皇帝到梁園深有大志然兵力不足常欲外掠又慮四境之難每有鬱然之狀時有薦敬秀才于門下乃白梁祖曰明公方欲圖大事輜重必爲四境所侵但令麾下將士詐爲叛者而逃即明公奏于主上及告四隣以自襲叛徒爲名梁祖曰天降奇人以佐于吾初從其議一出而致衆十倍十月僖宗命水部郎中王贊撰紀功碑以賜帝是月帝親帥騎數千巡師于濮上因破朱瑄援師于范縣丁未攻陷濮州刺史朱裕單騎奔鄆尋爲鄆人所敗踰月乃還十二月僖宗遣使

賜帝鐵券又命翰林承旨劉崇望撰德政碑以賜帝閏月甲寅帝請行營司馬李璠權知淮南留後乃遣大將郭言領兵援送以赴揚州文德元年正月帝率師東赴淮海行次宋州聞楊行密已拔揚州遂還是時李璠郭言行至淮上爲徐戎所扼不克進而還帝怒遂謀伐徐二月丙戌僖宗制以帝爲蔡州四面行營都統繇是諸鎮之師皆受帝之節制三月庚子昭宗卽位是月蔡人石璠領萬衆以剽陳亳帝遣朱珍率精騎數千擒璠以獻四月戊辰魏博樂彥禎失律其子從訓出奔相州使來乞師帝遣朱珍領大軍濟河連收黎陽臨河二邑既而魏軍推小校羅宏信爲帥宏信既立遣使送款于汴帝優而納之遂命班師是月河南尹張全義襲李罕之于河陽克之罕之單騎出奔因乞師于太原李克用爲發萬騎以援之罕之遂收其衆偕晉軍合勢急攻河陽全義危急遣使求救于汴帝遣丁會牛存節葛從周領兵赴之大戰于溫縣晉人與罕之俱敗于是河橋解圍全義歸于河陽因以丁會爲河陽留後五月己亥昭宗制以帝檢校侍中增食邑三千戶戊辰詔改帝鄉錦衣里曰沛王里是月帝以兼有洛

孟之地無西顧之患將大整師徒畢力誅蔡會蔡人趙德諲舉漢南之地以歸于朝廷且遣使送款于帝仍誓戮力同討宗權帝表其事朝廷因以德諲爲蔡州四面副都統又以河陽保義義昌三節度爲帝行軍司馬兼糧料應接至是帝領諸侯之師會德諲以伐蔡賊于汝水之上遂薄其城五日之內樹二十八寨以環之蓋象列宿之數也時帝親臨矢石一日飛矢中其左腋血漬單衣顧謂左右曰勿洩九月以糧運不繼遂班師是時帝知宗權殘孽不足爲患遂移兵以伐徐十月先遣朱珍領兵與時溥戰于吳康鎮徐人大敗連收豐蕭二邑溥攜散騎馳入彭門帝命分兵以攻宿州刺史張友攜符印以降既而徐人閉壁堅守遂命龐師古屯兵守之而還是月蔡賊孫儒攻陷揚州自稱淮南節度使龍紀元年正月龐師古攻下宿遷縣進軍于呂梁時溥領軍二萬晨壓師古之軍而陣師古促戰敗之斬首二千餘級溥復入于彭門二月蔡將申叢遣使來告縛秦宗權于帳下折其足而囚之矣帝即日承制以叢爲淮西留後未幾叢復爲都將郭璠所殺是月璠執宗權來獻帝遣行軍司馬李璠牙校朱克讓

檻送于長安既至昭宗御延喜樓受俘卽斬宗權于獨柳樹下蔡州平昭宗詔加帝食實封一百戶賜莊宅各一區三月又加帝檢校太尉兼中書令進封東平王賞平蔡之功也大順元年四月丙辰宿州小將張筠逐刺史張紹光擁衆以附時溥帝率親軍討之殺千餘人筠遂堅守乙卯時溥出兵碭山縣帝遣朱友裕以兵襲之敗徐軍三千餘衆獲沙陁援軍石君和等三十人斬于宿州城下六月辛酉淮南孫儒遣使修好于帝帝表其事請以淮南節度授于儒焉辛未昭宗命帝爲宣義軍節度使充河東東面行營招討使時朝廷宰臣張濬將兵討太原故也八月甲寅昭義都將馮霸殺沙陁所署節度使李克恭來降帝請河陽節度使朱崇節爲潞州留後戊辰李克用自率蕃漢步騎數萬以圍潞州帝遣葛從周率驍勇之士夜中銜枚犯圍而入于潞九月壬寅帝至河陽遣部將李讜引軍趨澤潞行至馬牢川爲晉人所敗帝又遣朱友裕張全義率精兵至鄆州北以爲應援既而崇節從周棄潞來歸戊申帝廷責諸將敗軍之罪斬李讜李重允以徇遂班師焉十月乙酉帝自河陽赴滑臺時奉詔將討太

原先遣使假道于魏魏人不從先是帝遣行人雷鄴告糴于魏既而為牙軍所殺羅宏信懼故不敢從命遂通好于太原十二月辛丑帝遣丁會葛從周率衆渡河取黎陽臨河又令龐師古霍存下淇門衛縣帝徐以大軍繼其後二年春正月魏軍屯于內黃丙辰帝與之接戰自內黃至永定橋魏軍五敗斬首萬餘級羅宏信懼遣使持厚幣請和帝命止其焚掠而歸其俘宏信由是感悅而聽命焉乃收軍屯于河上八月己丑帝遣丁會急攻宿州刺史張筠堅守其壁會乃率衆于州東築堰壅汴水以浸其城十月壬午筠遂降宿州平十一月丁未曹州裨將郭紹賓殺刺史郭饒舉郡來降是月徐將劉知俊率衆二千來降自是徐軍不振十二月兖州朱瑾領軍三萬寇單父帝遣丁會領大軍襲敗之于金鄉界殺二萬餘衆瑾單馬遁去景福元年正月遣丁會于兖州界徙其民數千戶于許州二月戊寅帝親征鄆先遣朱友裕屯軍于斗門甲申次衛南有飛烏止于峻堞之上鳴噪甚厲副使李璠曰將有不如意之事是夜鄆州朱瑄率步騎萬人襲朱友裕于斗門友裕拔軍南去乙酉帝晨救斗門不知友裕之退

前至斗門者皆爲鄆人所殺帝追襲鄆人至瓠河不及遂頓兵于村落間時朱瑄尚在濮州丁亥遇朱瑄率兵將歸于鄆遂來衝擊帝策馬南馳爲賊所追甚急前後浚溝躍馬而過張歸厚援矟力戰于其後乃免時李璠與部將數人皆爲鄆軍所殺五月丙午遣朱克讓率衆暴兗鄆之麥十一月遣朱友裕率兵攻濮州下之擒刺史邵儒以獻濮州平遂命移軍伐徐州二年四月丁丑龐師古下彭門梟時溥首以獻八月帝遣龐師古移兵攻兗駐于曲阜與朱瑾屢戰皆敗之十二月師古遣先鋒葛從周引軍以攻齊州刺史朱威告急于兗鄆既而朱瑄以援兵至遂固其壘乾寧元年二月帝親領大軍由鄆州東路北次于魚山朱瑄覘知卽以兵逕至且圖速戰帝整軍出寨時瑄瑾已陣于前須臾東南風大起我軍旌旗失次甚有懼色卽令騎士揚鞭呼嘯俄而西北風驟發時兩軍皆在草莽中帝因令縱火旣而煙焰亘天乘勢以攻賊陣瑄瑾大敗殺萬餘人餘衆擁入清河因築京觀于魚山之下駐軍數日而還二年正月癸亥遣朱友恭帥師復伐兗遂塹而圍之未幾朱瑄自鄆率步騎援糧欲入于兗友恭設

伏以敗之盡奪其餉于高吳因擒蕃將安福順安福慶二月己酉帝親領軍屯于單父以爲友恭之援四月濠壽二州復爲楊行密所陷是時太原遣將史儼兒李承嗣以萬騎馳入于鄆朱友恭遂歸于汴八月帝領親軍伐鄆至大仇遣前軍挑戰設伏于梁山以待之既而獲蕃將史完府奪馬數百匹朱瑄脫身遁去復入于鄆十月帝駐軍于鄆齊州刺史朱瓊遣使請降瓊卽瑾之從父兄也帝因移軍至兗瓊果來降未幾瓊爲朱瑾所紿掠而殺之帝卽以其弟玭爲齊州防禦使十一月朱瑄復遣將賀瓌柳存及蕃將何懷寶等萬餘人以襲曹州庶解兗州之圍也帝知之自兗領軍策馬先路至鉅野南追而敗之殺戮將盡生擒賀瓌柳存何懷寶及賊黨三千餘人是日申時狂風暴起沙塵沸湧帝曰此乃殺人未足耳遂下令盡殺所獲因俘風亦止焉翼日縶賀瓌等以示于兗帝素知瓌名乃釋之惟斬何懷寶于兗城之下乃班師十二月葛從周領兵復伐兗既至與朱瑾戰于壘下殺千餘衆擒其將孫漢筠已下二十人遂旋師三年正月河東李克用既破邠州欲謀爭霸乃遣蕃將張污落以萬騎寨于河北

之莘縣聲言欲救兗鄆魏博節度使羅宏信患之使來求援二月帝領親軍屯于單父會寒食帝乃親拜文穆皇帝陵于碭山縣午溝里四月辛酉河東泛漲將壞滑城帝令決隄岸以分其勢爲二河夾滑城而東爲害滋甚是月帝遣許州刺史朱友恭領兵萬人渡淮以便宜從事時黃鄂二州累遣使求援故有是行五月命葛從周統軍屯于洹水以備蕃軍六月李克用帥蕃漢諸軍營于斥邱遣其男落落將鐵林小兒三千騎薄于洹水從周與戰大敗之生擒落落以獻克用悲駭請修舊好以贖其子帝不許遂執落落送于羅宏信斬之越七日我軍還屯陽留以伐鄆八月復壁于洹水是時昭宗幸華州遣使就加帝檢校太師守中書令四年正月帝以洹水之師大舉伐鄆辛卯營于濟水之次龐師古令諸將撤木爲橋乙未夜師古以中軍先濟聲振于鄆朱瑄聞之棄壁夜走葛從周逐之至中都北擒瑄並其妻男以獻尋斬汴橋下鄆州平乙亥帝入于鄆以朱友裕爲鄆州兵馬留後時帝聞朱瑾與史儼兒在豐沛間搜索糧饋惟留康懷英以守兗州帝因乘勝遣葛從周以大軍襲兗懷英聞鄆失守俄又我

軍大至乃出降朱瑾史儼兒遂奔淮南兗海沂密等州平乃以葛從周爲兗州留後五月丁丑朱友恭遣使上言大破淮寇于武昌收復黃鄂二州八月陝州節度使王珙遣使來乞師是時珙弟珂實爲蒲帥迭相憤怒日尋干戈而珙兵寡故來求援帝遣張存敬楊師厚等領兵赴陝既而與蒲人戰于猗氏大敗之九月帝以兗鄆既平將士雄勇遂大舉南征命龐師古以徐宿宋滑之師直趨清口葛從周以兗鄆曹濮之衆徑赴安豐淮人遣朱瑾領兵以拒師古因決水以浸軍遂爲淮人所敗師古沒焉葛從周行及濠梁聞師古之敗亦命班師

舊五代史卷一

舊五代史卷一考證

梁太祖紀一九月帝遂與左右定計斬僞監軍使嚴實降于重榮　案舊唐書僖宗紀朱温之降繫八月與是書異新唐書及通鑑俱繫九月與是書同又嚴實原書訛作嚴貴今據歐陽史及通鑑改正

乃詔授帝左金吾衞大將軍充河中行營副招討使　案歐陽史云王鐸承制拜温金吾衞大將軍河中行營招討副使與是書謂僖宗詔授者異考舊唐書及通鑑則王鐸承制所拜乃華同節度在僖宗詔授以前歐陽史以詔授爲王鐸承制當是刪并之誤

仍賜名全忠　案是書及舊唐書通鑑皆作僖宗賜名惟鑑戒錄云朱太祖統四鎮除中令曰名温與崔相國連搆大事崔每奏太祖忠赤遷之關東國無患矣昭宗遽敕太祖改名全忠議者謂全字人王也又在中心甚不可也上方悔焉其說與諸史異蓋傳聞之不同爾

三年三月僖宗制授帝宣武軍節度使　三月舊唐書作五月

帝與許州田從異諸軍同收瓦子寨　案瓦子寨原本作瓦于寨考通鑑注黃巢撤民居以爲寨屋謂之瓦子寨則于字形近刊訛耳今改正

三月庚辰僖宗降制就封帝爲沛郡王　案全忠之王舊唐書繫光啓元年三月據是書則元年惟增食邑至二年三月乃進封也歐陽史從是書

十一月滑州節度使安師儒以怠于軍政爲部下所殺　案舊唐書云十月壬子朔滑州軍亂逐其帥安師儒師儒奔汴朱全忠殺之歐陽史同新唐書云十月朱全忠陷滑州執義成軍節度使安師儒通鑑同據是書則師儒自爲部下所殺與諸書互異又十一月新舊唐書俱作十月

庚午賊將盧瑭領萬餘人于圃田北萬勝戍　案通鑑考異云長曆四月甲辰朔無庚午薛史誤今改舊唐書光啓三年四月正作甲辰朔以日數計之庚午乃四月二十七日也據此乃通鑑考異之誤耳

乃就加帝檢校太尉兼領淮南節度使　案全忠兼領淮南舊唐書作光啓三年十一月歐陽史作十二月通鑑作閏十一月據是書則在九月以前與諸

書異又是書下文作閏十二月通鑑作閏十一月未詳孰是

九月亳州裨將謝殷逐刺史宋袞　九月新唐書及通鑑俱作六月

鄆州朱瑄　瑄歐陽史作宣

是時李璠郭言行至淮上爲徐戎所扼不克進而還　案歐陽史云璠之揚州行密不納據通鑑云李璠至泗州時溥以兵襲之郭言力戰得免而還是李璠未嘗至揚州也當以是書爲得其實

二月丙戌僖宗制以帝爲蔡州四面行營都統　案全忠爲四面行營都統新唐書及通鑑作正月癸亥舊唐書作五月與是書異

會蔡人趙德諲舉漢南之地以歸于朝廷　案德諲之降新舊唐書及通鑑俱繫五月與是書同歐陽史敘其事于正月疑有舛誤

二月蔡將申叢遣使來告縛宗權于帳下　案宗權之執舊唐書作文德元年十二月新唐書作十一月歐陽史作正月與是書作龍紀元年二月者互異未詳孰是

三月又加帝檢校太尉兼中書令進封東平王　案全忠進封舊唐書繫四月
與是書異
十月壬午筠遂降宿州平　案宿州之下舊唐書繫十一月新唐書歐陽史通
鑑俱與是書同
十一月丁未曹州裨將郭紹賓殺刺史郭饒舉郡來降　案新唐書十一月己
未曹州將郭銖殺其刺史郭詞叛附全忠通鑑同與是書異
遂領兵于村落間　案領字考文義應是頓字之譌今改
次于魚山　魚山歐陽史作漁山考通鑑亦作魚山今仍其舊
盡奪其餉于高吳　高吳通鑑作高梧考是書前後俱作高吳今仍其舊
是時太原遣將史儼兒李承嗣以萬騎馳入于鄆　案史儼兒通鑑作史儼考
舊唐書初兗鄆求援于太原克用令蕃將史完府何懷寶等以千騎赴之不
言赴鄆爲何時據是書下云八月獲蕃將史完府十一月擒何懷寶然則四
月馳入鄆者當是史完府何懷寶非史儼兒李承嗣也參考是書唐武皇紀

及李承嗣傳承嗣等入鄆定在二年之冬此紀似有舛誤通鑑幷采梁唐帝
紀亦未詳考
朱瑄脫身遁去　案朱瑄之敗通鑑繫九月辛未與是書繫八月異歐陽史從
是書
十月帝駐軍于鄆齊州刺史朱瓊遣使請降　十月新唐書昭宗紀作十一月
及蕃將何懷寶等萬餘人以襲曹州　何懷寶通鑑作薛懷寶考舊唐書亦作
何懷寶今仍之
十二月葛從周領兵復伐兗　案通鑑云全忠去兗留葛從周將兵守之與是
書異又是書葛從周傳乃十月事
辛卯營于濟水之次　案胡三省云漢以後無濟水此濟水蓋即鄆城清河水
也
是時珙弟珂實爲蒲帥　珂原本訛作琦今據新唐書王重榮傳改正
九月帝以兗鄆既平將士雄勇遂大舉南征　案舊唐書昭宗紀師古渡淮在

十月而清口之敗在十一月是書繫于九月蓋因南征之議實始于九月遂
牽連書之亦未暇細詳月日耳歐陽史改作九月攻淮南則清口之役乃因
雨雪而敗有九國志可考斷非九月事也

舊五代史卷一考證

舊五代史卷二

宋門下侍郎參知政事監修國史薛居正等撰

梁書第二

太祖紀二

光化元年正月帝遣葛從周統諸將略地于山東遂次于邢洺三月昭宗以帝兼領天平軍節度使餘如故四月滄州節度使盧廷彥爲燕軍所攻棄城奔于魏魏人送于汴是月帝以大軍至鉅鹿屯于城下敗晉軍萬餘衆于青山口俘馬千餘匹丁卯遣從周分兵攻洺州斬刺史邢善益擒將五十餘人五月己巳邢州刺史馬師素棄城遁去辛未磁州刺史袁奉滔自剄而死五日之內連下三州因以葛從周兼邢州昭義軍節度使留後帝遂班師是時襄州節度使趙匡凝聞帝軍有清口之敗密附于淮夷七月帝遣氏叔琮率師伐之未幾泌州刺史趙璠越墉來降隨州刺史趙匡璘臨陣就擒二年正月淮南楊行密舉全吳之衆精甲五萬以伐徐州帝領大軍禦之行密聞帝親征乃收軍而退時幽

州節度使劉仁恭大舉蕃漢兵號十萬以伐魏遂攻陷貝州州民萬餘戶無少長悉屠之進攻魏州魏人來乞師帝遣朱友倫張存敬李思安等先屯于內黃帝遂親征三月與燕軍戰于內黃北燕軍大敗殺二萬餘衆奪馬二千餘匹擒都將單無敵已下七十餘人（通鑑單可及幽州驍將號單無敵）是月葛從周自山東領其部衆馳以救魏翼日乘勝諸將張存敬以下連破八寨遂逐燕軍北至于臨清壅其殘寇于御河溺死者甚衆仁恭奔于滄州六月帝表丁會爲潞州節度使以李罕之疾亟故也又遣葛從周由固鎮路入于潞州以援丁會七月壬辰朔海州陳漢賓擁所部三千奔于淮南戊戌晉人陷澤州帝遣召葛從周于潞留賀德倫以守之未幾德倫爲晉人所逼遂棄潞而歸繇是潞州復爲晉人所有十一月陝州都將朱簡殺留後李璠自稱留後送款于帝三年四月遣葛從周以兗鄆滑魏之師伐滄州五月庚寅攻德州拔之梟刺史傅公和于城上己亥進攻浮陽六月燕帥劉仁恭大舉來援從周與諸將逆戰于乾寧軍老鵶隄大破之殺萬餘衆俘其將佐馬慎交已下百餘人既而以連雨遂班師八月河東遣李

進通襲陷洛州執刺史朱紹宗帝遣葛從周自鄴縣渡漳水屯于黃龍鎮親領
中軍涉洛而寨晉人懼而宵遁洛州復平九月帝以仁恭進通之入寇也皆繇
鎮定爲其囊橐卽以葛從周爲上將以伐鎮州遂攻下臨城渡滹沱以環其城
帝親領軍繼至鎮帥王鎔懼納質請盟仍獻文繒二十萬以犒戎士帝許之十
月晉人以帝宿兵于趙遂南下太行急攻河陽留後侯言與都將閻寶力戰固
守僅而獲全十一月以張存敬爲上將自甘陵發軍北侵幽薊連拔瀛莫二郡
遂移軍以攻中山定帥王郜以精甲二萬戰于懷德亭盡殪之郜懼奔于太原
遲明大軍集于城下郜季父處直持印鑰乞降亦以繒帛三十萬爲獻帝卽以
處直代郜領其鎮焉是月燕人劉守光赴援中山寨于易水之上繼爲康懷英
張存敬等所敗斬獲甚衆繇是河朔知懼皆弭伏焉是歲唐左軍中尉劉季述
幽昭宗于東宮內立皇子德王裕爲帝仍遣其養子希度來言願以唐之神器
輸于帝帝時方在河朔聞之遽還于汴大計未決會李振自長安使迴因言于
帝曰夫豎刁伊戾之亂所以資霸者之事也今閹豎幽辱天子王不能討無以

令諸侯帝悟因請振復使于長安與時宰潛謀反正天復元年正月乙酉朔唐宰相崔允潛使人以帝密旨告于侍衛軍將孫德昭已下令誅左右中尉劉季述王仲先等即時迎昭宗于東內御樓反正癸巳降制進封帝爲梁王酬反正之功也昭宗之廢也汴之邸吏程巖牽昭宗衣下殿帝聞之召巖至汴折其足送于長安杖殺之是時河中節度使王珂結援于太原帝怒遣大將張存敬率將涉河繇含山路鼓行而進戊申攻下絳州壬子晉州刺史張漢瑜舉郡來降帝即以大將侯言權領晉州何絪權領絳州晉絳平己未大軍至河中存敬命繚其垣而攻之壬戌蒲人颺素幡以請降庚午帝至河中以張存敬權領河中軍府事河中平帝乃東還是月李克用遣牙將張特來聘請尋舊好帝亦遣使報命三月癸未朔帝歸自河中是月遣大將賀德倫氏叔琮領大軍以伐太原叔琮等自太行路入魏博都將張文恭自磁州新口入葛從周以兗鄆之衆自土門路入洺州刺史張歸厚以本軍自馬嶺入定州刺史王處直以本軍自飛狐入晉州侯言自陰地入澤州刺史李存璋棄郡奔歸太原叔琮引軍逼潞州

節度使孟遷乞降河東屯將李審建王周領步軍一萬騎二千詣叔琮歸命乃進軍趨太原四月乙卯大軍出石會關營于洞渦驛都將白奉國自井陘入收承天軍張歸厚引兵至遼州刺史張鄂迎降氏叔琮即日與諸軍至陽城下城中雖時出精騎來戰然危蹙已甚將謀遁矣會叔琮以芻糧不給遂班師五月癸卯昭宗以帝兼領護國軍節度使河中尹六月庚申帝發自大梁丁卯視事于河中以素服出郊拜故節度使王重榮墓尋辟其子瓚爲節度判官請故相張濬爲重榮撰碑帝自中和初歸唐首依重榮至是思其舊德故恩禮若是七月甲寅帝東還梁邸十月戊戌奉密詔赴長安是時朝廷既誅劉季述以韓全誨張宏彥爲兩軍中尉袁易簡周敬容爲樞密使是時軍國大政專委宰相崔允每事裁抑宦官宦官側目允一日于便殿奏欲盡去之全誨等屬垣聞之嘗于昭宗前祈哀自訴自是昭宗敕允每有密奏令進囊封全誨等乃訪京城美婦人十數以進使求宮中陰事昭宗不悟允謀漸泄中官視允皆裂以重賂甘言誘藩臣以爲城社時因讌聚則相向流涕時允掌三司貨泉全誨等教禁兵

伺允出聚而呼譟訴以冬衣減損又于昭宗前訴之昭宗不得已罷允知政事允怒急召帝請以兵入輔故有是行戊申行次河中同州留後司馬鄴華之幕吏也舉郡來降辛亥駐軍于渭濱華帥韓建遣使奉牋納款又以銀三萬兩助軍是日行次零口癸丑聞長安亂昭宗爲閹官韓全誨等刦遷西幸鳳翔蓋避帝之兵鋒也翼日遂命旋師夕次于赤水乙卯大軍集于華州城下韓建惶駭失措即以城降丙辰帝表建權知忠武軍事促令赴任同華二州平是時唐太子太師盧知猷等二百六十三人列狀請帝速請迎奉己未遂帥諸軍發自赤水壬戌次于咸陽偵者云天子昨暮至岐山旦日宋文通扈蹕入其闉矣是時岐人遣大將符道昭領兵萬人屯于武功以拒帝帝遣康懷英敗之擄甲士六千餘衆乙丑次于岐山文通遣使奉書自陳其失請帝入覲丙辰及岐闉文通渝約閉壁不獲通復次于岐山是時昭宗累遣使齎朱書御札賜帝遣帝收軍還本道帝診之曰此必文通全誨之謀也皆不奉詔癸酉飛章奉辭且移軍北伐乙亥至邠州節度使李繼徽舉城降繼徽因請去文通所賜李姓復本宗楊

氏又請納其帑以爲質帝皆從之仍易其名曰崇本邠州平己丑唐丞相崔允京兆尹鄭元規至華州以速迎奉爲請許之二年正月帝復次于武功岐人堅壁不下乃迴軍于河中二月聞晉軍大舉南下聲言來援鳳翔帝遣朱友寧帥師會晉州刺史氏叔琮以禦之帝以大軍繼其後三月友寧叔琮與晉軍戰于晉州之北大敗之生擒克用男廷鸞帝喜謂左右曰此岐人之所恃也今既如此岐之變不久矣四月岐人遣符道昭領大軍屯于虢縣康懷英帥驍騎敗之丁酉唐丞相崔允自華來謁帝屢述艱運危急事不可緩又慮羣閹擁昭宗幸蜀且告帝帝爲動容允將辭啓宴于府署帝舉酒允情激于衷因自持樂版聲曲以侑酒帝甚悅座中以良馬珍玩之物賚既行命諸將繕戎具五月丁巳帝復西征六月丁丑次于虢縣癸未與岐軍大戰自辰至午殺萬餘衆擒其將校數百人乘勝遂逼其壘七月丙午岐軍復出求戰帝軍不利是月遣孔勍帥師取鳳隴成三州皆下之是時岐人相率結寨于諸山以避帝軍帝分兵以討浹旬之內幷平之九月甲戌帝以岐軍諸寨連結稍盛因親統千騎登高診之時

秋空澄霽烟靄四絶忽有紫雲如繖蓋凝于龍旌之上久之方散觀者咸訝之是時帝以岐人堅壁不戰且慮師老思欲旋斾以歸河中因密召上將數人語其事時親從指揮使高季昌獨前出抗言曰天下雄傑窺此舉者一歲矣今岐人已困願少俟之帝嘉其言因曰兵法貴以正理以奇勝者詐也乘機集事必由是乎乃命季昌密募人入岐以紿之尋有騎士馬景堅願應命且曰是行也必無生理願錄其孥帝悽然止其行景固請乃許之明日軍出（北夢瑣言云時因朱友倫總騎軍且至將大出兵迓之）諸寨屏匿如無人景因躍馬西走直叩岐闉詐以軍怨東遁爲告且言列寨尚留萬餘人俟夕將遁矣宜速掩之李茂貞信其言（案李茂貞卽宋文通此紀前後互異蓋仍當時軍檄之文未及改從畫一）遽啓二扉悉衆來寇時諸軍以介馬待之中軍一鼓百營俱進又分遣數騎以據其闉岐人進不能駐其趾退不能入其壘殺戮蹂踐不知其數茂貞繇是喪膽但閉壁而已十一月癸卯鄜帥李周彝（新唐書作李茂勳茂勳卽周彝也）統兵萬餘人屯于岐之北原與城中舉烽以相應翼日帝以周彝既離本部鄜時必無守備因命孔勍乘虛襲下之甲寅鄜州平周彝聞之收軍而遁茂貞

既失鄜州之援愕然有瓦解之懼繇是議還警蹕誅閹寺以自贖焉三年正月甲寅岐人啓壁唐昭宗降使宣問慰勞兼傳密旨尋又命翰林學士韓渥趙國夫人寵顏齎詔押賜帝紫金酒器御衣玉帶丙辰華州留後李存審遣飛騎來告青州節度使王師範遣牙將張厚輦甲冑弓槊詐言來獻欲盜據州城事覺已擒之矣是日師範又遣其將劉鄩盜據兗州丁巳昭宗遣中使押送軍容使韓全誨已下三千餘人首級以示帝甲子昭宗發離鳳翔幸左劍寨權駐蹕帝營帝素服待罪昭宗命學士傳宣免之帝卽入見稱罪拜伏者數四既而促召升殿密邇御座且曰宗廟社稷是卿再造朕與戚屬是卿再生因解所御玉帶面以賜帝帝亦以玉鞍勒馬金銀器紋錦御饌酒菓等躬自拜進焉及翠華東行帝疋馬前導十餘里宣令止之己巳昭宗至長安謁太廟御長樂樓禮畢謂帝曰朕生入舊京是卿之力也自古救君之危曾無有如是者況今日再及清廟得親奉觴酒奠于先皇帝室前卿之德朕知不能報矣卽召帝執手聲淚俱發者久之翼日誅宦官第五可範等五百餘人于內侍省三月庚辰制以帝爲

守太尉兼中書令宣武宣義天平護國等軍節度使諸道兵馬副元帥加食邑三千戶實封四百戶仍賜回天再造竭忠守正功臣戊戌帝建旆東還昭宗御延喜樓送之既醉遣內臣賜帝御製楊柳詞五首三月戊午至大梁時以青州未平命軍士休澣以俟東征四月丙子巡師于臨朐亟命逼其城與青州兵戰于城下大敗之是夕淮將王景仁以所部援軍宵遁帝遣楊師厚追及輔唐殺千人乘勝攻下密州八月戊辰以伐叛之柄委于楊師厚帝乃東還九月癸卯師厚率大軍與王師範戰于臨朐青軍大敗殺萬餘人幷擒師範弟師克即時徙寨以逼其城辛亥偏將劉重霸擒棣州刺史邵播來獻播師範之謀主也帝命斃之戊午師範舉城請降青州平翼日分命將校略地于登萊淄棣等州皆下之繇是東漸至海皆為梁土也帝復命師範權知青州軍州事師範乃請以錢二十萬貫犒軍帝許之十月辛巳護駕都指揮使朱友倫因擊鞠墮馬卒于長安訃至帝大怒以為唐室大臣欲謀叛己致友倫暴死十一月丁酉青將劉鄩舉兗州來降鄩王師範之將也師範令竊據兗州久之及聞師範降鄩乃歸

命帝以鄴害事其主待之甚優尋署爲元帥府都押牙權知鄜州留後天祐元年正月己酉帝發自大梁西赴河中京師聞之爲之震懼是時將議迎駕東幸洛陽慮唐室大臣異議帝乃密令護駕都指揮使朱友諒矯昭宗命收宰相崔允京兆尹鄭元規等殺之又邠岐兵士侵逼京畿帝因是上表堅請昭宗幸洛昭宗不得已而從之帝乃率諸道丁匠財力同構洛陽宮不數月而成二月乙亥昭宗駐蹕于陝帝自河中來覲謁見行營因灑涕而言曰李茂貞等竊謀禍亂將迫乘輿老臣無狀請陛下東遷爲社稷大計也昭宗命延于寢室見何皇后面賜酒器及衣物何后謂帝曰此後大家夫婦委身于全忠矣因欷歔泣下後數日帝開宴于陝之私第請駕臨幸翼日帝辭歸洛陽昭宗開內宴時有宮人與昭宗附耳而語韓建躡帝之足帝遽出以爲圖己因連上章請車駕幸洛十國春秋吳世家三月丁巳唐帝遣間使以絹詔告難于我及西川河東等令糾率藩鎮以圖匡復詔有云朕至洛陽則爲全忠所幽閉詔敕皆出其手朕意不得復通矣 三月丁未昭宗制以帝兼判左右神策及六軍諸衛事是時昭宗累遣中使及內夫人傳宣謂帝曰皇后方在草蓐未任就路欲以十月幸洛帝以陝

州小藩非萬乘久留之地期以四月內東幸閏月丁酉昭宗發自陝郡壬寅次于穀水是時昭宗左右惟小黃門及打毬供奉內園小兒二百餘人帝猶忌之是日密令醫官許昭遠告變乃設饌于別幄召而盡殺之皆坑于幕下先是選二百餘人形貌大小一如內園人物之狀至是使一人擒二人縊于坑所即蒙其衣及戎具自飾昭宗初不能辨久而方察自是昭宗左右前後皆梁人矣甲辰車駕至洛都帝與宰相百官導駕入宮乙卯昭宗以帝為宣武宣義護國忠武四鎮節度使時帝請以鄆州授張全義故有此命五月丙寅昭宗宴羣臣曰昨來御樓前一夜亡失赦書賴梁王收得副本不然誤事宰執不得無過矣是日宴次昭宗入內召帝于內殿曲宴帝不測其事不敢奉詔又曰卿不欲來即令敬翔入來帝密遣翔出乃止己巳奉辭東歸乙亥至大梁六月帝遣都將朱友裕率師討邠州節度使楊崇本叛故也癸丑帝西征遂朝于洛陽七月甲子昭宗宴帝于文思鞠場乙丑帝發東都壬申至河中八月壬寅昭宗遇弒于大內遺制以輝王柷為嗣乙巳帝自河中引軍而西癸丑次于永壽邠軍不出九

月辛未班師十月癸巳至洛陽詣西內臨于梓宮前祇見于嗣君辛丑制以（案此下有闕文）帝至自西征十一月辛酉光州遣使來求援時光州歸款于帝尋爲淮人所攻故來乞師戊寅帝南征度淮次于霍邱大掠廬壽之境淮人乃棄光州而去二年正月庚申進攻壽州壽人堅壁不出丁亥帝自霍邱班師二月辛卯帝至自南征甲午青州節度使王師範至大梁帝待以賓禮尋表授河陽節度使七月辛酉天子賜帝迎鑾紀功碑樹于洛陽庚午遣大將軍楊師厚率前軍討趙匡凝于襄州辛未帝南征表趙匡凝罪狀削奪官爵八月楊師厚進收唐鄧復郢隨均房等七州帝駐軍漢江北自循江干經度濟師之所九月甲子師厚于陰谷江口造梁以濟師趙匡凝率兵二萬振于江濱師厚麾兵進擊襄人大敗殺萬餘衆乙丑趙匡凝焚其舟率親軍載輕舸沿漢而遁丙寅帝濟江至中流舟壞將沒者數四比及岸舟沈是日入襄城帝因周視府署其帑藏悉空惟于西廡下有一亭牕戶儼然扃鎖甚密遂令破鎖啓扉中有一大匱緘鐍甚至又令破其匱內有金銀數百錠帝因嘆曰亂兵旣入公私財貨固無孑遺矣此

帑當有陰物主之不令常人所得俟我以有之耶遂以百餘錠賜楊師厚襲荊州留後趙匡明棄城上峽奔蜀荊襄二州平帝以都將賀瓌權領荊州楊師厚權領襄州卽表其事十月丙戌朔天子以帝爲諸道兵馬元帥辛卯帝自襄州引軍由光州路趨淮南將發敬翔切諫請班師以全軍勢帝不聽壬辰次于棗陽遇大雨頗阻師行之勢軍至壽春壽春人堅壁清野以待帝帝乃還舍于正陽十一月丙辰大軍北濟十國春秋柴再用抄其後軍斬首三千級獲輜重萬計帝至汝陰深悔淮南之行躁煩尤甚師友雜志朱全忠嘗與僚佐及遊客坐于大柳之下全忠獨言曰此樹宜爲車轂衆莫應有遊客數人起應曰宜爲車轂全忠勃然厲聲曰書生輩好順口玩人皆此類也車須用夾轂柳木豈可爲之顧左右曰尚何待左右數十人捽言爲車轂者悉撲殺之丁卯帝至自南征辛巳天子命帝爲相國總百揆以宣武宣義天平護國天雄武順佑國河陽義武昭義保義武昭武定泰寧平盧匡國武寧忠義荊南等二十一道爲魏國案舊唐書尚有忠武鎭國二道此闕載進封帝爲魏王入朝不趨劍履上殿贊拜不名兼備九錫之命癸未唐中書門下奏中書印已送相國中書公事權用中書省印甲申中書門下奏天下州縣名與相國魏王家諱同者請易之十二月乙酉朔帝讓相

國魏王九錫之命丙戌京百司各差官齎本司須知孔目並印赴魏國送納甲午天子以帝堅讓九錫之命乃命宰相柳璨來使且述揖讓之意焉丁酉帝又讓九錫之命詔略曰但以鴻名難掩懿實須彰宜且徇于奏陳未便行于典冊又改諸道兵馬元帥爲天下兵馬元帥是時帝以唐朝百官服飾多闕乃製造逐色衣服請朝廷等第賜之其所給俸錢仍請自來年正月全支三年正月幽滄稱兵將寇于魏魏人來乞師且以牙軍驕悍謀欲誅之遣親吏臧延範密告于帝帝陰許之乙丑北征先是帝之愛女適羅氏是月卒于鄴城因以兵仗數千事實于橐中遣客將馬嗣勳領長直軍千人雜以工匠丁夫肩其橐而入于魏聲言爲帝女設祭魏人信而不疑庚午夜嗣勳率其衆與羅紹威親軍數百人同攻牙軍遲明盡殺之死者七千餘人泊于嬰孺亦無留者是月帝次于內黃聞之馳騎至魏時魏之大軍方與帝軍同伐滄州聞牙軍之死卽時奔還帝之軍追及歷亭殺賊幾千餘衆乃擁大將史仁遇保于高唐帝遣兵圍之是月天子詔河南尹張全義部署修制相國魏王法物三月甲寅天子命帝總判鹽

鐵度支戶部等三司事帝再上章切讓之乃止四月癸未攻下高唐軍民無少長皆殺之生擒逆首史仁遇以獻帝命支解之未幾又攻下澶博貝衞等州皆爲魏軍殘黨所據故也是時晉人圍邢州刺史牛存節堅壁固守帝遣符道昭帥師救之晉人乃遁去五月帝略地于洺州既而復入于魏七月己未自魏班師是日收復相州自是魏境悉平壬申帝歸自魏八月甲辰以滄州未平復命北征九月丁卯營于長蘆一夕帝夢白龍附于兩肩左右瞻顧可畏怳然驚寤十月辛巳邠州楊崇本以鳳翔邠寧涇鄜秦隴之衆合五六萬來寇屯于美原列十五寨其勢甚盛帝命同州節度使劉知俊都將康懷英帥師禦之知俊等大破邠寇殺二萬餘衆奪馬三千餘匹擒其列校百餘人楊崇本胡章僅以身免十一月庚戌懷英乘勝進軍遂收鄜州十二月乙丑帝以文武常參官每月一五九日赴朝奏請備廊飡詔從之遂自長蘆班師案以上疑有闕文據舊唐書哀帝紀戊辰李克用與幽州之衆同攻潞州全忠守將丁會以澤潞降太原克用以其子嗣昭爲留後甲戌全忠燒長蘆營旋軍聞潞州陷故也以寨內糗糧山積帝命焚之滄帥劉守文以城中絕食因致書于帝乞留餘糧以救飢民帝爲留

十餘囷以與之容齋續筆滄州還師悉焚諸營資糧在舟中者鑿而沈之守文遺全忠書曰城中數萬口不食數月矣與其焚之爲煙沈之爲泥願乞其所餘以救之全忠爲之留數囷滄人賴以濟

舊五代史卷二

舊五代史卷二考證

梁太祖紀二磁州刺史袁奉滔　磁州原本訛作惠州今據新唐書及通鑑改

正

五日之內連下三州　案三州之下新唐書總繫五月歐陽史總繫四月惟通

鑑從是書分繫四月五月

是時襄州節度趙匡凝　趙匡凝原本沿宋諱作趙凝今據舊唐書及歐陽史

增匡字

隨州刺史趙匡琳　趙匡琳原本沿宋諱作趙琳今據新唐書增匡字

先屯于內黃　案舊唐書及通鑑俱以屯內黃繫三月

由是潞州復爲晉人所有　案澤潞懷三州之下新唐書及通鑑俱作八月歐

陽史從是書作七月

洛州復平　案洛州之平通鑑作九月舊唐書及歐陽史俱作八月

連拔瀛莫二州　案新唐書昭宗紀九月甲寅朱全忠陷瀛州十月辛酉陷莫

州通鑑與新唐書同考舊唐書俱作九月事是書俱作十一月

天復元年正月乙酉朔　案乙酉朔通鑑與是書同舊唐書作甲申考昭宗本紀癸未夜孫德昭等以兵攻劉季述王仲先通鑑作德昭等謀以除夜伏兵俟之以癸未爲除夜則正朔斷爲甲申也作乙酉朔似誤

癸巳降制進封帝爲梁王　案全忠進封新舊唐書皆作二月與是書作正月異

定州刺史王處直以本軍自飛狐入　案王處直三字原本闕今據通鑑增入

會氏叔琮以芻糧不給遂班師　案旋師之期歐陽史作三月是書唐紀作五月又與此紀作四月異

罷允知政事　案崔允罷知政事新舊唐書皆作十一月甲戌與是書異

己丑唐丞相崔允京兆尹鄭元規至華州　案舊唐書作十二月己卯崔允至三原皆通鑑作癸未俱與是書作己丑異

癸未與岐軍大戰　案岐軍之敗新舊唐書皆繫五月與是書作六月異

願錄其孥　案錄原本訛戮今參考通鑑及北夢瑣言據文改正

甲寅鄜州平周彝聞之收軍而遁　案鄜州平新舊唐書皆繫十二月與是書

繫十一月異

華州留後李存審　案李存審三字疑有舛誤考王師範傳作崔允在華州

是日師範又遣其將劉鄩盜據兗州　案劉鄩陷兗州新舊唐書俱作丙午與

是書作丙辰異

昭宗御延喜樓送之　案喜原本訛熹今據通鑑改正

戊午師範舉城請降　案師範之降舊唐書作十一月丁酉新唐書與是書同

朱友倫因擊鞠墮馬卒于長安　友倫九國志趙廷隱傳作友亮考歐陽史及

通鑑並作友倫九國志訛

護駕都指揮使朱友諒　友諒歐陽史梁紀作友謙誤考歐陽史家人傳亦作

友諒與是書同

表趙匡凝罪狀削奪官爵　案削奪趙匡凝官爵舊唐書作八月丁未與是書

作七月辛未異

武昭武定泰寧平盧匡國　案武昭原本脫武字匡國沿宋諱作章國今據歐

陽史增改

舊五代史卷二考證

舊五代史卷三

宋門下侍郎參知政事監修國史薛居正等撰

梁書第三

太祖紀三

開平元年正月丁亥帝迴自長蘆次于魏州節度使羅紹威以帝迴軍慮有不測之患由是供億甚至因密以天人之望切陳之帝雖拒而不納然心德之壬寅帝至自長蘆是日有慶雲覆于府署之上甲辰天子遣御史大夫薛貽矩來傳禪代之意貽矩謁帝陳北面之禮帝揖之升階貽矩曰陛下功德及人三靈所卜已定皇帝方議裁詔行舜禹之事臣安敢違既而拜伏于砌下帝側躬以避之二月戊申帝之家廟棟間有五色芝生焉狀若芙蓉紫烟蒙護數日不散又是月家廟第一室神主上有五色衣自然而生識者知梁運之興矣唐乾符中木星入南斗數夕不退諸道都統晉國公王鐸觀之問諸知星者吉凶安在咸曰金火土犯斗卽爲災惟木當爲福耳或亦然之時有術士邊岡者洞曉天

文博通陰陽曆數之妙窮天下之奇祕有先見之明雖京房管輅不能過也鐸召而質之岡曰惟木爲福神當以帝王占之然則非福于今必當有驗于後未敢言之請他日證其所驗一日又密召岡因堅請語其詳至于三四岡辭不獲鐸乃屏去左右岡曰木星入斗帝王之兆也木在斗中朱字也以此觀之將來當有朱氏爲君者也天戒之矣且木之數三其禎也應在三紀之內乎鐸聞之不復有言天后朝有讖辭云首尾三鱗六十年兩角犢子自狂顛龍蛇相鬬血成川當時好事者解云兩角犢子牛也必有牛姓干唐祚故周子諒彈牛仙客李德裕謗牛僧儒皆以應圖讖爲辭然朱字牛下安八八卽角之象也故朱滔朱泚構喪亂之禍冀無妄之福豈知應之帝也四月唐帝御札敕宰臣張文蔚等備法駕奉迎梁朝宋州刺史王皐進赤烏一雙又宰臣張文蔚正押傳國寶玉冊金寶及文武羣官諸司儀仗法物及金吾左右二軍離鄭州丙辰達上源驛是日慶雲見令曰王者創業興邦立名傳世必難知而示訓從易避以便人（案此下有闕文）或稽其符命應彼開基之義垂諸象德之言爰攷簡書求于往代周王

昌發之號漢帝詢衍之文或從一德以徽稱或爲二名而更易先王令典布在縑緗寡人本名兼于二字且異帝王之號仍兼避易之難郡職縣官多須改換況宗廟不遷之業憲章百世之規事叶典儀豈憚革易寡人今改名晃是以天意雅符于明德日光顯契于瑞文昭融萬邦理斯在是庶順昊穹之意永臻康濟之期宜令有司分告天地宗廟其舊名中外章疏不得更有迴避時將受禪下教以本名二字異帝王之稱故改名己未賜文武百官一百六十人本色衣一副戊辰即位制曰王者受命于天光宅四海祇事上帝寵綏下民革故鼎新諒曆數而先定創業垂統知圖籙以無差神器所歸祥符合應是以三正互用五運相生前朝道消中原政散瞻烏莫定失鹿難追朕經緯風雷沐浴霜露四征七伐垂三十年糾合齊盟翼戴唐室隨山刊木罔憚胼胝投袂揮戈不遑寢處洎上穹之所贊知廣運之不與莫諧輔漢之謀徒罄事殷之禮唐主知英華已竭算祀有終釋龜鼎以如遺推劍紱而相授朕懼德弗嗣執謙允恭避駿命于南河眷清風于潁水而乃列嶽羣后盈廷庶官東西南北之人班白緇黃之

衆謂朕功蓋上下澤被幽深宜應天以順時俾化家而爲國拒彼億兆至于再三且曰七政已齊萬幾難曠勉遵令典爰正鴻名告天地神祇建宗廟社稷顧惟涼德曷副樂推慄若履冰懔如馭朽金行啓祚玉曆建元方宏經治之規宜布維新之令可改唐天祐四年爲開平元年國號大梁書載虞賓斯爲令範詩稱周客蓋有明文是用先封以禮後嗣宜以曹州濟陰之邑奉唐主封爲濟陰王凡曰軌儀並遵故實姬庭多士比是殷臣楚國羣材終爲晉用歷觀前載自有通規但遵故事之文勿替在公之效應是唐朝中外文武舊臣見任前資官爵一切仍舊凡百有位無易厥章陳力濟時盡瘁事我古者興王之地受命之邦集大勳有異庶方霑慶澤所宜加等故豐沛著啓祚之美穰鄧有建都之榮用壯鴻基且旌故里爰遵令典先示殊恩宜升汴州爲開封府建名東都其東都改爲西都仍廢京兆府爲雍州佑國軍節度使（五代會要四月改京兆府爲大安府長安縣爲大安縣萬年縣爲大年縣仍置佑國軍節度使額始命韓建爲佑國軍節度使）是日大酺賞賜有差（通鑑甲辰唐昭宣帝降御札禪位于梁以攝中書令張文蔚爲冊禮使禮部尚書蘇循副之攝侍中楊涉爲押傳國寶使翰林院學士張策副之御史大夫薛貽矩爲押金寶使尚書左丞趙光逢副之帥百

官備法駕詣大梁甲子張文蔚楊涉乘輅自上源驛至從冊寶諸司各備儀衛鹵簿前導百官從其後至金祥殿前陳之王被衮冕即皇帝位張文蔚蘇循奉冊升殿進讀楊涉張策薛貽矩趙光逢以次奉寶升殿讀已降帥百官舞蹈稱賀帝遂與文蔚等宴于元德殿帝舉酒曰朕輔政未久此皆諸公推戴之力文蔚等慙懼俯伏不能對獨蘇循薛貽矩及刑部尚書張禕盛稱帝功德宜應天順人宋州刺史王皐進兩歧麥陳州袁象先進白兎一付史館編錄兼示百官詔在京司及諸軍州縣印一例鑄換其篆文則各如舊辛未武安軍節度使馬殷進封楚王以太府卿敬翔知崇政院翔與帷幄之謀故首擢焉追尊四代廟號高祖嬀州府君上謚曰宣元皇帝廟號肅祖太廟第一室陵號興極陵祖妣高平縣君范氏追謚宣僖皇后皇曾祖宣惠王上謚曰光獻皇帝廟號敬祖第二室陵號永安祖妣秦國夫人楊氏追謚光孝皇后皇祖武元王上謚曰昭武皇帝廟號憲祖第三室陵號光天祖妣吳國夫人劉氏追謚昭懿皇后皇考文明王上謚曰文穆皇帝廟號烈祖第四室陵號咸寧皇妣晉國太夫人王氏追謚文惠皇后以宣武節度副使皇子友文爲開封尹判建昌院事友文本康氏子也帝養以爲子是月制宮殿門及都門名額正殿爲崇元殿東殿爲元德殿內殿爲金祥殿萬歲堂爲萬歲殿門如殿

名帝自謂以金德王又以福建上獻鸚鵡諸州相繼上白烏白兎洎白蓮之合蒂者以爲金行應運之兆故名殿曰金祥以大內正門爲元化門皇牆南門爲建國門滴漏門爲啓運門下馬門爲升龍門元德殿前門爲崇明門正殿東門爲金烏門西門爲玉兎門正衙東門爲崇禮門東偏門爲銀臺門宴堂門爲德陽門天王門爲賓天門皇牆東門爲寬仁門浚儀門爲厚載門皇牆西門爲神獸門望京門爲金鳳門宋門爲觀化門尉氏門爲高明門鄭門爲開明門梁門爲乾象門酸棗門爲興和門封邱門爲含耀門曹門爲建陽門升開封浚儀爲赤縣尉氏封邱雍邱陳留爲畿縣五代會要四月改左右長直爲左右龍虎軍左右內衙爲左右羽林軍左右堅銳夾馬突將爲左右神武軍左右親隨軍將馬軍爲左右龍驤軍五月以唐朝宰臣張文蔚楊涉並爲門下侍郎平章事以御史大夫薛貽矩爲中書侍郎平章事帝初受禪求理尤切委宰臣搜訪賢良或有在下位抱負器業久不得伸者特加擢用有明政理得失之道規救時病者可陳章疏當親鑒擇利害施行然後賞以爵秩有晦跡邱園不求聞達者令彼長吏備禮邀致冀無遺逸之恨進封河南尹兼河陽節度使張全義

爲魏王兩浙節度使錢鏐進封吳越王辛巳有司奏以降誕之日爲大明節休假前後各一日壬午保義軍節度使朱友謙進百官衣二百副乙酉立皇兄全昱爲廣王皇子友文爲博王友珪爲郢王友璋爲福王友雍爲賀王友徽爲建王辛卯以東都舊第爲建昌宮改判建昌院事爲建昌宮使初帝創業之時以四鎮兵馬倉庫籍繁因總置建昌院以領之至是改爲宮蓋重其事也甲午詔天下管屬及州縣官名犯廟諱者各宜改換城門郎改爲門局郎茂州改爲汶州桂州慕化縣改爲歸化縣潘州茂名縣改爲越裳縣魏泰東軒筆錄京師呼城外爲州東州西州南州北而韋城相城胙城等縣但呼韋縣相縣胙縣蓋沿梁時避諱之舊也詔樞密院宜改爲崇政院以知院事敬翔爲院使改文思院爲乾文院同和院改爲儀鑾院五代會要五月改御食使爲司膳使小馬坊使爲天驥使以西都水北宅爲大昌宮廢雍州太清宮改西都太微宮亳州太清宮皆爲觀諸州紫極宮皆爲老君廟泉州僧智宣自西域回進辟支佛骨及梵夾經律丙申御元德殿宴犒諸軍使劉捍符道昭已下賜物有差是月青州許州定州三鎮節度使請開內宴各賜方物以青州節度使韓建守司徒平章事帝以建有

文武材且詳于稼穡利害軍旅之事籌度經費欲盡詢焉恩澤特異于時罕有
比者隨拜爲上相賜賚甚厚宿州刺史王儒進白兎一濮州刺史圖嘉禾瑞麥
以進廣州進奇寶名藥品類甚多河南尹張全義進開平元年已前羨餘錢十
萬貫紬六千匹緜三十萬兩仍請每年上供定額每歲貢絹三萬匹以爲常式
荊南高季昌進瑞橘數十顆質狀百味倍勝常貢且橘當冬熟今方仲夏時人
咸異其事因稱爲瑞六月幸乾元院宴召宰臣學士及諸道入貢陪臣己亥帝
御崇元殿內出追尊四廟上諡號玉冊寶共八副宰臣文武百官儀仗鼓吹導
引至太廟行事癸卯司天監奏日辰內有戊字請改爲武從之癸亥詔以前朝
官僚譴逐南荒積年未經昭雪其間有懷抱材器爲時所嫉者深負寃抑仍令
錄其名姓盡復官資兼告諭諸道令津致赴闕如已亡歿並許歸葬以明恩蕩
以西都徽安門北路逼近大內宮垣兼非民便令移自榆林直趣端門之南改
耀州報恩禪院爲與國寺馬殷奏破淮寇靜海軍節度使曲裕卒七月丙申以
靜海軍行營司馬權知留後曲顥起復爲安南都護充節度使五代會要七月敕云建國遷都

俾新其制況山河之險表裏爲防今二京俱在關東以內仍以潼關隸陝州復置河潼軍使命虢州刺史兼領之其月敕改虎牢關爲軍仍置虎牢關軍使

己亥追尊皇妣爲皇太后八月以潞州軍前屯師旅壁壘未收乃別議戎帥于是以亳州刺史李思安充潞州行營都統敕朝廷之儀封冊爲重用報勳烈以隆恩榮固合親臨式光典禮舊章久缺自我復行今後每封冊大臣宜令有司備臨軒之禮（五代會要八月敕云諸道所有軍事申奏令直至右銀臺門委客省使畫時引進尋常公事依前四方館收接）甲子平明前老人星見于南極壬申密州進嘉禾又有合歡榆樹並圖形以獻是月隰州奏大寧縣至固鎮上下二百里今月八日黃河清至十日如故九月辛丑西京大內放出兩宮內人及前朝宮人任其所適敕以近年文武官諸道奉使皆于所在分外停住踰年涉歲未聞歸闕非惟勞費州郡抑且侮慢國經臣節既虧憲章安在自今後兩浙福建廣州安南邕容等道使到發許住一月湖南洪鄂黔桂許住二十日荆襄同雍鎮定青滄許住十日其餘側近不過三五日凡往來道路據遠近里數日行兩驛如遇疾患及江河阻隔委所在長吏具事由奏聞如或有違當行朝典命御史點檢糾察以儆慢官魏博羅紹威二男廷望廷

矩年在幼稚皆有材器帝以其藩屏勳臣之冑宜受非次之用皆擢爲郎恩命既行之後二子亦就班列紹威乃上章以齒幼未任公事乞免主印宿直從之封鎮東軍神祠爲崇福侯浙西奏道門威儀鄭章道士夏隱言焚修精志妙達希夷推諸輩流實有道業鄭章宜賜號貞一大師仍名元章隱言賜紫衣五代會要九月置左右天興左右廣勝軍仍以親王爲軍使十月帝以用軍未暇西幸文武百官等久居東京漸及疑訝令就便各許歸安只留韓建薛貽矩翰林學士張策韋郊杜曉中書舍人封舜卿張袞并左右御史司天監宗正寺兼要當諸司節級外其宰臣張文蔚已下文武百官並先于西京祗候庚午大明節內外臣僚各以奇貨良馬上壽故事內殿開宴召釋道二教對御談論宣旨罷之命閤門使以香合賜宰臣佛寺行香駕幸繁臺講武癸酉御史司憲薛廷珪奏請文武百官仍舊朝參先是帝欲親征河東命朝臣先赴洛都至是緩其期乃允所奏宰臣請每月初入閤望日延英聽政永爲常式山南東道節度使楊師厚進納趙匡凝東第書籍先是收復襄漢帝閱其圖書至是命師厚進焉廣州進獻助軍錢二十萬又進

龍腦腰帶珍珠枕玳瑁香藥等十一月壬寅帝以征討未罷調補爲先遂命盡
赦逃亡背役髡黥之人各許歸鄉里廣州進龍形通犀腰帶金托裹含稜玳瑁
器百餘副香藥珍巧甚多廣南管內獲白鹿並圖形來獻耳有兩缺按符瑞圖
鹿壽千歲變白耳一缺今驗此鹿耳有二缺其獸與色皆應金行實表嘉瑞十
二月辛亥詔曰潞寇未平王師在野攻戰之勢難緩于寇圍飛輓之勤實勞于
人力永言輟耒深用軫懷宜令長吏丁寧布告期以兵罷之日給復賦租于是
人戶聞之皆忘其倦詔故荆南節度使守中書令上谷王周汭贈太師故武昌
軍節度使兼中書令西平王杜洪贈太傅先是鄂渚再爲淮夷所侵攻圍甚急
杜洪以兵食將盡繼來乞師帝料其隔越大江難以赴援兼以荆州據上游多
戰艦去江夏甚邇因命周汭舉舟師沿流以救之汭于是引兵東下纔及鄂界
遇朗州背盟作亂乘江陵之虛縱兵襲破之俘掠且盡既而汭士卒知之皆顧
其家咸無鬭志遂爲淮寇所敗將卒潰散汭忿恚自投于江汭之本姓犯文穆
皇帝廟諱至是因追贈以其系出周文故賜姓周氏及汭兵敗之後武昌以重

圍經年糧盡力困救援不至訖爲淮寇所陷載洪以送淮師遂殺之此二鎮皆以忠貞殁于王事帝每言諸藩屏翰經綸之業必首痛汭洪之薨至是追贈之深加軫悼各以其子孫宗屬錄用焉棣州蒲臺縣百姓王知嚴妹以亂離幷失怙恃因舉哀追感自截兩指以祭父母帝以遺體之重不合毀傷言念村閭何知禮教自今後所在郡縣如有截指割股不用奏聞是年諸道多奏軍人百姓割股青齊河朔尤多帝曰此若因心亦足爲孝但苟免徭役自殘肌膚欲以庇身何能療疾並宜止絶五代會要十二月于輝州碭山縣置崇德軍太祖榆社在碭山置使以領之始命朱彥讓爲軍使

舊五代史卷三

舊五代史卷三考證

梁太祖紀三節度使羅紹威　紹威原本作昭威今據歐陽史改

判建昌院事　案原本脫昌字今增

以青州節度使韓建守司徒平章事　青原本訛作清今改正

癸卯司天監奏日辰內有戊字請改爲武從之　案容齋三筆以爲戊類成字故司天詔之不知戊字乃避梁祖曾祖茂琳諱非以其類成字也雲谷雜記嘗辨正之今崇福侯廟碑立于開平二年上作武寅足證當時避諱之體

己亥追尊皇妣爲皇太后　案長曆七月不得有己亥今考通鑑亦作七月己亥當是引薛史原文今仍之

是日隰州奏大寧縣至固鎮上下二百里　案是書前後多作李固鎮疑原本有脫字考通鑑亦間作固鎮蓋當時奏牘省文也今仍之

因命周汭舉舟師沿流以救之　周汭列傳作成汭本紀所稱周汭者仍當時詔誥之文耳

舊五代史卷三考證

舊五代史卷四

宋門下侍郎參知政事監修國史薛居正等撰

梁書第四

太祖紀四

開平二年正月癸酉，帝御金祥殿受宰臣文武百官及諸藩屏陪臣稱賀諸道貢舉一百五十七人見于崇元門封從子友寧爲安王友倫爲密王幽州劉守文進海東鷹鶻蕃馬氈罽方物自去冬少雪春深農事方興久無時雨兼慮有災疾帝深軫下民二月命庶官遍祀于羣望掩瘞暴露令近鎮案古法以禳祈旬日乃雨（是月弑濟陰王）帝以上黨未收因議撫巡便往西都赴郊禋之禮乃下命曉告中外取三月一日離東京以宰臣韓建權判建昌宮事（五代會要十月以尚書兵部侍郎李皎爲建昌宮副使）兵部侍郎姚洎爲鹵簿使開封尹博王友文爲東都留守辛未契丹主安巴堅遣使貢良馬三月壬申帝親統六軍巡幸澤潞是日寅時車駕西幸宰臣拜要切司局皆扈從晚次中牟下詔以去年六月後昭義行營陣歿都將吏

卒死于王事追念忠赤乃錄其名氏各下本軍令給養妻孥三年內官給糧賜
丁丑幸澤州辛巳以同州節度使劉知俊爲潞州行營招討使壬午宴扈駕羣
臣并勞知俊賜以金帶戰袍寶劍茶藥甲申登東北隅逍遙樓蒐閱騎乘旌甲
滿野丙申招討使劉知俊上章請車駕還東京蓋小郡湫隘非久駐蹕之所達
覽帝俞其請以鴻臚卿李嵸唐室宗屬封萊國公爲二王後有司奏萊國公李
嵸合留三廟于西都選地位建立廟宇以備四仲祀祭命度支供給以遵彝典
四月以吏部侍郎于兢爲中書侍郎平章事以翰林奉旨學士張策爲刑部侍
郎平章事時帝在澤州拜二相于行在丙午車駕離澤州丁未駐蹕于懷州宴
宰臣文武百官辛亥至鄭州壬子至東京丙寅車駕幸繁臺觀稼鄢陵居人程
震以兩歧麥穗并畫圖來進甲寅淮寇侵軼潭岳邊境欲援朗州以戰艦百餘
艘揚帆西上泊鼎口湖南馬殷遣水軍都將黃璠率樓船遮擊之賊衆沿流宵
遁追至鹿角鎮詔以戶部尚書致仕裴迪復爲右僕射迪敏事慎言達吏治明
籌算帝初建節旄于夷門迪一謁見如故知乃辟爲從事自是之後歷三十年

委四鎮租賦兵籍帑廩官吏獄訟賞罰經費運漕事無巨細皆得專之帝每出師即知軍州事逮于二紀不出粱之閫閾甚有禆贊之道禪代之歲命爲太常卿屬年已耆耄視聽昏塞不任朝謁遂請老許之朞月復起師長庶官焉五月丁丑王師圍潞州將及二年李進通危在旦夕不俟攻擊當自降太原李存勗以厚幣誘結北蕃諸部並其境內丁壯悉驅南征決戰以救上黨之急部落帳族馳馬勵兵數路齊進于銅鞮樹寨旗壘相望王師敗于潞州己丑令下諸州去年有蝗蟲下子處蓋前冬無雪今春亢陽致爲災沴實傷壠畝必慮今秋重困稼穡自知多在荒陂榛蕪之內所在長吏各須分配地界精加翦撲以絕根本壬辰夜火星犯月太史奏災合在荊楚乃令設武備寬刑罰恤人禁暴以禳之軍前行營都將康懷英孫海金已下主將四十三人于右銀臺門進狀待罪帝以去年發軍之日不利有違兵法並釋放兼各賜分物酒食勞問制義昌軍節度使劉守文加中書令封大彭王盧龍軍節度使劉守光封河間郡王許州節度使馮行襲封長樂王是月癸未淮賊寇荊州石首縣襄陽舉舟師沿漢港

襲敗之六月辛亥以亢陽慮時政之闕乃詔曰邇者下民喪禮法吏舞文銓衡旣失于選求州鎭又無其舉刺風俗未厚獄訟實繁職此之由上遭天譴至是決遣囚徒及戒勵中外丙寅月犯角宿帝以其分野在兗州乃令長吏治戎事設武備省獄訟恤疲病祈福禳災以順天戒丙辰邠岐來寇雍西編戸困于逃避且芟害禾稼結營自固踰月同州劉知俊領所部兵擊退襲至幕谷大破之俘斬千計收其器甲宋文通僅以身免詔曰敦尚儉素抑有前聞斥去浮華期臻至理如聞近日貢奉競務奢淫或奇巧蕩心或雕鐫溢目徒殫資用有費工庸此後應諸道進獻不得以金寶裝飾戈甲劍戟至于鞍勒不用塗金及雕刻龍鳳如有此色所司不得引進邕州奏鎭鄉山僧法通道璘有道行各賜紫衣是月壬戌岳州爲淮賊所據帝以此郡五嶺三湘水陸會合之地委輸商賈靡不由斯遂令荊湘湖南北舉舟師同力致討王師旣集淮夷毀壁焚郭而遁秋七月甲戌大霖雨陂澤泛溢頗傷稼穡帝幸右天武軍河亭觀水幸高僧臺閱禁衛六軍詔曰車服以庸古之制也貴賤無別罪莫大焉應內外將相許以銀

飾鞍勒其刺史都將內諸司使以降祗取用銅葉定尊卑永爲條制仍令執法官糾察之五代會要載七月敕曰祭祀之儀有國大事如聞官吏慢于恪恭牲具禮容有異精審宜令御史臺疏其條件奏聞癸巳以禪代已來思求賢哲乃下令搜訪牢籠之期以好爵待以優榮各隨其材咸使登用宜令所在長吏切加搜訪每得其人則疏姓名以聞如在下位不能自振者有司薦導之如任使後顯立功勞別加遷陟敕禁屠宰兩月甲午以高明門外繁臺爲講武臺是臺西漢梁孝王之時嘗按歌閱樂于此當時因名曰吹臺其後有繁氏居于其側里人乃以姓呼之時代綿寢雖官吏亦從俗焉帝每登眺蒐乘訓戎宰臣以是事奏而名之八月辛亥敕應有暴露骸骨各委差人埋瘞兩浙錢鏐奏請重鑄換諸州新印詔禁戢諸軍節級兵士及供奉官受旨殿直以下各修禮敬甲寅太史奏壽星見于南方兩浙錢鏐奏改管內紫極宮爲真聖觀改臨安縣廣義鄉爲衣錦鄉十國春秋吳越世家八月梁敕封唐山縣爲吳昌縣唐興縣爲天台縣又敕升杭越等州爲大都督府復改新城縣曰新登長城縣曰長興樂成曰樂清避梁諱也甲子夜東方有大流星光明燭地有聲如裂帛唐州上言白龍見圖形以進九月丙子太原軍出陰地關南牧寇掠郡縣

晉絳有備帝慮諸將翫寇乃下詔親議巡幸命有司備行丁丑翠華西狩宰臣翰林學士崇政院使金吾仗及諸司要切官皆扈從餘文武百官並在東京壬午達洛陽帝御文思殿受朝參許汝孟懷牧守來朝澤州刺史劉重霸面陳破敵之策癸未西幸宿新安丙戌至陝州駐蒲雍同華牧守皆進鎧甲騎馬戈戟食味方物幽州都將康君紹等十人自蕃賊寨內來投又幽州騎將高彥章八十人騎先在幷州乃于晉州軍前來降至是到行在皆賜分物衣服放歸本道以示懷服丁亥至陝州賜宴扈從官戊子延州賊軍寇上平關又太原軍攻平陽烽火羽書晝夜繼至乙丑六軍統軍牛存節黃文靖各領所部將士赴行在甲午太原步騎數萬攻逼晉絳踰旬不克知大軍至乃自焚其寨至夕而遁福州貢玳瑁琉璃犀象器幷珍玩香藥奇品海味色類良多價累千萬十月己亥上在陝兩浙節度使奏于常州東州鎮殺淮賊萬餘人獲戰船一百二隻以行營左廂步軍指揮使賀瓌爲左龍虎統軍以左天武軍夾馬指揮使尹皓爲輝州刺史以右天武都頭韓瑭爲神捷指揮使左天武第三都頭胡賞爲右神捷

指揮使仍賜帛有差以解晉州圍之功也以尹皓部下五百人爲神捷軍乙巳御內殿宴宰臣扈從官共四十五人丙午御毬場殿宣夾馬都指揮使尹皓韓瑭以下將士五百人賜酒食庚戌至西都御文明殿辛亥宰臣百寮起居于殿前遂宣赴內宴賜方物有差丁巳至東都己未大明節諸道節度刺史各進獻鞍馬銀器綾帛以祝壽宰臣百官設齋相國寺壬戌御宣和殿宴宰臣文武百官十一月辛未御宣和殿宴宰臣文武百官以大駕還京故也庚辰御宣和殿宴宰臣文武百官出閶明門登高僧臺閱兵諸道節度使刺史各進賀冬田器鞍馬綾羅等戊子賜文武百官帛乙未又宴宰臣文武百官于宣和殿通鑑癸巳中書侍郎同平章事張策以刑部尚書致仕以左僕射楊涉同平章事十二月立二王三恪南郊禮儀使狀伏以詩稱有客書載虞賓實因禪代之初必行興繼之命俾之助祭式表推恩兼垂恪敬之文別示優崇之典徵于歷代襲用舊章謹按唐朝以後魏元氏子孫韓國公爲三恪以周宇文氏子孫爲介國公隋朝楊氏子孫爲酅國公爲二王後今伏以國家受禪封唐朝子孫李蓰爲萊國公今參詳合以介國公爲三恪酅國

公萊國公爲二王後五代會要十二月改左右天武爲龍虎軍左右龍虎爲天武軍左右天威爲羽林軍左右羽林爲天威軍左右英武爲神武軍左右神武爲英武軍前朝置龍虎六軍謂之衞士至是以天武神武英武等六軍易其軍號而任勳舊焉癸丑獵畋于含耀門外

開平三年正月戊辰朔帝御金祥殿受宰臣翰林學士稱賀文武百官拜表于東上閤門己巳奉遷太廟四室神主赴西京太常儀仗鼓吹導引齋車文武百官奉辭于開明門外甲戌發東都百官扈從次中牟縣乙亥次鄭州丙子次汜水縣河南尹張宗奭河陽節度使張歸霸並來朝戊寅次偃師縣己卯備法駕六軍儀仗入西都是日御文明殿受朝賀詔曰近年以來風俗未泰兵革且繁正月燃燈廢停已久今屬創開鴻業初建洛陽方在上春務達陽氣宜以正月十四十五十六日夜開坊市門一任公私燃燈祈福庚寅親享太廟辛卯祀昊天上帝于圜丘是日降雪盈尺帝昇壇而雪霽禮畢御五鳳樓宣制大赦天下賜南郊行事官禮儀使趙光逢以下分物甲午上御文思殿宴羣臣賜金帛有差丙申賜文武官帛有差命宣徽使王殷押絹一萬匹幷茵褥幃帟二百六十

件賜張宗奭歐陽史丙申羣臣上尊號曰睿文聖武廣孝皇帝改西京貞觀殿爲文明殿含元殿爲朝元殿二月改思政殿爲金鑾殿敕東都曰自昇州作府建邑爲都未廣邦畿頗虧國體其以滑州酸棗縣長垣縣鄭州中牟縣陽武縣宋州襄邑縣曹州戴邑縣許州扶溝縣鄢陵縣陳州太康縣等九縣宜並割屬開封府仍昇爲畿縣輿地廣記朱梁時楊氏據江淮于是吳越錢氏上言以淮寇未平恥聞逆姓請改松陽縣爲長松丁酉宴羣臣于崇勳殿甲辰又宴羣臣于崇勳殿蓋藩臣進賀勉而從之丙午宗正寺請修興極永安光天咸寧諸陵並令添修上下宮殿栽植松柏制可癸亥敕豐沛之基寢園所在悽愴動關于情理充奉自繫于國章宜設陵臺兼升縣望其輝州碭山縣宜爲赤縣仍以本縣令兼四陵臺令同州節度使劉知俊奏延州都指揮使高萬興部領節級家累三十八人來降三月以萬興檢校司徒爲丹延等州安撫招討等使辛未詔曰同州邊陽繼有士衆歸化暫思巡撫兼要指揮今幸蒲陝取九日進發甲戌車駕發西都百官奉辭于師子門外丁丑次陝州己卯次解縣河中節度使冀王友謙來奉迎庚辰至河中府幸右軍舊杏園講武丙戌以朔方節度

使兼中書令韓遜爲頴川王遜本靈州牙校唐末據本鎮朝廷因而授以節鉞四月丙申朔駐蹕河中壬寅辰時駕巡于朝邑縣界焦黎店冀王友謙及崇政內諸司使扈從至申時迴己亥御前殿宴宰臣及冀王友謙扈從官甲寅宴宰臣及扈從官于內殿制易定節度使王處直進封北平王福建節度使王審知封閩王廣州節度使劉隱封南平王同州節度使劉知俊封大彭郡王山南東道節度使楊師厚封宏農郡王五月乙丑朔朝遂命宰臣及文武百官宴于內殿己卯車駕至西京癸未御崇勳殿宴宰臣及文武官四品以上己丑復御崇勳殿宴宰臣文武官四品以上升宋州爲宣武軍節鎮仍以亳輝頴爲屬郡六月庚戌同州節度使劉知俊據本郡反制令削奪劉知俊在身官爵仍徵發諸軍速令進討如有軍前將士懷忠烈以知機賊內朋徒憤脅從而識變便能梟夷逆豎擒獲凶渠務立殊功當行厚賞活捉得劉知俊者賞錢一萬貫文便授忠武軍節度使並賜莊宅各一所如活捉得劉知浣者賞錢一千貫文便與除刺史有官者超轉三階無官者特授兵部尚書如活捉得劉知俊骨肉及近上

都將並梟送闕廷者賞賜有差辛亥駕至蒲陝文武百官于新安縣奉迎劉知俊弟內直右保勝指揮使知浣自洛奔至潼關右龍虎軍十將張温以上二十二人于潼關擒獲劉知浣送至行在敕劉知浣逆黨之中最爲頭角龍虎軍親兵之內實冠爪牙昨者攻取潼關率先用命尋則擒獲知浣最上立功頗壯軍威將除國難所懸賞格便可支分許賜官階固須除授但昨捉獲劉知浣是張温等二十二人一時向前共立功效其賞錢一千貫文數內一百貫文與最先打倒劉知浣衙官李稠四十三貫文與十將張温二十人各與錢四十二貫八百五十文立功敕命便授郡府亦緣同時立功人數不少所除刺史難議偏頗宜令逐月共支給正刺史料錢二百貫文數內十將張温一人每月與十貫文餘二十一人每月每人各分九貫文仍起七月一日以後支給人與轉官職仍勘名銜分析申奏當與施行是月知俊奔鳳翔同州平七月乙丑敕行宮將士陣歿者咸令所在給櫘櫝津置歸鄉里戰卒聞之悉感涕丙寅命宰臣楊涉赴西都以孟秋享太廟改章善門爲左右銀臺門其左右銀臺門卻改爲左右與

閤門敕大內皇牆使諸門素來未得嚴謹將令整肅須示條章宜令控鶴指揮應于諸門各添差控鶴官兩人守帖把門其諸司使幷諸司諸色人並勒于左右銀臺門外下馬不得將領行官一人輒入門裏其逐日諸道奉進客省使于千秋門外排當抗勒控鶴官舁擡至內門前準例令黃門殿直以下舁進輒不得令諸色一人到千秋門內其與閤門仍令長官關鎖不用逐日開閉是日又敕皇牆大內本尙深嚴宮禁諸門豈宜輕易未當條制交下因循苟出入之無常且公私之不便須加鈐轄用戒門閭宜令宣徽院使等切準此處分進封幽州節度使河間郡王劉守光爲燕王（通鑑七月癸酉帝發陝州乙亥至洛陽寢疾）己丑夕寢殿棟折詰旦召近臣諸王視棟折之迹帝慘然曰幾與卿等不相見君臣對泣久之遂詔有司釋放禁人從八月朔日後減膳進素食禁屠宰避正殿修佛事以禳其咎商州刺史李稠棄郡西奔本州將吏以都牙校李玫權知州事八月甲午以秋稼將登霖雨特甚命宰臣以下禱于社稷諸祠詔曰封嶽告功前王重事祭天肆覲有國恆規朕以眇身恭臨大寶旣功德未敷于天下而災祥互降于城

中慮于告謝之儀有缺齋虔之禮爰修昭報用契幽通宜令中書侍郎平章事于兢往東嶽祭拜禱祀訖聞奏又敕朕以干戈尚熾華夏未寧宜循卑菲之言用致雍熙之化起八月一日常朝不御金鑾崇勳兩殿只于便殿聽政辛亥制諸郡如有陣歿將士仰逐都安存家屬如有弟兄兒姪便給與衣糧充役贈故山東道節度使留後王珏太保贈故同州觀察判官盧匪躬工部尚書珏故河陽將累以軍功爲郡守主留事于襄陽爲小將王求所殺匪躬嘗爲劉知俊判官知俊反不偕行爲亂兵所害敕建國之初用兵未罷諸道章表皆繫軍機不欲滯留用防緩急其諸道所有軍事申奏宜令至右銀臺門委客省畫時引進諸道公事即依前四方館準例收接司天臺奏今月二十七日平明前東南丙上去山高三尺以來老人星見測在井宿十一度其色光明闊大敕所在長吏放雜差役兩稅外不得妄有科配自今後州縣府鎮凡使命經過若不執敕文券並不得妄差人驢及取索一物已上又今歲秋田皆期大稔仰所在切如條流本分納稅及加耗外勿令更有科索切戒所繇人更不得于鄉村乞託擾人

舊五代史卷四考證

梁太祖紀四二月　案通鑑二月癸亥酖殺濟陰王于曹州新唐書昭宣帝紀亦云二月遇弒歐陽史作正月己亥卜郊于西都弒濟陰王與諸書異

辛巳以同州節度使劉知俊爲潞州行營招討使　案辛巳歐陽史通鑑俱作壬午

時帝在澤州拜二相于行在　案通鑑云癸巳張文蔚卒癸卯楊涉罷爲右僕射是二相之拜以代文蔚涉也又承旨學士梁代避諱改爲奉旨通鑑及歐陽史仍作承旨

壬子至東京　案五代春秋作丙午帝還東都歐陽史作壬子至澤州惟通鑑與是書同

淮寇侵軼潭岳邊境　侵軼原作侵軹今據文改正

王師敗于潞州　案潞州之敗歐陽史作五月己丑通鑑作壬申

帝以此郡五嶺三湘水陸會合之地　此郡原作北郡今據文改正

時代綿寢　綿寢原作綿浸今據通鑑注改正
丙戌至陝州　丙戌通鑑作乙酉
丁巳至東都　案通鑑考異引編遺錄作乙卯實錄作丁巳今考五代春秋作丁巳與是書同歐陽史作丁未與是書異
許州扶溝縣　案扶溝下脫縣字今據文增入
甲寅福建節度使王審知封閩王廣州節度使劉隱封南平王　甲寅通鑑作庚子與是書異
如活捉得劉知浣者賞錢一千貫文　案一千原作一萬今據通鑑長編引梁代賞功之典改正
辛亥駕至蒲陝　案通鑑作癸丑帝至陝與是書前後異
其興善門仍令長官關鎖　興善原作章善今據上文及五代會要改正
安巴堅舊作阿保機今改
舊五代史卷四考證

舊五代史卷五

宋門下侍郎參知政事監修國史薛居正等撰

梁書第五

太祖紀五

開平三年九月癸巳朔御崇勳殿宴羣臣文武百官賜張宗奭楊師厚白綾各三百匹銀鞍轡馬丁酉上幸崇政院宴內臣賜院使敬翔直學士李班等繒綵有差以門下侍郎平章事薛貽矩判建昌宮事兼延資庫使制內外使臣復命未見便歸私第者朝廷命使臣下奉行惟于辭見之儀合守敬恭之道近者凡差出使往復皆越常規或已辭而尚在本家或未見而先歸私第但從己便莫稟王程在禮敬而殊乖置典章而私舉宜令御史臺別具條流事件具黜罰等奏聞庚子殿直王唐福自襄城走馬以大軍勝捷逆將李洪歸降事上聞賜唐福絹銀有加宰臣百官上表稱賀壬寅開封府虞候李繼業齎襄州都指揮使陳暉奏狀以今月五日殺戮逆黨千人並生擒都指揮使傅霸以下節級共五

百人收復襄州人戶歸業通鑑八月陳暉軍至襄州李洪逆戰大敗士求死九月丁酉拔其城斬叛兵千人執李洪楊虔等送洛陽斬之癸卯帝御文明殿以收復襄漢受宰臣以下稱賀辛亥侍中韓建罷守太保左僕射同平章事楊涉罷守本官以太常卿趙光逢為中書侍郎平章事翰林學士奉旨工部侍郎知制誥杜曉為尚書戶部侍郎平章事詔曰秋冬之際陰雨相仍所司擇日拜郊或慮臨時妨事宜令別更擇日奏聞是月禮儀使奏據所司擇十月二日祀圜丘今參詳十月十七日以後入十一月節十一月二日冬至一陽生之辰宜行親告之禮從之河中奏準宣詔使有銅牌者所至即易騎以遣十月癸未大明節帝御文明殿設齋僧道召宰臣翰林學士預之諸道節度刺史及內外諸司使咸有進獻詔以寇盜未平凡諸給過所並令司門郎中員外郎出給以杜奸詐十一月癸巳朔帝齋于內殿不視朝甲午日長至五更一點自大內出于文明殿受宰臣以下起居自五鳳樓出南郊左右金吾太常兵部等司儀仗法駕鹵簿及左右內直控鶴等引從赴壇文武百官太保韓建以下班以候帝升壇告謝司天臺奏冬至日自夜半後祥風微扇帝座澄明

至曉黃雲捧日丙申畋于上東門外戊戌制曰夫嚴親報本所以通神明流澤覃休所以惠黎庶斯蓋邦家不易之道皇王自昔之規敢斁大猷茲惟古義粤朕受命于今三年何曾不寅畏晨興焦勞夕惕師唐虞之典上則于乾功挹殷夏之源下涵于民極欲使萬方有裕六辨無愆然而志有所未孚理有所未達致奸宄作釁旱霪爲災驕將守邊擁牙旗而背義積陰馭氣陵玉燭以干和載考休徵式昭至警朕是以仰高俯厚靡惜于責躬履薄臨淵冀昭于元覽兢兢慄慄夙夜匪寧及夫動干戈而必契靈誅陳犧齋而克章善應苟非天垂丕佑神贊殊休則安可致夷兇渠就不戰之功變沴戾氣作有年之慶況靈旗北指喪麗貙于亂轍之間飛騎西臨下鄜翟若走丸之易息一隅之煙燧復千里之封疆而又掃蕩左馮討除峴首故得外戎內夏益知天命之攸歸喙息蚑行共識皇基之永固仰懷昭應欲報無階爰因南至之辰親展圜丘之禮茲惟大慶必及下民乃宏渙汗之私以錫疲羸之幸所冀漸增蘇息亟致和平噫朕自臨御以來歲時尚邇氛昏未殄討伐猶頻甲兵須議于餽糧飛輓頻勞于編戶事

非獲已慮若納隍宜所在長吏倍切撫綏明加勉諭每官中抽差徭役禁猾吏廣斂貪求免至流散靡依凋弊不濟宜令河南府開封府及諸道觀察使切加鈐轄刺史縣令不得因緣賦斂分外擾人凡關庶獄每望輕刑只候纔罷用軍必當便議優給德音節文內有未該者宜令所司類列條件奏聞己亥以羅周翰為天雄軍節度副使知府事從鄴王紹威請也辛丑幸穀水戊午御文明殿冊太傅張宗奭太保韓建受冊畢金吾仗引昇輅車儀仗導謁太廟訖赴尚書省上幸榆林坡閱兵教諸都馬步兵敕改乾文院為文思院行殿為興安殿毬場為興安毬場又改弓箭庫殿為宣武殿靈州奏鳳翔賊將劉知俊率邠岐秦涇之師侵迫州城帝遣陝州康懷英華州寇彥卿率兵攻迫邠寧以緩朔方之寇(五代春秋十一月秦人來侵靈州陝州康懷英侵秦克寧慶衍三州秦人來襲懷英兵敗于昇平)十二月乙丑臘較獵于甘泉驛以蒲州擧迹之地且因經略鄜延于是巡幸數月暇日游豫至焦梨店頗述前事念王重榮舊功下詔褒獎而封崇之國子監奏創造文宣王廟仍請率在朝及天下現任官僚俸錢每貫每月尅一十五文充土木之植允之是歲以

所率官僚俸錢修文宣王廟福建節度使王審知奏捨錢造寺一所請賜寺額
勑名大梁萬歲之寺仍許度僧四十九人贈牢牆使王仁嗣司空故同州押衙
史肇右僕射押衙王彥洪高漢詮邱奉言仇瓊並刑部尚書王筠御史司憲初
劉知俊將叛謀會諸將詢所宜仁嗣等持正不撓悉罹其酷至是褒贈之劉守
光上言于薊州西與兄守文戰擒守文
開平四年正月壬辰朔帝御朝元殿受百官稱賀始用禮樂也勑公事難于稽
遲居處悉皆遙遠其逐日當直中書舍人及吏部司封知印郎官少府監及篆
印文兼書寫告身人吏等並宜輪次于中書側近宿止乙未帝出師子門至榆
林坡下閱教壬寅幸保寧毬場錫宴宰臣及文武百官賜宰臣張宗奭已下分
物有加賜廣王分物及湖南開元寺禪長老可復號惠光大師仍賜紫衣二月
乙丑幸甘水亭出師子門幸榆林東北坡教諸軍兵事賜潞州投歸軍使張行
恭錦服銀帶並食戊辰宴于金鑾殿甲戌以春時無事頻命宰臣及勳戚宴于
河南府池亭辛巳楊師厚赴鎮于陝寒食假諸道節度使郡守勳臣競以春服

賀又連清明宴以鞍轡馬及金銀器羅錦進者迨千萬乃御宣威殿宴宰臣及文武官四品已上己丑出光政門至穀水觀麥三月壬辰幸崇政院宴勳臣己亥幸天驥院宴侍臣壬寅幸甘水亭宴宰臣勳戚翰林學士辛亥宴宰臣于內殿丙辰于興安毬場大饗六軍樂春時也四月壬戌詔曰追養以祿王者推歸厚之恩欲靜而風人子抱終身之感其以刑部尚書致仕張策及三品四品常參官二十二人先世各追贈一等乙丑宴崇政院帝在藩及踐阼勵精求理深戒逸樂未嘗命堂上歌舞是日止令內妓升階擊鼓弄曲甚懽至午而罷丁卯宋州節度使衡王友諒進瑞麥一莖三穗通鑑友諒獻瑞麥帝曰豐年為上瑞今宋州大水安用此為詔除本縣令名進使詰責友諒丙戌幸建春門閱新樓至七里屯觀麥召從官食于樓河南張昌孫及蒲同主事吏賜物各有差帝過朝邑見鎮將位在縣令上問左右或對曰宿官秩高帝曰令長字人也鎮使捕盜耳且鎮將多是邑民奈何得居民父母上是無禮也至是敕天下鎮使官秩無高卑位在邑令下葉縣鎮遏使馮德武于蔡州西平縣界殺戮山賊擒首領張濆等七人以獻鎮海軍節度使錢鏐擊高

澧于湖州大敗之梟夷擒殺萬人拔其郡湖州平先是澧以州叛入淮南故詔鏐討之也五月己丑朔以連雨不止至壬辰御文明殿命宰臣分拜祠廟自朔旦至癸巳內外以午日奉獻巨萬計馬三千蹄餘稱是復相率助修內壘甲辰詔曰奇邪亂正假僞奪真既刑典之不容宜違犯而勿赦應東西兩京及諸道州府創造假犀玉真珠腰帶璧珥並諸色售用等一切禁斷不得更造作如公私人家先已有者所在送納長吏對面毀棄如行敕後有人故違必當極法仍委所在州府差人檢察收捕明行處斷魏博節度使守太師兼中書令鄴王羅紹威薨帝哀慟曰天不使我一海內何奪忠臣之速也詔贈尚書令六月己未朔詔軍鎮勿起土功七月壬子宴宰臣河南尹翰林學士兩街使于甘水亭丙辰宴羣臣于宣威殿賜物有差劉知俊攻逼夏州（通鑑七月岐王與汾涇二帥各遣使告晉請合兵攻定難節度使李仁福晉王遣振武節度使周德威將兵會之合五萬衆圍夏州）以宣化軍留後李思安爲東北面行營都指揮使陝州節度使楊師厚爲西路行營招討使福州貢方物獻桐皮扇廣州貢犀玉獻舶上薔薇水時陳許汝蔡穎五州境內有蝝爲災俄而許州上言有

野禽羣飛蔽空旬日之間食蝝皆盡是歲乃大有秋八月車駕西征己巳次陝
州是時憫雨且命宰臣從官分禱靈迹日中而雨翼日止帝大悅辛未老人星
見是日宴本府節度使楊師厚及扈從官于行宮賜師厚帛千匹仍授西路行
營招討使丙子宴文武從官軍使已下設龜茲樂賜物有差九月丁亥朔命宰
臣于兢赴西都祀昊天上帝于圜丘甲午至西京下詔曰朕聞歷代帝王首推
堯舜爲人父母孰比禹湯睿謀高出于古先聖德普聞于天下尙或卑躬待士
屈己求賢俯仰星雲慮一民之遺逸網羅巖穴恐片善之韜藏延爵祿以徵求
設丹青而訪召使其爲政樂在進賢蓋繇國有萬幾朝稱百揆非才不治得士
則昌自朕光宅中區迄今三載宵分輟寢日旰忘餐思共力于廟謨庶永清于
王道而乃朝廷之內或未盡于昌言軍旅之間亦罕聞于奇策眷言方岳下及
山林豈無英奇副我延佇諸道都督觀察防禦使等或勳高翊世或才號知人
心于途巷之賢備察芻蕘之士詔到可精搜郡邑博訪賢良諭之以千載一時
約之以高官美秩諒無求備惟在得人如有卓犖不羈沈潛自負通霸王之上

略達文武之大綱究古今刑政之源識禮樂質文之變朕則待之不次委以非常用佐經綸豈勞階級如或一言拔俗一事出羣亦當舍短從長隨才授任大小方圓之器寧限九流温良恭儉之人難誣十室勉思薦舉勿至因循俟爾發揚慰予翹渴仍從別敕處分辛丑以久雨命宰臣薛貽矩禜定鼎門趙光逢祠嵩岳敕魏博管內刺史比來州務並委督郵遂使曹官擅其威權州牧同于閑冗俾循通制宜塞異端並依河南諸州例刺史得以專達壬寅頒奪馬令先是王師擊賊獲馬多上獻至是盡止之蓋欲邀其奮擊之功也乙巳王師敗蕃寇于夏州初劉知俊誘沙陁振武賊帥周德威涇原賊帥李繼鸞合步騎五萬大舉欲俯拾夏臺節度使王仁福兵力俱乏以急來告先是供奉官張漢玫宣諭在壁國禮使杜廷隱賜幣于夏及石堡寨聞賊至以防卒三百人馳入州既而外兵圍合廷隱漢玫與指揮使張初李君用率州民防卒與仁福部分固守晝夜戮力踰月及鄜延援至六軍奮擊敗之河東邠岐賊分路逃遁夏州圍解通鑑甲申遣夾馬指揮使李遇劉綰自鄜延趨銀夏李遇等至夏州岐晉兵皆解去丙午詔曰劉知俊貴爲方伯尊極郡王

梁太祖紀五襄州都指揮使陳暉　案歐陽史作行營招討使左衛上將軍陳暉

復收襄州人戶歸業　案歐陽史云九月壬寅陳暉克襄州據是書則陳暉以壬寅奏捷非以是日克城考通鑑克城繫九月丁酉與是書今月五日正合歐陽史蓋據奏捷之日而書之耳

以收復襄漢受宰臣以下稱賀　案襄漢下原本衍收字今删正

并令司門郎中員外郎　司門原本作司關考五代會要有司門郎中今改正

故得外戎內夏　內夏原本訛內憂今改正

辛亥宴宰臣于內殿　案原本脫宴字今增入

鎭海軍節度使錢鏐擊高澧于湖州大敗之　案九國志高澧以三年十月叛四年二月奔吳是書繫于四月蓋以奏聞之月爲據

劉知俊攻逼夏州　案五代春秋八月晉人秦人侵夏州與是書及通鑑異

甲午至西京　案五代春秋作九月己丑帝還西都歐陽史同通鑑作己丑上

發陝甲午至洛陽

國禮使杜廷隱　廷隱原本作定隱下仍作廷隱今據九國志改正

舊五代史卷五考證

舊五代史卷六

宋門下侍郎參知政事監修國史薛居正等撰

梁書第六

太祖紀六

開平四年十月乙亥東京博王友文入覲召之也己卯以新修天驥院開宴落成內外並獻馬而魏博進絹四萬匹爲駟價壬午以冬設禁軍幸興安鞠場召文武百官宴幸開化大閱軍實十一月丁亥朔幸廣王第作樂辛卯宴文武四品已上于宣威殿庚戌幸左龍虎軍宴羣臣甲寅幸右龍虎軍宴羣臣戊戌詔曰自朔至今暴風未息諒惟不德致此咎徵皇天動威罔敢不懼宜徧命祈禱副朕意焉差官分往祠所止風己亥日南至帝被袞冕御朝元殿列細仗奏樂于庭羣臣稱賀帝畋于伊水乙巳詔曰關防者所以譏異服察異言也況天下未息兵民多奸改形易衣覘我戎事比者有諜皆以詐敗而未嘗罪所過地叛將逃卒竊其妻孥而影附使者亦未嘗詰其所經今海內未同而緩法弛禁非

所以息奸詐止奔亡也應在京諸司不得擅給公驗如有出外須執憑繇者其司門過所先須經中書門下點檢宜委宰臣趙光逢專判出給俾繇顯重冀絕奸源仍下兩京河陽及六軍諸衞御史臺各加鈐轄公私行李復不得帶挾家口向西其襄鄧鄜延等道並同處分以寧國軍節度使王景仁充北面行營都招討使潞州副招討使韓勍爲副相州刺史李思安爲先鋒使時鎮州王鎔定州王處直叛結連晉人故遣將討之五代會要十一月十四日司天奏月蝕不宜用兵時王景仁方總大軍北伐追之不及至五年正月二日果爲後唐莊宗大敗于柏鄉十二月辛酉宴文武四品已上于宣威殿親閱禁軍命格鬬于教馬亭己巳詔曰滑宋輝亳等州水潦敗傷人戶愍歎朕爲民父母良用痛心其令本州分等級賑貸所在長吏監臨周給務令存濟壬辰賑貸東郡畿內如宋滑制

乾化元年正月丙戌朔日有食之帝素服避殿百官守司以恭天事明復而止制曰兩漢以來日食地震百官各上封事指陳得失蓋欲周知時病盡達物情用緝國章以奉天誠朕每思逆耳罔忌觸鱗將洽政經庶開言路況茲譴見當

有咎徵其在列辟羣臣危言正諫極萬邦之利害致六合之殷昌毗予一人烝建皇極二日日旁有祲氣向背若環耳崇政使敬翔望之曰兵可憂矣帝爲之旰食是日果爲晉軍及鎮定之師所敗都將十餘人被擒餘衆奔潰庚寅制曰扈氏不恭固難去戰鬼方未服尙或勞師其蟻聚餘妖狐鳴醜類棄天常而拒命據地險以偷生言事討除將期戡定問罪止誅于元惡挺災可憫于遺黎每念傷痍良深愧歎應天兵所至之地宜令將帥節級嚴戒軍伍不得焚燒廬舍開發丘壠毀廢農桑驅掠士女使其背叛之俗知予弔伐之心又制曰戎機方切國用未殷養兵須藉于賦租稅粟尙煩于力役所在長吏不得因緣徵發自務貪求苟有故違必行重典立法垂制詳刑定科傳之無窮守而勿失中書門下所奏新定格式律令已頒下中外各委所在長吏切務遵行盡革煩苛皆除枉濫用副哀矜之旨無違欽恤之言詔徵陝州鎮國軍節度使楊師厚至京見于崇勳殿帝指授方略依前充北面都招討使恩賚甚厚使督軍進發（五代會要二月晉師侵魏州楊師厚帥師援邢州晉人還師）二月丙辰朔帝御文明殿羣臣入閤以蔡州順化軍指

揮使王存儼權知軍州事蔡人久習叛逆刺史張慎思又衰斂無狀帝追慎思至京而久未命代右廂指揮使劉行琮乘虛作亂因縱火驅擁爲渡淮計存儼誅行琮而撫遏其衆都將鄭遵與其下奉存儼爲主而以衆情馳奏時東京留守博王友文不先請遂討其亂兵至鄢陵上聞之曰誅行琮功也然存儼方懼若臨之以兵蔡必速飛矣遂馳使還軍而擢授存儼蔡人安之壬戌詔曰東京舊邦久不巡幸宜以今月九日幸東都扈從文武官委中書門下量閑劇處分宰臣上言曰龍興天府久望法駕但陛下始康愈未宜涉寒願少留清蹕從之（五代會要二月敕食人之食者憂人之事況丞相尊位參決大政而堂封未給且無餐錢朕甚愧之宜令食萬錢之半）甲子幸曜村民舍閱農事庚午幸白馬坡詔金吾大將軍待制官各奏事武安軍節度使馬殷進呈虔州刺史盧延昌牋表虔州本支郡也兵甚銳自得韶州益強大昇爲百勝軍使始洪州之陷盧光稠願收復使府立功自効上因兼授江西觀察留後光稠卒復命延昌領州事方伯亦頗慰薦楊渭遣人僞署爵秩延昌佯受官牒禮遣其使因湖南自表其事曰郡小寇迫欲緩其奸謀且開導貢路非敢貳也以

其僞制來自陳上覽奏曰我方有北事不可不甚加撫郇尋兼授鎮南將軍節度使觀察留後命使慰勞九國志盧延昌歸命于吳僞乞命于梁三月辛卯以久旱令宰臣分禱靈迹翼日大澍雨丙申幸甘水亭召宰臣翰林學士尚書侍郎孔續已下八人扈從宴樂甚歡戊戌幸右龍虎軍召文武官四品已上宴于新殿甲辰幸左龍虎軍新殿宴文武官四品已上四月丁卯幸龍虎門召宰臣學士金吾上將軍大將軍侍宴廣化寺壬申契丹遣使來貢丁丑幸宣威殿宴文武官四品已上及軍使蕃客己卯又幸左龍虎軍宴羣臣詔曰邠岐未滅關隴多虞宜擇親賢總茲戎任應關西同雍華鄜延夏等六道兵馬並委冀王收掌指揮凡有抽差先申西面都招討使仍別奏聞庶合機權以寧邊鄙五月甲申朔帝被袞旒御朝元殿視朝仗衞如式制改開平五年爲乾化元年大赦天下詔方伯州牧近未加恩者並還爵秩復大賚軍旅普宴于宣威殿賜帛各有差制封延州節度使高萬興爲渤海郡王諸道節度使錢鏐張宗奭馬殷王審知劉隱各賜一子六品正員官高季昌賜一子八品正員官賀德倫賜一子九品正員官癸巳觀

稼于伊水登建春門幸會節坊張宗奭私第臨亭臯視物色賞賜甚厚詔左銀
臺門朝參諸司使庫使已下不得帶從人入城親王許一二人執條牀手餚餘
悉止門外闌入者抵律閽守不禁與所犯同先時門通內無門籍且多勳戚車
騎衆者尤不敢呵察至是有以客星凌犯上言者遂令止隔清海軍節度使守
侍中兼中書令劉隱薨輟朝三日百僚詣閤門奉慰六月乙卯命北面都招討
使鎮國軍節度使楊師厚出屯邢洺丁巳鎮定鈔我湯陰詔曰常山背義易水
效尤誘其蕃戎動我邊鄙南侵相魏東出邢洺是用遣將徂征爲人除害但初
頒赦令不欲食言宥而伐之諒非獲已況聞謀始不自帥臣致此厲階並由奸
佞密通人使潛結沙陀既懼罪誅乃生離叛今雖行討伐已舉師徒亦開詔諭
之門不阻歸降之路矧又王鎔處直未曾削爵除名若翻然改圖不遠而復必
仍舊貫當保全功如有率衆向明拔州效順亦行殊賞冀徇來情免令受弊于
疲民用示維新于污俗宜令行營都招討使及陳暉軍前準此敕文散加招諭
將安衆懼特舉明恩鎮州只罪李宏規一人其餘一切不問詔修天宮佛寺又

湖南奏潭州僧法思桂州僧歸真並乞賜紫衣從之七月帝不豫稍厭秋暑自辛丑幸會節坊張宗奭私第宰臣視事于歸仁亭子崇政使內諸司及翰林院並止于河南令廨署至甲辰復歸大內八月庚申幸保寧殿閱天興控鶴兵事軍使將校各有賜癸亥老人星見戊辰幸故上陽宮至于榆林觀稼丙子閱四蕃將軍屯衛兵士于天津橋南至龍門廣化寺戊寅幸興安鞠場大教閱帝自指麾無不踊抃坐作進退聲振宮掖右神武統軍丁審衢對御以紅帛囊劍擬乘輿物帝曰宿將也恕之以劉重霸代其任九月辛巳朔帝御文明殿羣臣入閤刑法待制官各奏事己丑宴羣臣于興安殿庚子親御六師次于河陽甲辰至于衞州乙巳至于宜溝幸民劉達墅丙午至相州賞左親騎指揮使張仙右雲騎指揮使宋鐸嘗身先陷陣各賜帛十月辛亥朔駐蹕于相州宰臣洎文武從官並詣行宮起居戶部郎中孔昌序齎留都百官冬朔起居表至自西京諸道節度使刺史諸藩府留後各以冬朔起居表來上制以郢王友珪充控鶴指揮使諸軍都虞候閻寶爲御營使有司以立冬太廟薦享上言詔丞相杜曉赴

西都攝祭行事癸丑閱武于州闉之南樓左龍驤都教練使鄧季筠魏博馬軍都指揮使何令稠右廂馬軍都指揮使陳令勳以部下馬瘦並腰斬于軍門甲寅將以其夕幸魏縣命閤門使李郁報宰臣兼敕內外是夜車駕發軔于都署乙卯次洹水丙辰至魏縣先鋒將黃文靖伏誅己未帝御朝元門以回鶻吐蕃二大國首領入覲故也癸亥令諸軍指揮使及四蕃將軍賜食于行宮之外廡戊辰幸邑西之白龍潭以觀魚焉既而漁人獲巨魚以獻帝命放之中流從臣以帝有仁惻之心皆相顧欣然是日名其潭曰萬歲潭丙子帝御城東教場閱兵諸軍都指揮北面招討使太尉楊師厚總領鐵馬步甲十萬廣亙十數里陳焉士卒之雄銳部隊之嚴肅旌旗之雜遝戈甲之熠曜屹若山岳勢動天地帝甚悅焉即令丞相洎文武從臣列侍賜食逮晚方歸十一月辛巳朔上駐蹕魏縣從官自丞相而下並詣行宮起居留都文武百官及諸道節度使防禦使刺史諸藩府留後各奉表起居壬午帝以邊事稍息宣命還京師通鑑帝以夾寨柏鄉屢失利故力疾北巡思一雪其恥意鬱鬱多躁忿功臣宿將往往以小過被誅衆心益懼既而晉趙兵不出十一月壬午帝南還車駕發自行闕夕

次洹水縣癸未至內黃縣甲申至黎陽縣乙酉命從官丞相而下宴于行次丁亥次衞州戊子晨次新鄉夕止獲嘉己丑次武陟庚寅次温縣延州節度使高萬興奏當軍都指揮使高萬金統領兵士今月五日收鹽州僞刺史高行存泥首來降丞相及文武百官各上表稱賀辛卯次孟州命散騎常侍孫隲右諫議大夫張衍光祿卿李翼各齎香祝版告祭于孟津之望祠留都文武官左僕射楊涉泊孟州守李周彝等皆匍匐東郊迎拜其文武官並令先還壬辰詰旦離孟州晚至都宣宰臣各赴望祠禱雨故事皆以兩省無功職事爲之帝憂民重農尤以足食足兵爲念爰自御極每愆陽積陰多命丞相躬其事辛丑大雨雪宰臣及文武師長各奉表賀焉十二月詔以時雪稍愆命丞相及三省官各詣望祠祈禱癸酉臘假詔諸王與河南尹左右金吾六統軍等較獵于近苑命大理卿王鄯使于安南左散騎常侍吳藹使于朗州皆以旌節官誥錫之也又命將作少監姜宏道爲朗州旌節官使副（五代會要舊制巡撫黜陟册命弔贈入番等使選朝臣爲之其宣慰加官送旌節卽以中官爲之今以三品送旌節新例也）延州節度使高萬興奏領軍于邠州界蒿子谷韋家寨

殺戮寧慶兩州賊軍約二千餘人並生擒都頭指揮使及奪馬器甲等事其入奏軍將使宣召赴內殿賜對以銀器綵物錫之宰臣及文武官各奉表賀是月魏博節度上言于涇縣北戮殺鎮州王鎔兵士七千餘人奪馬二千餘匹戈甲未知其數並擒都將以下四十餘人兩浙進大方茶二萬觔琢畫宮衣五百副廣州貢犀象奇珍及金銀等其估數千萬安南兩使留後曲美通鑑十二月戊午以靜海曲美為節度使進筒中蕉五百匹龍腦鬱金各五瓶他海貨等有差又進南蠻通好金器六物銀器十二幷乾陁綾花緆越氈等雜織奇巧者各三十件福建進戶部所支榷課葛三萬五千匹

舊五代史卷六

舊五代史卷六考證

梁太祖紀六相州刺史李思安爲先鋒使　相州原本訛湘州今據通鑑改正

向背若環耳　環耳原本訛環爾今據五代會要改正

以其僞制來自陳　僞原本訛爲今改正

守侍中兼中書令劉隱卒　案劉隱卒五代會要五代春秋俱作五月惟通鑑作三月與是書異

丁巳鎮定抄我湯陰　湯陰原本作蕩陰今從通鑑及歐陽史改正

命閤門使李郁報宰臣兼敕內外　案李郁下原本衍寶字今據列傳刪正

己未帝御朝元門以回鶻吐蕃入覲故也　案己未歐陽史作乙未

舊五代史卷六考證

宋門下侍郎參知政事監修國史薛居正等撰

梁書第七

太祖紀第七

乾化二年正月宣上元夜任諸市及坊市各點彩燈金吾不用禁夜近年已來以都下聚兵太廣未嘗令坊市點燈故也甲申以時雪久愆命丞相及三省官羣望祈禱詔曰謗木求規集囊貢事將裨理道豈限側言應內外文武百官及草澤並許上封事極言得失以丁審衢爲陳州而審衢厚以鞍馬金帛爲謝恩之獻帝慮其漁民復其獻而停之封保義節度使王檀爲琅邪郡王命供奉官朱嶠于河南府宣取先收禁定州進奉官崔騰並傔從一十四人並釋放仍命押領送至貝騰唐戶部侍郎潔之子也廣明喪亂客于北諸侯爲定州節度使王處存所辟去載領貢獻至闕未幾其帥稱兵遂縶之至是帝念賓介之來又已出境特命縱而歸焉丙戌有司以孟春太廟薦享上言命丞相杜曉攝祭行

事丙申夕熒惑犯房第二星二月庚戌中和節御崇勳殿召丞相大學士河南尹略封訖于萬春門外廡賜以酒食五代會要二月追封故魏博節度使羅宏信爲趙王癸丑敕曰今載春寒頗甚雨澤仍愆司天監占以夏秋必多霖潦宜令所在郡縣告喻百姓備淫雨之患庚申御宣威殿開宴丞相洎文武官屬咸被召列侍竟日而罷壬戌帝將巡按北境中外戒嚴詔以河南尹守中書令判六軍事張宗奭爲大內留守中書門下奏差定文武官領務尤切宜扈駕者三十八人詔工部尚書李皎左散騎常侍孫騭右諫議大夫張衍兵部侍郎劉邈兵部郎中張儁光祿少卿盧秉彝並令扈蹕甲子發自洛師夕次河陽通鑑云至白馬頓賜從官食多未至遣騎趣之于路左散騎常侍孫騭右諫議大夫張衍兵部郎中張儁最後至帝命撲殺之乙丑次溫縣丙寅次武陟懷州刺史段明遠迎拜于境上其內外所備咸豐霈焉丁卯次獲嘉戊辰次衞州之新鄉己巳晨發衞州夕止淇門內衙十將使以十指揮兵士至于行在辛未駐蹕黎陽癸酉發自黎陽夕次內黃甲戌次昌樂縣丁丑次于永濟縣青州節度使賀德倫奏統領兵士赴歷亭軍前戊寅至貝州命四丞相及學士李琪盧文度知制誥竇賞等

十五人扈從其左常侍韋戩等二十三人止焉己卯發自貝州夕駐蹕于野落三月庚辰朔次于棗強縣之西原通鑑辛巳至下博南登觀津冢趙將符習引數百騎巡邏不知是帝遽前逼之或告曰晉兵大至矣帝棄行幄亟引兵趣棗強與楊師厚軍合丙戌鎮定諸軍招討使楊師厚奏下棗強縣車駕即日疾馳南還丁亥復至貝州庚寅楊師厚與副招討李周彝等準詔來朝辛卯詔丞相翰林六學士文武從官都招討使及諸軍統指揮使等賜食于行殿壬辰命以羊酒等各賜從官甲午幸貝州之東閭閱武乙未帝復幸東閭閱騎軍敕以攻下棗強縣有功將校杜暉等一十一人並超加檢校官衙官宋彥等二十五人並超授軍職丙午次濟源縣詔曰淑律將遷亢陽頗甚宜令魏州差官祈禱龍潭戊申詔曰雨澤愆期祈禱未應宜令宰臣各于魏州靈祠精加祈禱五代會要三月詔曰夫隆興邦國必本于人民惠養疲羸凡資于令長苟選求之踰濫固撫理之乖違如聞吏部擬官中書降授或緣親舊所請或爲勢要所干姑徇私情靡求才實茲念蠹弊宜舉條章今後應中書用人及吏部注擬並宜省藩身之才業驗爲政之否臧必有可觀方可任用如或尚行請說猶假貨財其所司人吏必當推窮重加懲斷四月己酉幸魏州金波亭賜宴宰臣文武官及六學士甲寅夕月掩心大星丙辰敕近者星辰違度式在修禳宜令兩京及宋州魏州取此

月至五月禁斷屠宰仍各于佛寺開建道場以迎福應己未次黎陽縣通鑑乙卯博王友文來朝請帝還東都丁巳發魏州己未至黎陽以疾淹留東都留守官吏奉表起居賜丞相從官酒食有差己巳至東都博王友文以新創食殿上言幷進準備內宴錢三千貫銀器一千五百兩辛未宴于食殿召丞相及文武從官等侍焉帝泛九曲池御舟傾帝墮溺于池中宮女侍官扶持登岸驚悸久之制加建昌宮使金紫光祿大夫檢校司徒開封尹博王友文爲特進檢校太保兼開封尹依前建昌宮使充東都留守戊寅車駕發自東京夕次中牟縣五月己卯朔從官文武自丞相而下並詣行殿起居親王及諸道藩帥咸奉表來上庚辰發自鄭州至滎陽河南尹魏王宗奭望塵迎拜河陽留後邵贊懷州刺史段明遠等邐迤來迎夕次汜水縣帝召魏王宗奭入對便于御前賜食數刻乃退壬午駐蹕于汜水宰臣河南尹六學士並于內殿起居敕以建昌宮事委宰臣于兢領之五代會要其年六月廢建昌宮以河南尹魏王張宗奭爲國計使凡天下金穀兵戎舊隸建昌宮者悉主之癸未帝發自汜水宣令邵贊段明遠各歸所理午憩任村頓夕次孝義宮留都文武禮部尚書孔續而下道左迎拜次偃師

甲申至都文武臣奉迎于東郊渤海遣使朝貢宰臣薛貽矩抱恙在假不克扈從宣問旁午仍命且駐東京以俟良愈及薨帝震悼頗久命雒苑使曹守瑺往弔祭之又命輟六日七日八日朝參丞相文武並詣上閤門進名奉慰丁亥以彗星謫見詔兩京見禁囚徒大辟罪以下遞減一等限三日內疏理訖聞奏五代會要彗見于靈臺之西至五月始降赦宥罪以答天譴又云五月壬戌夜熒惑犯心大星去心四度順行司天奏大星爲帝王之星宜修省以答天譴詔曰生育之人爰當暑月乳哺之愛方及薰風儻肆意于刲屠豈推恩于長養俾無殄暴以助發生宜令兩京及諸州府夏季內禁斷屠宰及採捕天民之窮諒由賦分國章所在亦務與仁所在鰥寡孤獨廢疾不濟者委長吏量加賑卹史載葬枯用彰軫恤禮稱掩骼將致和平應兵戈之地有暴露骸骨委所在長吏差人專攻收瘞國癘之文尙標七祀良藥之市亦載三醫用憐無告之人宜徵有喜之術凡有疫之處委長吏檢尋醫方于要路曉示如有家無骨肉兼困窮不濟者卽仰長吏差醫給藥救療之辛卯詔曰亢陽滋甚農事已傷宜令宰臣于兢赴中嶽杜曉赴西嶽精切祈禱其近京靈廟宜委河南尹五帝壇風師雨

師九宮貴神委中書各差官祈之通鑑閏月壬戌帝疾甚謂近臣曰我經營天下三十年不意太原餘孽更昌熾如此吾觀其志不小天復奪我年我死諸兒非彼敵也吾無葬地矣因哽咽絕而復蘇帝長子郴王友裕早卒次假子友文帝特愛之常留守東都兼建昌宮使次郢王友珪其母亳州營倡也為左右控鶴都指揮使次均王友貞為東都馬步都指揮使帝雖未以友文為太子意常屬之六月丁丑朔帝命敬翔出友珪為萊州刺史即命之官已宣旨未行敕時左遷者多追賜死友珪益恐戊寅友珪易服微行入左龍虎軍見統軍韓勍以情告之勍亦見功臣宿將多以小過被誅懼不自保遂相與合謀勍以牙兵五百人從友珪雜控鶴士入伏于禁中夜斬關入至寢殿侍疾者皆散走帝驚起問反者為誰友珪曰非它人也帝曰我固疑此賊恨不早殺之汝悖逆如此天地豈容汝乎友珪曰老賊萬段友珪僕夫馮廷諤刺帝腹刃出于背友珪自以敗氈裹之瘞于寢殿祕不發喪遣供奉官丁昭溥馳詣東都命均王友貞殺友文己卯矯詔稱博王友文謀逆遣兵突入殿中賴郢王友珪忠孝將兵誅之保全朕躬然疾因震驚彌致危殆宜令友珪權主軍國之務韓勍為友珪謀多出府庫金帛賜諸軍及百官以取悅辛巳丁昭溥還聞友文已死乃發喪宣遺制友珪即帝位

友珪葬太祖于伊闕縣號宣陵五代史補太祖朱全忠黃巢之先鋒巢入長安以刺史王鐸同州太祖遂降鐸承制拜同州刺史黃巢滅淮蔡閒秦宗權復盛朝廷以淮蔡與汴州相接太祖汴人必究其能否遂移授宣武軍節度使以討宗權未幾滅之自是威福由己朝廷不能制遂有天下先是民閒傳讖曰五公符又謂之李淳風轉天歌其字有八牛之年識者以八牛乃朱字則太祖革命之應焉太祖之用兵也法令嚴峻每戰逐隊主帥或有沒而不反者其餘皆斬之謂之跋隊斬自是戰無不勝然健兒且多竄匿州郡疲于追捕因下令文面健兒文面自此始也五代史闕文世傳梁太祖迎昭宗于鳳翔素服待辠昭宗佯為鞵系脫呼梁祖曰全忠為吾繫鞵梁祖不得已跪而結之流汗浹背時天子扈蹕尚有衛兵昭宗意謂左右擒梁祖以殺之其如無敢動者自是梁

祖被召多不至盡去昭宗禁衛皆用汴人矣臣謹按梁祖以天復三年迎唐昭宗于岐下歲在甲子其年改天祐至國初建隆庚申歲纔五十六年矣然則乾德七十歲人皆目覩其事蓋唐室自懿宗失政天下亂離故武宗以下實錄不傳于世昭宗一朝全無記注梁祖在位止及六年均帝朝詔史臣修梁祖實錄岐下繫縶之事恥而不書晉天福中史臣張昭重修唐史始有昭宗本紀但云即位之始有會昌之風岐陽事迹不能追補此亦明唐昭宗有英睿之氣而衰運不振又明左右無忠義奮發之臣致梁祖得行其志有可警誡不可不書

舊五代史卷七

舊五代史卷七考證

梁太祖紀七仍命押領送至貝　貝原本訛具今據通鑑改正

略封訖　案此下疑有闕文今無可校姑仍之

晨發衞州　案原本脫發字今據文增入

三月庚辰朔次于棗强縣之西原　案通鑑辛巳趣棗彊與是書異

丙戌奏下棗彊縣車駕即日南還丁亥復至貝州　案通鑑帝以蓨縣未下引

兵攻之丁亥始至縣西戊子至冀州與是書異地又按五代春秋二月侵趙

克棗彊與是書異月

四月己酉幸魏州　案通鑑乙巳帝發貝州丁未至魏州俱在三月與是書異

宜徵有喜之術　有喜原本訛有嘉今改正

九宮貴神　貴神原本訛降神今據通典及新唐書禮志改正

舊五代史卷七考證

舊五代史卷八

宋門下侍郎參知政事監修國史薛居正等撰

梁書第八

末帝紀上

末帝諱瑱初名友貞及卽位改名鍠貞明中又改今諱太祖第四子也母曰元貞皇后張氏以唐文德元年戊申歲九月十二日生于東京帝美容儀性沈厚寡言雅好儒士唐光化三年授河南府參軍太祖受禪封均王時太祖初置天興軍最爲親衛以帝爲左天興軍使開平四年夏進位檢校司空依前天興軍使充東京馬步軍都指揮使乾化二年六月二日庶人友珪弒逆矯太祖詔遣供奉官丁昭溥馳至東京密令帝害博王友文友珪卽位以帝爲東京留守行開封尹檢校司徒友珪以簒逆居位羣情不附會趙巖至東京從帝私讌因言及社稷事帝以誠款謀之巖曰此事易如反掌成敗在招討楊令公之手但得一言諭禁軍其事立辦巖時典禁軍洎還洛以謀告侍衛親軍袁象先帝令腹

心馬愼交之魏州見師厚且言成事之日賜勞軍錢五十萬緡仍許兼鎮愼交燕人也素有膽辨乃說師厚曰郢王殺君害父篡居大位宮中荒淫靡所不至洛下人情已去東京物望所歸公若因而成之則有輔立之功討賊之効師厚猶豫未決謂從事曰吾于郢王君臣之分已定無故改圖人謂我何愼交曰郢王以子弑父是曰元兇均王爲君爲親正名仗義彼若一朝事成令公何情自處師厚驚曰幾誤計耳乃令小校王舜賢至洛密與趙巖袁象先圖議時有左右龍驤都在東京帝僞作友珪詔遣還洛下先是劉重遇部下龍驤一指揮于懷州叛經年搜捕其黨帝因遣人激怒其衆曰郢王以龍驤軍嘗叛追汝等洛下將盡坑之翼日乃以僞詔示之（通鑑考異梁太祖實録丙戌東京言龍驤軍準詔追赴西京軍情不肯進發實友珪徵之非友貞僞作但激怒言坑之耳）諸軍憂恐將校垂泣告帝乞指生路帝諭之曰先帝三十餘年經營社稷千征萬戰爾等皆曾從行今日先帝尚落人奸計爾等安所逃避因出梁祖御容以示諸將帝欷歔而泣曰郢王賊害君父違天逆地復欲屠滅親軍爾等苟能自趨洛陽擒取逆豎告謝先帝即轉禍爲福矣衆踊躍曰王言是

也皆呼萬歲請帝爲主時僞鳳歷元年二月十五日也帝乃遣人告趙巖袁象先傅暉朱珪等十七日象先引禁軍千人突入宮城遂誅友珪事定象先遣趙巖齎傳國寶至東京請帝卽位于洛陽帝報之曰夷門太祖創業之地居天下之衝北拒幷汾東至淮海國家藩鎮多在厥東命將出師利于便近若都洛下非良圖也公等如堅推戴册禮宜在東京賊平之日卽謁洛陽陵廟是月帝卽位于東京乃去鳳歷之號稱乾化三年詔曰我國家賞功罰罪必叶朝章報德伸冤敢欺天道苟顯違于法制雖暫滯于歲時終振大綱須歸至理重念太祖皇帝嘗開霸府有事四方迨建皇朝載遷都邑每以主留重務居守難才愼擇親賢方膺寄任故博王友文才兼文武識達古今俾分憂于在浚之郊亦共理于興王之地一心無易二紀于茲嘗施惠于士民實有勞于家國去歲郢王友珪常懷逆節已露凶鋒將不利于君親欲竊窺于神器此際值先皇寢疾大漸日臻博王乃密上封章請嚴宮禁因以萊州刺史授于郢王友珪纔覩宣頭俄行大逆豈有自縱兵于內殿卻翻事于東都又矯詔書枉加刑戮仍奪博王封

爵又改姓名寃恥兩深欺誑何極伏賴上穹垂祐宗社降靈俾中外以叶謀致
遐邇之共怒尋平內難獲剿元兇旣雪恥于同天且免譏于共國朕方期遁世
敢竊臨人遽迫推崇爰膺纘嗣寃憤旣伸于幽顯霈澤宜及于下泉博王宜復
官爵仍令有司擇日歸葬云三月丁未制曰朕仰膺天睠近雪家讎旋聞將相
之謀請紹祖宗之業羣情見迫三讓莫從祇受推崇懼不負荷方欲烝嘗寢廟
禋類郊丘合徵文體之辭用表事神之敬其或于文尚淺在理未周亦冀隨時
別圖制義雖臣子行孝重更名于已孤而君父稱尊貴難知而易避今則虔遵
古典詳攷前聞允諧龜筮之占庶合帝王之道載惟涼德尤媿嘉名中外羣寮
當體朕意宜改名鍠庚戌以天雄軍節度使充潞州行營都招討使開府儀同
三司檢校太尉兼侍中宏農郡王楊師厚爲檢校太師兼中書令進封鄴王壬
戌以夏州節度使檢校太尉同平章事李仁福爲檢校太師進封隴西郡王戊
辰以邢州保義軍留後檢校太保戴思遠爲檢校太傅充邢州節度使庚午以
鎮東軍節度副使充兩浙西面都指揮使行睦州刺史馬綽爲檢校太傅同平

章事領秦州雄武軍節度使進封開國侯是月文武百官上言請以九月十二日帝降誕日爲明聖節休假三日從之夏四月癸未以西京內外諸軍馬步軍都指揮使檢校司徒左龍虎統軍濮陽郡開國侯袁象先爲特進檢校太保同平章事充鎮南軍節度江南西道觀察處置等使開封尹判在京馬步諸軍事進封開國公增食邑一千戸丁酉宣義軍節度副大使知節度事鄭滑濮等州觀察使檢校太傅長沙郡開國公羅周翰加特進駙馬都尉五月乙巳天雄軍節度使楊師厚及劉守奇率魏博邢洺徐兗鄆滑之衆十萬討鎮州庚戌營于鎮之南門外壬子晉將史建瑭自趙州領騎五百入于鎮州師厚知其有備自九門移軍于下博劉守奇以一軍自貝州掠冀州衡水阜城陷下博師厚自弓高渡御河逼滄州張萬進懼送款師厚表請以萬進爲青州節度使以劉守奇爲滄州節度使詔曰太祖皇帝六月二日大忌朕聞姬周已還並用通喪之禮炎漢之後方行易月之儀歷代相沿萬幾斯重遂爲故實難遽改更朕頃遘家冤近平內難倏臨祥制俯迫忌辰音容永遠而莫追號感彌深而難抑將欲表

宅憂于中禁是宜輟聽政于外朝雖異常儀願申罔極宜輟五月二十二日至六月二十九日朝參軍機急切公事即不得留滯並仰晝時聞奏施行宰臣文武百官三上表以國忌廢務多日請依舊制詔報曰朕聞禮非天降固可酌于人情事繫孝思諒無妨于國體今以甫臨忌日暫輟視朝冀全哀戚之情用表始終之節宰臣等累陳章表備述古今慮以萬幾之繁議以五日之請雖茲懇切難盡允俞況保身方荷于洪基敢言過毀而權制獲申于至性必在得中宜自今月二十九日輟至六月七日無煩抑請深體朕懷六月戊子以滄州順化軍節度使昇潞鎮定副招討使檢校太傅同平章事張萬進爲青州節度使秋九月甲辰以光祿大夫守御史大夫吳興郡開國侯姚洎爲中書侍郎平章事十二月庚午以前鄆州節度檢校司徒食邑二千戶福王友璋爲許州節度使檢校太保是月晉王收幽州執僞燕主劉守光及其父仁恭歸晉陽

乾化四年春正月壬寅以青州節度使張萬進爲兗州節度使檢校太尉二月甲戌以感化軍節度使華商等州觀察使檢校太傅同平章事太原郡開國公

康懷英爲大安尹充永平軍節度使大安金棣等州觀察處置使夏四月丁丑以守司空平章事于兢爲工部侍郎尋貶萊州司馬以其挾私與軍校遷改故也是日以行營左先鋒馬軍使濮州刺史王彥章爲澶州刺史充行營先鋒步軍都指揮使加光祿大夫檢校太保封開國伯以永平軍節度使檢校太傅同平章事劉鄩爲開封尹遙領鎮南軍節度使五月癸丑朔方軍留後檢校司徒韓洙起復授朔方軍節度使檢校太保秋七月晉王率師自黃澤嶺東下寇邢洺魏博節度使楊師厚軍于漳水之東晉將曹進金來奔晉軍遂退九月徐州節度使王殷反時朝廷以福王友璋鎮徐方殷不受代乃下詔削奪殷在身官爵仍令卻還本姓蔣便委友璋及天平軍節度使牛存節開封尹劉鄩等進軍攻討是時蔣殷求救于淮南楊溥遣大將朱瑾率衆來援存節等逆擊敗之

貞明元年春牛存節劉鄩拔徐州逆賊蔣殷舉族自燔而死于火中得其尸梟首以獻詔福王友璋赴鎮閏二月甲午延州節度使太原西面招討應接使檢校太師兼中書令渤海郡王高萬興進封渤海王三月辛酉朔以天平軍節度

副大使知節度事兼淮南西北面行營招討應接等使檢校太傅同平章事牛
存節爲檢校太尉加食邑一千戶賞平徐之功也丁卯以右僕射兼門下侍郎
同平章事監修國史判度支趙光逢爲太子太保致仕魏博節度使楊師厚薨
輟視朝三日初師厚握強兵據重鎭每邀朝廷姑息及薨輟視朝三日或者以
爲天意租庸使趙巖租庸判官邵贊獻議于帝曰魏博六州精兵數萬蠹害唐
室百有餘年羅紹威前恭後倨太祖每深含怒太祖尸未屬纊師厚卽肆陰謀
蓋以地廣兵強得肆其志不如分削使如身使臂卽無不從也陛下不以此時
制之寧知後之人不爲楊師厚耶若分割相魏爲兩鎭則朝廷無北顧之患矣
帝曰善卽以平盧軍節度使賀德倫爲天雄軍節度使遣劉鄩率兵六萬屯河
朔詔曰分疆裂土雖賞勳勞建節屯師亦從機便比者魏博一鎭巡屬六州爲
河朔之大藩實國家之巨鎭所分憂寄允謂重難將叶事機須期通濟但緣鎭
定賊境最爲魏博親鄰其次相衞兩州皆控澤潞山口兩道並連于晉土分頭
常寇于魏封既須日有戰爭未若俱分節制免勞兵力因奔命于兩途稍泰人

心俾安居于終日其相州宜建節度爲昭德軍以澶衞兩州爲屬郡以張筠爲相州節度使己丑魏博軍亂因節度使賀德倫是時朝廷既分魏博六州爲兩鎭命劉鄩統大軍屯于南樂以討王鎔爲名遣澶州刺史行營先鋒步軍都指揮使王彥章領龍驤五百騎先入于魏州屯于金波亭詔以魏州軍兵之半隸于相州并徙其家焉又遣主者檢察魏之帑廩既而德倫促諸軍上路姻族辭決哭聲盈巷其徒乃相聚而謀曰朝廷以我軍府強盛故設法殘破況我六州歷代藩府軍門父子姻族相連未嘗遠出河門離親去族一旦遷于外郡生不如死三月二十九日夜魏軍乃作亂放火大掠首攻龍驤軍王彥章斬關而遁遲明殺德倫親軍五百餘人于牙城執德倫置之樓上有効節軍校張彥者最爲麤暴膽氣伏人乃率無賴輩數百止其剽掠是日魏之士庶被屠戮者不可勝紀帝聞之遣使齎詔安撫（通鑑夏四月帝遣供奉官扈異撫諭魏軍）仍許張彥除郡厚賜將士優賞彥等不遜投詔于地侮罵詔使因迫德倫飛奏請卻復相衞抽退劉鄩軍帝復遣諭曰制置已定不可改易如是者三彥等奮臂南向而罵曰傭保兒敢如

是也復迫德倫列其事時有文吏司空頲者甚有筆才彥召見謂曰爲我更草一狀詞宜抵突如更敢違則渡河擄之乃奏曰臣累拜封章上聞天聽在軍衆無非共切何朝廷皆以爲閑半月三軍切切而戈矛未息一城生聚皇皇而控告無門惟希俯鑒丹衷苟從衆欲須垂聖允斷在不疑如或四向取謀但慮六州俱失言非意外事在目前張彥又以楊師厚先兼招討使請朝廷依例授之故復逼德倫奏曰臣當道兵甲素精貔貅極銳下視幷汾之敵平吞鎮定之人特乞委臣招討之權試臣湯火之節苟無顯效任賜明誅詔報曰魏博寇敵接連封疆懸遠凡于應赴須在師徒是以別建節旄各令捍禦幷鎮則委魏博控制澤潞則遣相衞枝梧咸逐便安貴均勞逸已定不移之制宜從畫一之規至于征伐事權亦無定例且臨清王領鎮之日羅紹威守藩以來所領事銜本無招討秖自楊師厚先除陜滑二帥皆以招討兼權因茲帶過鄴中原本不曾落下苟循事體寧愜施行況今劉鄩指鎮定出征康懷英往邠岐進討秖令統率師旅亦無招討使銜切宜徧諭羣情勿與浮議倚注之意卿宜體之詔至張彥

壞裂抵之于地謂德倫曰梁主不達時機聽人穿鼻城中擾攘未有所依我甲兵雖多須資勢援河東晉王統兵十萬匡復唐朝世與大梁仇讎若與我同力事無不濟請相公改圖以求多福德倫不得已而從之乃遣牙將曹廷隱奉書求援于太原彥使德倫告諭軍城曰可依河東稱天祐十三年此後如有人將文字于河南往來便仰所在處置是月邠州留後李保衡以城歸順保衡楊崇本養子也崇本乃李茂貞養子任邠州二十餘年去歲爲其子彥魯所毒彥魯領知州事五十餘日保衡殺彥魯送款于帝卽以保衡爲華州節度使以河陽留後霍彥威爲邠州節度使五月晉王率師赴魏州節度使牛存節薨是月鳳翔李茂貞遣僞署涇州節度使劉知俊率師攻邠州以李保衡歸順故也自是凡攻圍十四月節度使霍彥威諸軍都指揮使黄貴堅守捍寇會救軍至岐人乃退六月庚寅晉王入魏州以賀德倫爲大同軍節度使舉族遷于晉陽是月晉人陷德州秋七月又陷澶州刺史王彥章棄城來奔（通鑑晉人夜襲澶州刺史王彥章在劉鄩營晉人獲其妻子）是月劉鄩自洹水潛師由黄澤路西趨晉陽至樂平縣值霖雨積旬乃

班師還次宗城遂至貝州軍于堂邑遇晉軍轉鬬數十里晉軍稍退翼日鄩移
軍于莘八月賀瓌收復澶州九月以行營先鋒步軍都指揮使行澶州刺史檢
校太保王彥章爲汝州防禦使依前行營先鋒步軍都指揮使壬午正衙命使
冊德妃張氏是夕妃薨冬十月辛亥康王友孜謀反伏誅是夕帝于寢殿熟寐
忽聞御榻上寶劍有聲帝遽起視之而友孜之黨已入于宮中帝揮之獲免清異錄末帝夜于寢間擒刺客乃康王友孜所遣帝自戮之造雲母匣貯所用劍名匣曰護聖將軍之館壬子葬德妃張氏十一月乙
丑改乾化五年爲貞明元年十二月乙未詔升華原縣爲崇州靜勝軍以美原
縣爲裕州以爲屬郡以僞命義勝軍節度使鼎耀等州觀察使特進檢校太保
同平章事李彥韜爲特進檢校太傅同平章事充靜勝軍節度使崇裕等州觀
察使河內郡開國侯仍復本姓溫名昭圖昭圖華原賊帥也李茂貞以爲養子
以華原爲耀州美原爲鼎州僞命昭圖爲節度使至是歸款故有是命
貞明二年春正月庚申以皇伯父宋州節度使開府儀同三司檢校太師兼中
書令廣王全昱爲守中書令餘如故通鑑二年春正月宣武節度使守中書令廣德靖王全昱卒以浙江東

道營田副使檢校太傅前常州刺史杜建徽遙領涇州節度使二月丙申右僕射門下侍郎平章事諸道鹽鐵轉運等使楊涉罷相守左僕射涉累上章以疾辭位故有是命是月命許州節度使王檀河陽節度使謝彥章汝州防禦使王彥章率師自陰地關抵晉陽急攻其壘不克而還三月劉鄩率師與晉王大戰于故元城鄩軍敗績先是鄩駐于莘帝以河朔危急師老于外餉饋不充遣使賜鄩詔徵有責讓鄩奏以寇勢方盛未可輕動帝又問鄩決勝之策鄩奏曰但人給糧十斛盡則破敵帝不悅復遣促戰鄩召諸將會議諸將欲戰鄩默然一日引軍攻鎮定之營彼衆大駭上下騰亂俘斬甚衆時帝遣偏將楊延直領軍萬餘人屯澶州以應鄩既而晉王詐言歸太原劉鄩以爲信是月召楊延直會于魏城下鄩自莘率軍亦至與延直會既而晉王自貝州至鄩引軍漸退至故元城西與晉人決戰大爲其所敗追襲至河上軍士赴水死者甚衆鄩自黎陽濟河奔滑州己巳制以鄩爲滑州宣義軍節度副大使知節度事晉人攻衛州陷之又陷惠州夏四月乙酉朔威武軍節度使守太傅兼中書令閩王王審知

賜號忠勤保安興國功臣餘如故晉人陷洺州癸卯夜捉生都將李霸作亂龍
驤都將杜晏球討平之時遣捉生軍千人戍楊劉軍出宋門外是夜由水門復
入二鼓大譟火發燭城李霸與其徒燔建國門不克龍驤都將杜晏球屯鞠場
聞亂兵至率騎擊之亂軍退走馬登建國門晏球奏曰亂者惟李霸一軍但守
宮城遲明臣必破之未明晏球誅霸及其同惡京師方定是月以行營先鋒步
軍都指揮使汝州防禦使王彥章爲鄭州防禦使依前先鋒步軍都指揮使五
月晉軍還太原六月晉人急攻邢州帝遣捉生都將張溫率步騎五百人入于
邢州至內黃溫率衆降于晉人秋七月甲寅朔晉王自太原至魏州節度使張
筠棄城奔京師邢州節度使閻寶以城降于晉王壬戌以淮南鎮海鎮東等軍
節度使充淮南宣潤等道西面行營都統開府儀同三司尚父守尙書令吳越
王錢鏐爲諸道兵馬元帥餘如故以左僕射楊涉爲太子太傅致仕八月丁酉
以開府儀同三司太子太保致仕趙光逢爲司空兼門下侍郎平章事宏文館
大學士延資庫使充諸道鹽鐵轉運使九月晉王還太原滄州節度使戴思遠

棄城來奔晉人陷貝州歐陽史本紀二年九月晉人克貝州守將張源德死之又死事傳略云太祖時源德自金吾衛將軍爲蔡州刺史貞明元年魏博節度使楊師厚卒末帝分魏相等六州爲兩鎮遣劉鄩將兵萬人屯于魏魏軍叛降晉源德爲鄩守貝州晉王入魏諸將欲先擊貝州晉王曰貝城小而堅攻之難卒下乃先襲破德州然後以兵五千攻源德源德堅守不下晉軍塹而圍之已而劉鄩大敗于故元城南走黎陽六鎮數十州之地皆歸晉獨貝一州圍之踰年不可下源德守既堅而貝人聞晉已盡有河北城中食且盡乃勸源德出降源德不從遂見殺己卯天平軍節度副大使知節度事檢校太師兼中書令瑯琊郡王王檀薨八月丁酉以開府儀同三司中書侍郎兼吏部尚書同平章事集賢殿大學士判戶部敬翔爲右僕射兼門下侍郎平章事監修國史判度支以光祿大夫中書侍郎同平章事鄭珏爲特進兼邢部尚書平章事集賢殿大學士判戶部十月晉王自太原至魏州是月前昭義軍節度使檢校太師兼侍中陳留郡王葛從周薨是歲河北諸州悉入于晉

舊五代史卷八

舊五代史卷八考證

梁末帝紀上末帝諱瑱　案瑱原本訛頊今從歐陽史改正

太祖第四子也　案歐陽史作第三子五代會要與是書同蓋幷假子博王友

文而數之也

以帝爲左天興軍使　案原本脫使字今據歐陽史增入

帝乃遣人告趙巖袁象先傅暉朱珪等　案原本脫暉字今據通鑑增入

近雪家讎　案原本脫家字今據冊府元龜增入

濮陽郡開國侯袁象先　濮陽原本作博陽今據象先本傳改正

師厚自弓高渡逼滄州張萬進懼　滄州原本作涼州攷歐陽史劉守光傳張

萬進乃滄州守將今改正

滄州順化軍節度使張萬進爲青州節度使　案順化原本作順侯今據通鑑

注滄州爲順化軍改正又青州通鑑作平盧攷後文是時賀德倫爲平盧節

度使當從此書作青州爲是

寇邢洺　邢原本作鄜今據五代春秋七月來侵邢州改正

貞明元年春牛存節劉鄩拔徐州　案徐州之拔是書本紀及蔣殷傳俱不書月五代春秋及歐陽史俱作正月通鑑作二月通鑑攷異又作乾化四年十一月未詳孰是

判度支趙光逢　逢原本作逵今據唐書列傳改正

既須日有戰爭　案原本脫戰爭二字今據冊府元龜增入

王彥章爲汝州防禦使　汝州原本作許州今據通鑑改正

康王友孜謀反　案友孜通鑑作友敬與是書異

十一月乙丑改乾化五年爲貞明元年　案通鑑攷異引吳越備史作正月壬辰朔改元大赦歐陽史五代春秋俱從是書

舊五代史卷九

宋門下侍郎參知政事監修國史薛居正等撰

梁書第九

末帝紀中

貞明三年春正月戊午以前淄州刺史高允奇爲右羽林統軍癸亥以前天平軍馬步軍都指揮使檢校太保朱勍爲懷州刺史癸酉以右天武軍使石釗爲密州刺史戊寅以前懷州刺史李建爲安州刺史仍賜名知節己卯以宣義軍節度副大使知節度事北面行營副招討等使特進檢校太傅霍彥威爲天平軍節度副大使知節度事二月甲申晉王攻我黎陽劉鄩拒之而退乙酉前蔡州刺史董璋權知宣義軍軍州事丁亥以前右羽林軍統軍梁繼業爲左衞上將軍壬辰以租庸判官檢校司徒張紹珪爲光祿卿依前充租庸判官癸巳以權知平盧軍軍州事客省使知銀臺事元湘爲檢校司空甲午以飛龍使婁繼英爲左武衞大將軍三月庚申以前平戎軍使檢校司徒郭紹賓爲禧州刺史

辛酉以前天平軍節度副使裴彥爲隨州刺史戊寅湖州刺史錢傳璟蘇州刺史錢傳璙鎮海軍節度副使錢傳瓘温州刺史錢傳璲睦州刺史錢傳琇寶州刺史錢傳瓘明州刺史錢傳球義州刺史錢傳琇峯州刺史錢傳珦巒州刺史錢傳琰鎮海軍都知兵馬使錢傳璹等凡一十一人並加官勳階爵從吳越王錢鏐之請也夏四月庚辰以前行左武衛大將軍蔡敬思爲右武衛上將軍辛巳以前安州刺史劉玘權知晉州軍州事以前密州刺史張實爲潁州刺史充本州團練使癸未以六軍押衙充左天武軍使劉彥珪爲澶州刺史辛卯以右千牛衛大將軍劉璩充契丹宣諭使詔諸道兵馬元帥開幕除吏一同天策上將府故事辛丑以清海軍元從都押衙隴州刺史吳鍔爲檢校司空癸卯以兩浙衙內先鋒指揮使守峯州刺史錢傳珦爲泗州刺史六月庚辰以前東京馬步都指揮使兼左天武軍使雷景從爲汝州刺史充本州防禦使辛卯以租庸判官光祿大夫檢校司徒行光祿卿張紹珪爲申州刺史壬辰以權知晉州建寧軍軍州事前安州刺史劉玘爲建寧軍節度觀察留後秋七月丁巳以淄州

刺史陳洪爲棣州刺史乙丑以刑部員外郎封翹爲翰林學士丙寅以汝州刺史楊延直爲左衞大將軍以前左衞上將軍劉重霸爲起復雲麾將軍右驍衞上將軍庚午以六軍諸衞副使起復雲麾將軍檢校太保張業爲淄州刺史八月辛巳以左神武軍統軍周武爲寧州刺史以左崇安指揮使前申州刺史劉仁鐸爲衍州刺史戊子泰寧軍節度使張萬進賜名守進九月庚申以遙領常州刺史張昌孫遙領壽州刺史充本州團練使冬十月壬午以權西面行營都監左武衞上將軍張筠權知商州軍州事戊子詔曰太子太傅李戩多因釋教誑惑羣情此後不得出入無恆癸巳以前崇德軍使張思綰爲左武衞上將軍己亥以啓聖匡運同德功臣諸道兵馬元帥淮南鎮海鎮東等軍節度使充淮南宣潤等四面行營都統開府儀同三司尙書令吳越王錢鏐爲天下兵馬元帥壬寅以尙書左丞吳藹爲工部尙書充兩浙官告使是月晉王自魏州還太原閏十月丁卯以前商州刺史徐璫爲左驍衞上將軍充西都大內皇牆使十一月壬午以中書侍郎平章事鄭珏權判戶部事戊子以寧州刺史周武爲武

靜軍防禦使守慶州刺史以河潼軍使竇廷琬爲寧州刺史十二月晉王自太原復至魏州庚申以左金吾衛大將軍充街使華溫琪爲右龍虎軍統軍以右龍虎軍統軍張彥勳爲商州刺史以前西京大內皇牆使李項爲右威衛上將軍以左金吾衛上將軍李周彝權兼左街使壬戌以守太尉兼中書令河南尹判六軍諸衛事魏王張宗奭爲天下兵馬副元帥丙寅以西面行營馬軍都指揮使檢校太保鄭州刺史充本州防禦使王彥章爲檢校太傅丁卯以西面行營馬步都指揮使左龍虎軍統軍賀瓌爲檢校太傅同中書門下平章事充宣義軍節度使鄭滑濮等州觀察處置等使通鑑云時論平慶州功故賀瓌進秩己巳帝幸洛陽爲來年有事于南郊也遂幸伊闕親拜宣陵時租庸使趙巖勸帝郊天且言帝王受命須行此禮願陛下力行之宰臣敬翔奏曰國家自劉鄩失律以來府藏殫竭箕斂百姓供軍不暇郊祀之禮頒行賞賚所謂取虛名而受實弊也況晉人壓境車駕未可輕動帝不聽遂行是月晉人陷楊劉城帝聞之懼遂停郊禮車駕急歸東京通鑑云道路訛言晉軍已入大梁扼汜水矣從官皆憂其家相顧涕泣帝惶駭失圖遂罷郊祀癸酉詔文武兩班

除元隨駕人數外其餘並令御史司憲張袞部署候車駕離京後一兩日發赴東京甲戌以天下兵馬副元帥太尉兼中書令河南尹魏王張宗奭爲西都留守

貞明四年春正月晉人寇鄆濮之境車駕至自洛陽庚辰以蔡州刺史姚勍權知感化軍節度觀察留後乙酉以前靜難軍馬步軍都指揮使黃貴爲蔡州刺史甲午以右領軍衞上將軍齊奉國爲左金吾衞大將軍充街使二月遣將謝彥章帥衆數萬迫楊劉城甲子晉王來援楊劉城彥章之軍不利而退三月壬午以前右武衞上將軍張筠爲左衞上將軍癸巳以鎭國軍節度押衙充本道馬步軍都指揮使江可復爲衍州刺史壬寅鎭海鎭東等軍節度行軍司馬秦州節度使檢校太傅同平章事馬綽加檢校太尉同平章事依前鎭海鎭東等軍節度行軍司馬餘如故從錢鏐之請也夏四月丁未以宣徽院使右衞上將軍趙縠權知青州軍州事以宣徽院副使韋堅權知本院事己酉以銀青光祿大夫行中書侍郎同中書門下平章事權判戶部鄭珏爲金紫光祿大夫中書

侍郎兼刑部尚書平章事集賢殿大學士判戶部上柱國仍進封滎陽郡開國侯加食邑五百戶以金紫光祿大夫行尚書吏部侍郎上柱國蘭陵縣開國男食邑三百戶蕭頃爲中書門下平章事仍進封蘭陵縣開國伯加食邑四百戶庚戌以前崇德軍使前右武衞大將軍杜存爲右領軍衞上將軍甲寅以刑部郎中充史館修撰竇專爲翰林學士初學士竇夢徵草錢鏐麻貶蓬萊尉帝召專入翰林遣崇政使李振問宰相云專是宰臣蕭頃女壻令中書商量可否中書奏曰宰相親情不居清顯避嫌之道雖著舊規若蒙特恩亦有近例固不妨事帝乃可之己未靈武節度使韓洙落起復授開府儀同三司依前檢校太傅同平章事癸亥以延州忠義軍節度使太原西面招討應接使檢校太師兼中書令渤海王高萬興兼鄜延兩道都制置使餘如故時萬興弟鄜州節度使萬金卒故有是命己巳以開府儀同三司守司空兼門下侍郎同平章事趙光逢爲司徒致仕兼加食邑五百戶以光逢累上章請老故也辛未詔宰臣敬翔權判諸道鹽鐵使務壬申以太子賓客趙光允爲吏部侍郎五月甲戌以荆南衙

內馬步軍都指揮使檢校司徒高從誨領濠州刺史乙亥以特進檢校太傅前潁州團練使張實爲起復雲麾將軍依前潁州團練使庚辰以工部尚書致仕孔拯爲國子祭酒己丑以太常少卿韋象爲右諫議大夫六月甲辰以金紫光祿大夫檢校司徒歙州刺史朱令德爲忠武軍節度觀察留後己酉以權知感化軍兩使留後特進檢校太保姚勍爲感化軍節度觀察留後庚戌上以祕書少監王翺爲將作監以其父名祕故也丙辰以左監門衛將軍康贊美爲商州刺史以左衛上將軍張筠爲權知永平軍節度觀察留後兼判大安府事戊午以前景州刺史衛審符爲右衛大將軍庚申以河陽節度充北面行營排陣兩京馬軍都軍節度等使光祿大夫檢校太保謝彥章爲匡國軍節度陳許蔡等州觀察處置等使以宣徽院副使韋堅權知河陽軍州事秋七月庚辰以商州刺史康贊美爲起復雲麾將軍依前商州刺史辛卯以前左驍衛上將軍楊詔爲右武衛上將軍戊戌以前匡國軍節度使檢校尚書左僕射羅周敬爲檢校司空守殿中監駙馬都尉八月丙午以右廣勝軍使劉君鐸爲虢州刺史戊申

以武寧軍節度副使李存權知宿州事辛亥涇原節度使杜建徽加檢校太傅同平章事建徽吳越王錢鏐之將也遙領涇原節制至是以其上請加恩故有是命乙卯以蔡州刺史黃貴爲絳州刺史辛酉以絳州刺史尹皓爲感化軍節度觀察留後癸亥以前永平軍節度副使張正己爲房州刺史乙丑以宿州團練使趙麓權知河陽節度觀察留後以左驍衛將軍劉去非爲郢州刺史戊辰以權知永平軍節度觀察留後兼判大安府事張筠爲永平軍節度觀察留後依前兼判大安府事是月晉王率師次楊劉口遂軍于麻家渡北面招討使賀瓌以兵屯濮州北行臺村對壘百餘日晉王以輕騎來覘許州節度使謝彥章發伏兵掩擊圍之數重會救軍至晉王僅以身免九月丁丑靜勝軍節度崇裕等州觀察處置等使特進檢校太傅同平章事溫昭圖加檢校太尉甲午崇政院副使張希逸加金紫光祿大夫行祕書少監乙未起復雲麾將軍檢校太保壽州團練使張昌孫落起復授光祿大夫檢校太傅冬十月辛丑朔以前感化軍節度觀察留後特進檢校太保姚勍爲左龍虎統軍充西都內外馬步軍都

指揮使以洛苑使金紫光祿大夫檢校司徒守左威衞大將軍董璋爲右龍虎統軍己酉以安南靜海節度使檢校司徒曲美爲檢校太保同平章事庚戌以商州刺史康贊美爲蔡州刺史十一月壬辰前懷州刺史朱勍授起復雲麾將軍依前懷州刺史十二月庚子朔晉王領軍迫行臺寨距寨十里結營而止北面招討使賀瓌殺許州節度使謝彥章濮州刺史孟審澄別將侯温裕等于軍以謀叛聞爲行營馬步都虞候朱珪構之也晉王聞之喜曰彼將帥不和亡無日矣丁未以行營諸軍馬步都虞候光祿大夫檢校太保曹州刺史朱珪爲檢校太傅充匡國軍節度觀察留後依前行營諸軍馬步都虞候癸丑詔曰行營諸軍馬步都虞候匡國軍節度觀察留後朱珪昨以寇戎未滅兵革方嚴所期朝夕之間克弭烟塵之患每于將帥別注憂勞而謝彥章孟審澄侯温裕忽構異圖將萌逆節賴朱珪挺施貞節密運沈機果致梟擒免資讎敵特加異殊之命用旌忠孝之謀便委雄藩俾荷隆渥可檢校太傅充平盧軍節度淄青登萊等州觀察處置押新羅渤海兩番等使兼行營諸軍馬步軍副都指揮使仍進

封沛國郡開國侯乙巳起復雲麾將軍檢校太保陳州刺史惠王友能鎮國軍節度陝虢等州觀察處置等使起復雲麾將軍檢校太保邵王友誨並落起復加檢校太傅以前房州刺史牛知業爲右羽林軍統軍癸亥北面招討使賀瓌率大軍與晉人戰于胡柳陂晉人敗績是日既晡復爲晉人所敗初晉人起軍將襲東京乃下令軍中老弱悉歸于鄴是月二十二日晉王次臨濮賀瓌王彥章自行臺寨率軍躡之二十四日至胡柳陂晉王領軍出戰瓌軍已成列晉王以騎突之王彥章一軍先敗彥章走濮陽晉人輜重在陣西瓌領軍薄之晉人大奔自相蹈籍死者不可勝紀晉大將周德威歿于陣瓌軍乃登土山列陣于山之下晉王領兵復來戰瓌軍遂敗翼日晉人攻濮陽陷之京師戒嚴

貞明五年春正月晉人城德勝夾河爲柵二月乙巳以宣徽院副使韋堅權知徐州軍事三月己卯以華州感化軍留後尹皓爲華州節度使加檢校太保同平章事癸未制削奪兗州節度使張守進在身官爵以其叛故也仍命劉鄩爲兗州管內安撫制置使領兵以攻之夏四月壬寅以永平軍留後兼判大安府

事張筠爲永平軍節度使檢校太保行大安尹庚戌以鎭海軍北面水陸都指揮使湖州刺史檢校太傅錢傳璟遙領宣州寧國軍節度使加同平章事是月賀瓌攻德勝南城以艨艟戰艦橫于河以扼津濟之路晉人斷其艨艟濟軍以援南城瓌等退軍五月己巳山南東道節度使檢校太傅孔勍加同平章事丁亥以延州節度使鄜延兩道都制置太原西面招討應接等使渤海郡王高萬興爲檢校太師兼中書令充保大忠義等軍節度鄜延管內觀察等使是月以行營諸軍左廂馬軍都指揮使鄭州防禦使王彥章爲許州匡國軍節度觀察留後依前行營諸軍左廂馬軍都指揮使六月壬戌以天驥院使李隨權知登州軍州事秋七月晉王自魏州還太原八月乙未朔滑州節度使賀瓌卒輟視朝三日詔贈侍中是月命開封尹王瓚爲北面行營招討使瓚乃與許州留後王彥章等率大軍自黎陽濟營于楊村造浮梁以通津路九月丙寅制削奪廣州節度使南平王劉巖在身官爵以其將謀僭號故也仍詔天下兵馬元帥錢鏐指揮攻討冬十月晉王復至魏州是月劉鄩攻下兗州擒張守進夷其族十

舊五代史卷九考證

梁末帝紀中以宣義軍節度副大使知節度事　案原本脫副字攷新唐書百官志及五代會要副大使爲藩鎮官爵今增入

蘇州刺史錢傳璙　傳璙原本作傳珏今據十國春秋改正

峯州刺史錢傳珦　案歐陽史職方志有封州而無峯州是書前後俱作峯州未知何據今仍其舊

以刑部員外郎封翹　翹原本訛作堯今據封舜卿傳改正

靈武節度使韓洙　韓洙原本作韓殊考是書韓遜傳洙即遜之子歐陽史雜傳亦作洙今改正

檢校尚書左僕射羅周敬　周敬原本作用敬攷是書晉列傳作周敬歐陽史羅紹威傳亦作子周敬今改正

建徽吳越王錢鏐之將也　建徽原本訛作逵徽今據十國春秋改正

賀瓌殺許州節度使謝彥章　案通鑑賀瓌密譖謝彥章于帝因與朱珪伏甲

以殺彥章蓋密奉帝旨也是書及歐陽史五代春秋俱以賀瓌專殺爲文未知孰是

制削奪兗州節度使張守進在身官爵仍命劉鄩領兵攻之　案是書守進歸晉本紀繫于五年三月張萬進傳作四年七月劉鄩傳仍作五年蓋守進潛附于晉在四年秋聲罪致討則五年春事也五代春秋以守進叛爲五年事歐陽史又以劉鄩討之爲四年事不如是書之徵實

舊五代史卷九考證

舊五代史卷十

宋門下侍郎參知政事監修國史薛居正等撰

梁書第十

末帝紀下

貞明六年春正月戊子以曹州刺史朱漢賓爲安州宣威軍節度使以許州匡國軍節度觀察留後充散指揮都軍使檢校太傅王彥章爲匡國軍節度使進封開國侯軍職如故二月癸丑宣州節度使錢傳璟起復依前檢校太傅同平章事宣州節度使以其丁內艱故也三月丁亥以前申州刺史張紹珪爲大理卿夏四月丁亥制曰王者愛育萬方慈養百姓恨不驅之仁壽撫以淳和而炎黃有戰伐之師堯舜有干戈之用諒不獲已其猶病諸然則去害除妖興兵動衆殺黑龍而濟中土刑白馬而誓諸侯終能永逸暫勞以至同文共軌古今無異方冊具存朕以眇末之身託億兆之上四海未乂八年于茲業業兢兢日慎一日雖踰山越海肅慎方來而召雨徵風蚩尤尚在顧茲殘孽勞我大邦將士

久于戰征黎庶疲于力役木牛暫息則師人有乏爨之憂流馬盡行則丁壯有無聊之苦況青春告謝朱夏已臨妨我農時迫我戎事永言大計思致小康宜覃在宥之恩稍示殷憂之旨用兵之地賦役實煩不有蠲除何使存濟除兩京已放免外應宋亳潁鄆齊魏滑鄭濮沂密青登萊淄陳許均房襄鄧沁隨陝華雍晉絳懷汝商等三十二州應欠貞明四年終已前夏秋兩稅幷鄆齊滑濮襄晉輝等七州兼欠貞明四年已前營田課利物色等並委租庸使逐州據其名額數目矜放所在官吏不得淹停制命徵督下民致恩澤不及于鄉閭租稅虛捐于帳籍其有私放遠年債負生利過倍自違格條所在州縣不在更與徵理之限兗州城內自張守進違背朝廷結連蕃寇久勞攻討頗困生靈言念傷殘尋加給復應天下見禁罪人如犯大辟合抵極刑者宜示好生特令減死除準格律常赦不原外徒流已下遞減一等除降官未經量移者與量移已量移者便與復資云庚子宗正卿朱守素上言請依前朝置匭院令諫議大夫專判從之乃以右諫議大夫鄭韜光充知匭使乙巳以右僕射兼門下侍郎同平章事

監修國史判度支開國公敬翔爲宏文館大學士延資庫使諸道鹽鐵轉運等使餘如故以中書侍郎兼刑部尚書平章事集賢殿大學士判戶部事鄭珏爲監修國史判度支以中書侍郎平章事蕭頃爲集賢殿大學士判戶部事以尚書左丞李琪爲中書侍郎平章事丙午吏部侍郎趙光允爲尚書左丞己酉以河中護國軍節度副大使知節度事制置度支解縣池場等使開府儀同三司守太保兼中書令冀王友謙依前守太保兼中書令兼同州節度使餘如故癸丑鄜延節度使兼西面招討接應等使檢校太保兼中書令渤海郡王高萬興進封延安王賜號匡時定節功臣前衡州長史劉隲進所撰地理手鏡十卷己未以租庸判官尚書工部郎中張銳爲戶部郎中充崇政院學士辛酉以前吏部侍郎盧協爲禮部侍郎五月乙丑故左衞上將軍齊奉國贈太傅詔曰應文武朝官或有替罷多年漂流在外者宜令中書門下量才除授勿使栖遲或有進士策名累年未釋褐者與初任一官已釋褐者依前資敘用乙酉升宋州爲大都督府其餘廢大都督府額六月遣兗州節度使劉鄩華州節度使尹皓崇

州節度使温昭圖莊宅使段凝領軍攻同州先是河中朱友謙襲陷同州節度使程全暉單騎奔京師友謙以其子令德爲同州留後表求節旄不允既而帝慮友謙怨望遂命兼鎮同州制命將下而友謙已叛遣使求援于晉故命將討之九月庚寅以供奉官郎公遠充契丹歡好使晉王遣都將李嗣昭李存審王建及率師來援同州戰于城下我師敗績諸將以餘衆退保華州羅文寨冬十月陳州妖賊毋乙董乙伏誅陳州里俗之人喜習左道依浮屠氏之教自立一宗號曰上乘不食葷茹誘化庸民揉雜淫穢宵聚晝散州縣因循遂致滋蔓時刺史惠王友能恃戚藩之寵動多不法故奸慝之徒望風影附毋乙數輩漸及千人攻掠鄉社長吏不能詰是歲秋其衆益盛南通淮夷朝廷累發州兵討捕反爲賊所敗陳頼蔡三州大被其毒羣賊乃立毋乙爲天子其餘豪首各有樹置至是發禁軍及數郡兵合勢追擊賊潰生擒毋乙等首領八十餘人械送闕下並斬于都市

龍德元年春正月癸巳詔諸道入奏判官宜令御史臺點檢合從正衙退後便

于中書門下公參辭謝如有違越具名銜聞奏應面賜章服仍令閤門使取本官狀申中書門下受敕牒後方可結入新銜甲辰以河東道行營西面應接使前靜勝軍節度崇裕等州觀察處置等使特進檢校太尉同平章事溫昭圖爲匡國軍節度陳許蔡等州觀察處置等使以北面行營副招討使匡國軍節度陳許蔡等州觀察處置等使光祿大夫檢校太傅王彥章爲宣義軍節度副大使知節度事鄭滑濮等州觀察處置等使依前北面副招討使二月己未以權知靜勝軍節度觀察留後前汝州防禦使華溫琪爲靜勝軍節度觀察留後依前檢校太傅丙寅以荊南節度使檢校太師兼中書令渤海郡王高季昌爲守中書令依前荊南節度使庚午以晉州建寧軍節度觀察留後劉玘爲晉州節度使檢校太保壬申史館上言伏見北齊文士魏收著後魏書于時自魏太武之初至于北齊書不獲就乃大徵百官家傳刊總斟酌隨條甄舉搜訪遺亡數年之間勒爲一代典籍編在北史固非虛言臣今請明下制敕內外百官及前資士子帝戚勳家並各納家傳具述父祖事行源流及才術德業灼然可攷者

並纂述送史館如記得前朝會昌已後公私亦任抄錄送官皆須直書不用文藻兼以兵火之後簡牘罕存應內外臣寮曾有奏行公事關涉制置或討論沿革或章疏文詞有可採者並許編錄送納候史館修撰之日攷其所上公事與中書門下文案事相符會或格言正辭詢訪不謬者並與編載所冀忠臣名士共流家國之耿光孝子順孫獲記祖先之丕烈而且周德見乎殷紀舜典存乎禹功非惟十世可知庶成一朝大典臣叨膺委任獲領監修將贖素餐輒干元覽詔從之鹽鐵轉運使敬翔奏請于雍州河陽徐州三處重置場院稅茶從之己卯禮部尚書充西都副留守兼判尚書省事崔沂奏西京都省凡有公事奏聞常須借印施行伏請鑄尚書省分司印一面從之是月鎮州大將王德明殺其帥王鎔自稱留後遣使來求援宰臣敬翔請許之租庸使趙巖等以爲不可乃止三月丁亥朔祠部員外郎李樞上言請禁天下私度僧尼及不許妄求師號紫衣如願出家受戒者皆須赴闕比試藝業施行願歸俗者一聽自便詔曰兩都左右街賜紫衣及師號僧委功德使具名聞奏今後有闕方得奏薦仍須

道行精至夏臘高深方得補塡每遇明聖節兩街各許官壇度七人諸道如要度僧亦仰就京官壇仍令祠部給牒今後只兩街置僧錄道錄僧正並廢己丑以前兵部郎中杜光乂爲左諫議大夫致仕壬寅改襄州鄢縣爲沿夏縣亳州焦夷縣爲夷父縣密州漢諸縣爲膠源縣從中書舍人馬縞請也夏四月陳州刺史惠王友能反舉兵向闕帝命將出師逆擊敗之友能走保陳州詔張漢傑率兵進討敕開封府太康襄邑雍邱三縣遭陳州賊軍奔衝其夏稅只據見苗輸納五月丙戌朔制曰朕聞惟辟動天惟聖時憲故君爲善則降之以福爲不善則降之以災朕以眇末之身託于王公之上不能荷先帝艱難之運所以致蒼生塗炭之危兵革薦興災害仍集內省厥咎蓋由朕躬故北有邊裔狡逞之師西有蒲同亂常之旅連年戰伐積歲轉輸虔劉我士民侵據我郡邑師無宿飽之饋家無擔石之儲而又水潦爲災蟲蝗作沴戒譴作于上怨咨聞于下而況骨肉之內竊弄干戈畿甸之中輒爲陵暴但責躬而罪己敢怨天以尤人蓋朕無德以事上穹無功以及兆庶不便于時者未能去有益于民者未能行處

事昧于酌中發令乖于至當招致災患引翼禍殃罪在朕躬不能自赦夙夜是懼寢食靡寧將勵己以息災爰布澤而從欲今以薰風方扇旭日初昇朔旣視于正陽歷宜更于嘉號庶惟新之令敷華夏以同歡期克念之心與皇王而合道其貞明七年宜改爲龍德元年應天下見禁罪人除大辟罪外遞減一等德音到後三日內疏理訖奏應欠貞明三年四年諸色殘欠五年六年夏稅殘稅並放侍衞親軍及諸道行營將士等第頒賜優當已從別敕處分左降官與量移已經量移者與復資長流人各移近地已經移者許歸鄉里前資朝官寄寓遠方仰長吏津置赴闕內外文武常參官節度使留後刺史父母亡歿者並與封贈公私債負納利及一倍已上者不得利上生利先經陣歿將校各與追贈云以宣和庫使守右領衞將軍李嚴權知兗州軍州事丁亥詔曰郊禋大禮舊有渥恩御殿改元比無賞給今則不循舊例別示特恩其行營將士賞賚已給付本家宜令招討使霍彥威副招討使王彥章陳州行營都指揮張漢傑曉示諸軍知委是月兗州節度使充河東道行營都招討使劉鄩卒六月己亥以都

檢點諸司法物使檢校司徒行左驍衞大將軍李肅爲右威衞上將軍秋七月陳州朱友能降庚子詔曰朕君臨四海子育兆民惟持不黨之心庶叶無私之運其有齒予戚屬雖深敦敘之情干我國經難固含宏之旨須遵常憲以示至公特進檢校太傅使持節陳州刺史兼御史大夫上柱國食邑三千戸惠王友能列爵爲王頒條治郡受元戎之寄任處千里之封疆就進官資已登崇貴時加錫賚以表優隆宜切知恩合思盡節撫俗當申于仁政佐時期効于忠規而狎彼小人納其邪說忽稱兵而向闕敢越境以殘民侵犯郊畿驚撓輦轂遠邇咸嫉謀畫交陳及興問罪之師旋驗知非之狀瀝懇繼陳于章表束身願赴于闕庭備述艱危覬加寬恕朕得不自爲屈己姑務安仁特施貸法之恩蓋舉議親之律詢于事體抑有朝章止行退責之文用塞衆多之論可降封房陵侯於戲君臣之體彼有不恭伯仲之恩予垂立愛顧茲輕典豈稱羣情凡在臣寮當體朕意甲辰制以特進檢校太傅衡王友諒可封嗣廣王冬十月北面招討使戴思遠攻德勝寨之北城晉王來援思遠敗于戚城

龍德二年春正月戴思遠率師襲魏州時晉王方攻鎭州故思遠乘虛以襲之
陷成安思遠遂急攻德勝北城晉將李存審極力拒守二月晉王以兵至思遠
收軍而退復保楊村八月段凝張朗攻衞州下之獲刺史李存儒以獻戴思遠
又下淇門共城新鄉等三縣自是澶州之西相州之南皆爲梁有晉人失軍儲
三分之一焉

龍德三年春三月晉潞州節度留後李繼韜遣使以城歸順先是繼韜父嗣昭
爲潞州節度使戰歿于鎭州城下晉王欲以嗣昭長子繼儔襲父位繼韜在潞
州卽執繼儔因之遣使來送款仍以二幼子爲質澤州刺史裴約不從繼韜之
謀帝命董璋爲澤州刺史令將兵攻之夏四月己巳晉王卽唐帝位于魏州改
天祐二十年爲同光元年閏月壬寅唐軍襲鄆州陷之巡檢使陳州刺使劉遂
嚴本州都指揮使燕顒奔歸京師皆斬于都市五月以滑州節度使王彥章爲
北面行營招討使辛酉王彥章率舟師自楊村寨浮河而下斷德勝之浮梁攻
南城下之殺數十人唐帝棄德勝之北城併軍保楊劉己巳王彥章段凝圍楊

劉城六月乙亥唐帝引軍援楊劉潛軍至博州築壘于河東岸戊子王彥章杜晏球率兵急攻博州之新壘不克遂退保于鄒口秋七月丁未唐帝引軍沿河而南王彥章棄鄒口復至楊劉己未自楊劉拔營退保楊村寨八月以段凝代王彥章爲北面行營招討使戊子段凝營于王村引軍自高陵渡河復臨河而還董璋攻澤州下之庚寅唐帝軍于胡城先鋒將康延孝率百騎奔于唐盡洩其軍機命滑州節度使王彥章率兵屯守鄆之東境九月戊辰彥章以衆渡汶與唐軍遇于遞防鎭彥章不利退保中都冬十月辛未朔日有食之甲戌唐帝引師襲中都王彥章兵潰于是彥章與監軍張漢傑及趙廷隱劉嗣彬李知節康文通王山興等皆爲唐人所獲翼日彥章死于任城帝聞中都之敗唐軍長驅將至遣張漢倫馳驛召段凝于河上漢倫墜馬傷足復限水潦不能進時禁軍尚有四千人朱珪請以拒唐軍帝不從登建國門召開封尹王瓚謂之曰段凝未至社稷繫卿方略瓚卽驅軍民登城爲備或勸帝西奔洛陽趙巖曰勢已如是一下此樓誰心可保乃止俄報曰晉軍過曹州矣帝置傳國寶于卧內俄

失其所在已爲左右所竊迎唐帝矣帝召控鶴都將皇甫麟謂之曰吾與晉人世讎不可俟彼刀鋸卿可盡我命無令落讎人之手麟不忍帝曰卿不忍將賣我耶麟舉刀將自剄帝持之因相對大慟戊寅夕麟進刃于建國樓之廊下帝崩五代會要末帝年三十六麟卽時自剄遲明唐軍攻封邱門王瓚迎降唐帝入宮妃郭氏號泣迎拜初許州獻祿毛龜宮中造室以畜之命曰龜堂帝嘗市珠于市旣而曰珠數足矣衆皆以爲不祥之言帝末年改名瑱字一十一十月一八日案此句疑有脫衍蓋當時傳會者析王字爲一十一析眞字爲十月一八也冊府元龜作或解云瑱字一十一十月一八知此句日字因下文有日字而衍今姑仍其舊果以一十一年至十月九日亡唐帝初入東京聞帝殂憮然歎曰敵惠敵怨不在後嗣朕與梁主十年對壘恨不生見其面尋詔河南尹張全義收葬之其首藏于太社晉天福二年五月詔太社先藏唐朝罪人首級許親屬及舊寮收葬時右衞上將軍婁繼英請之會繼英得罪乃詔左衞上將軍安崇阮收葬焉

史臣曰末帝仁而無武明不照奸上無積德之基可乘下有弄權之臣爲輔卒使勁敵奄至大運俄終雖天命之有歸亦人謀之所誤也惜哉

舊五代史卷十

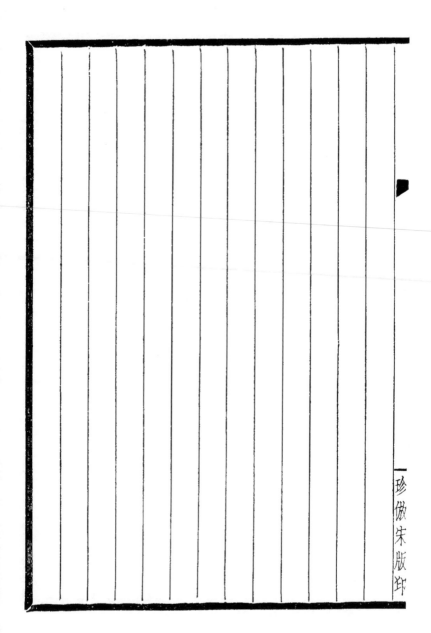

梁末帝紀下宣州節度使錢傳璙　宣州原本訛作亘州今據十國春秋改正

應宋亳穎鄆齊魏滑　案原本脫魏字今據册府元龜增入

充知匭使　知匭原本作知匵攷通典唐三省官有知匭使今改正

朱友謙襲陷同州節度使程全暉單騎奔京師　案歐陽史本紀朱友謙殺節度使程全暉至列傳亦言全暉奔京師紀傳互異宜以是書爲正

華温琪爲靜勝軍留後　案通鑑作貞明六年事與是書繫龍德元年異

鎭州大將王德明殺其帥王鎔　案五代春秋三月趙人張文禮弒其君鎔是書及通鑑作二月

夏四月陳州刺史惠王友能反　案歐陽史作三月與是書異

詔張漢傑率兵進討　漢傑原本作衡傑今據通鑑改正

王彥章率舟師自楊村寨浮河而下　舟師原本訛州師今據通鑑改正

帝召控鶴都將皇甫麟　案通鑑攷異引莊宗實錄作皇甫鏻歐陽史從是書

作麟

舊五代史卷十考證

舊五代史卷十一

宋門下侍郎參知政事監修國史薛居正等撰

梁書第十一

列傳一 后妃

文惠皇太后王氏開平初追諡太祖性孝愿奉太后未嘗小失色朝夕視膳爲士君子之規範帝嚴察用法無纖毫假貸太后言之帝頗爲省刑北夢瑣言云梁祖父誠蚤卒有三子俱幼母王氏攜養寄于同縣人劉崇家昆弟之中惟溫狡猾無行崇母撫養之崇弟兄嘗加譴杖一日偷崇家釜而竄爲崇追回崇母遮護之以免撲責嘗逐走鹿往往及而獲之又崇母嘗見其有龍蛇之異他日與仲兄存入黃巢軍作賊伯兄昱與母王氏尚依劉家溫既辭去不知存亡及溫領鎮于汴盛飾輿馬使人迎母于崇家王氏惶恐辭避深藏不之信謂人曰朱三落拓無行何處作賊送死焉能自致富貴汴帥非吾子也使者具陳離鄉去里之由歸國立功之事王氏方泣而信是日與崇母並迎歸汴溫盛禮郊迎人士改觀崇以舊恩位至列卿爲商州刺史王氏以溫貴封晉國太夫人仲兄存于賊中爲矢石所中而卒溫置酒于母歡甚語及家事謂母曰朱五經辛苦業儒不登一命今有子爲節度使無忝前人矣母不懌良久謂溫曰汝致身及此信爲英特然行誼未必如先人朱二與汝同入賊軍身死蠻徼孤男稚女艱食無告汝未有恤孤之心英特即有諸無取也溫垂涕謝罪即令召諸兄子皆至汴友寧友倫皆立軍功位至方鎮

元貞皇后張氏乾化中追諡五代會要云太祖皇后張氏早崩開平二年追封賢妃至乾化二年十一月二十三日追冊曰元貞皇后又北夢瑣言云梁祖魏國夫人張氏碭山富室女父蘷曾爲宋州刺史溫時聞張有姿色私心傾慕有麗華之歎及溫在同州得張于兵間因以婦禮納之溫以其宿款深加禮異張賢明有禮溫雖虎狼其心亦所景伏每軍謀國計必先延訪或已出師中途有所不可張氏一介請旋如期而至其信重如此初收兗鄆得朱瑾妻溫告之曰彼既無依寓于輜車張氏遣人召之瑾妻再拜張氏答拜泣下謂之曰兗鄆與司空同姓之國昆仲之間以小故尋戈致吾姒如此設不幸汴州失守妾亦似吾姒之今日也又泣下乃度爲尼張恆給其費張既卒繼寵者非人及僭號後大縱朋淫骨肉聚麀帷薄荒穢以致友珪之禍起于婦人始能以柔婉之德制豺虎之心如張氏者不亦賢乎　又案五代會要所載內職有梁太祖昭儀陳氏昭容李氏歐陽史並見家人傳

末帝德妃張氏五代會要云少帝妃張氏乾化五年九月二十四日冊爲德妃其夕薨　案歐陽史次妃郭氏傳云晉天福三年詔太社先藏罪人首級許親屬收葬乃出末帝首遺右衛將軍安崇阮與妃同葬妃卒洛陽　又案五代史無外戚傳五代會要云梁太祖長女安陽公主降羅延規開平二年八月追封長樂公主降趙巖開平元年五月十一日封普寧公主降昭祚王氏開平元年五月十一日封金華公主開平二年十一月封眞寧公主乾化三年十月五日封少帝長女壽春公主乾化三年四月五日封第二女壽昌公主貞明元年九月二十三日封今考通鑑考異引梁功臣列傳云羅延規尚安陽公主又尚金華公主是書羅紹威傳亦載開平四年詔金華公主出家爲尼是金華公主實歸羅氏五代會要闕載

舊五代史卷十一考證

梁列傳一后妃傳末帝德妃張氏　案龐元英文昌雜錄梁均王晉天福中始葬故妃張氏獨存考功員外商鵬爲誌文曰七月有期不見望陵之妾九疑無色空餘泣竹之妃今考五代會要德妃張氏早薨歐陽史次妃郭氏莊宗入宮度爲尼是晉天福中尙存者郭妃非德妃與末帝同葬者德妃非郭妃也歐陽史不明言同葬者爲何妃文昌雜錄誤以尙存者爲故妃張氏蓋傳聞之失實也

舊五代史卷十一考證

舊五代史卷十二

宋門下侍郎參知政事監修國史薛居正等撰

梁書第十二

列傳二 宗室

廣王全昱太祖長兄受禪後封乾化元年還睢陽命內臣拜餞都外王出宿至于偃師仍詔其子衡王友諒侍從以歸庶人篡位授宋州節度使貞明二年卒五代會要云全昱贈尚書令謚德靖 五代史闕文全昱梁祖之兄也既受禪宮中開宴惟親王得與因爲博戲全昱酒酣忽起取骰子擊盆迸散大呼梁祖曰朱三汝碭山一民因天下饑荒入黃巢作賊天子用汝爲四鎮節度使富貴足矣何故滅他李家三百年社稷稱王稱朕吾不忍見血吾族矣安用博爲梁祖不悅而罷臣謹按梁史廣王全昱傳曰昱樸野常呼帝爲三宮中博戲之事諱之夫梁祖弒二君弒一皇后名臣被害者不可勝紀及莊宗即位盡誅朱氏惟全昱先令終至道初知單州有稱廣王之後與尼訟田者豈以一言之善獨存其嗣耶

友諒全昱子初封衡王後嗣廣王繼歷藩郡多行不法坐弟友能反廢因京師唐師入汴與友能友誨同日遇害

友能全昱子封惠王後爲宋滑二州留後案友能後以叛廢詳見末帝紀又通鑑云龍紀元年夏四月陳州刺史惠

王友能反舉兵趣大梁詔陝州留後霍彥威宣義節度使王彥章控鶴指揮使
張漢傑將兵討之友能至陳留兵敗走還陳州諸軍圍之秋七月惠王友能降
庚子詔赦其死降封房陵侯
友誨全昱子封邵王乾化元年以檢校兵部尚書充控鶴指揮使坐友能反廢
後爲唐兵所殺
安王友寧字安仁少習詩禮長喜兵法有倜儻之風太祖鎮汴累署軍職每因
出師多命統驍果以從及擒秦宗權太祖令友寧轞送宗權西獻于長安詔加
檢校右散騎常侍行右監門衛將軍自是繼立軍功累官至檢校司空兼襲柳
二州刺史太祖駐軍岐下遣友寧領所部兵先歸梁苑以備守禦屬青帥王師
範構亂以關東諸兵悉在岐隴欲乘虛竊發自齊魯至于華下羅布姦黨皆詐
以委輸貢奉爲名陰與淮夷犿門結好會有青人詣裴迪言其狀迪以事告友
寧不俟命乃率兵萬餘人東討師範遣其弟將兵圍齊州友寧引兵救之青寇
大敗奪馬四千蹄斬首數千級及昭宗歸長安朝廷議迎駕功友寧授嶺南西
道節度使加特進檢校司徒賜號迎鑾毅勇功臣時青寇數千越嶮潛伏欲入

兗州友寧知之伏兵于兗南邀之大破賊衆竟無免者自是兗壁危窘友寧督諸軍進逼營兵首攻博昌縣月餘未能拔太祖怒遣劉捍督戰友寧乃下俘民衆十餘萬各領負木石牽牛驢于城南爲土山既至合人畜木石排而築之寃枉之聲聞數十里俄而城陷盡屠其邑人清河爲之不流及進迫寇壘與青人戰于石樓王師小却友寧旁自峻阜馳騎以赴敵所乘馬蹶而仆遂沒于陣友寧將戰之前日有大白蛇蟠于帳中友寧心惡之既而果遇禍焉

密王友倫幼聰悟喜筆札曉聲律及長好騎射有經度之智太祖每奇之曰吾家千里駒也年十九爲宣武軍校景福初充元從騎軍都將尋表爲右武衞將軍漸委戎事太祖征兗鄆友倫勒所部兵收聚糧穀以濟軍須幽滄軍至內黃友倫前鋒夜渡河擊賊奪馬千匹擒斬甚衆因引兵往入議關卒逢晉軍萬餘騎友倫乃分布兵士多設疑軍因聲鼓譟衆士伍奮躍追斬數十里其後李罕之請以上黨來歸爲晉軍所圍太祖遣友倫總步騎數萬越嶮救應遂大破晉軍唐朝加檢校司空守滕州刺史天復元年岐隴用兵晉人乘虛侵于北鄙友

倫率徒兵三萬徑往礬山晉人望塵奔逸友倫與氏叔琮等躡其轍追至太原摩壘挑戰獲牛馬萬餘二年領所部兵西赴鳳翔前後累接戰三年昭宗歸長安制授友倫寧遠軍節度使檢校司徒賜號迎鑾毅勇功臣及太祖東歸留友倫宿衛京師歲餘因會賓擊鞠墜馬而卒昭宗輟視朝一日詔贈太傅歸葬于碭山縣開平初有司上言曰東漢受命伯升預其始謀西周尙親叔虞荷其封邑故皇兄存凋零霜露綿歷歲時恩莫逮于陟岡禮方宏于事日皇姪故邕州節度使友寧故容州節度使友倫頃因締構俱習韜鈐並以戰功歿于王事永言帶礪合議封崇于是存追封朗王友寧追封安王友倫追封密王

郴王友裕字端夫太祖長子也幼善射御從太祖征伐性寬厚頗得士心唐中和中太祖會幷帥李克用攻圍華州賊將黃鄴固守甚堅俄有一人登陴大詈克用令北騎連射終不能中命友裕射之應弦而斃大軍喜噪聲震山谷克用因以良弓百矢遺焉太祖鎮汴表爲宣武軍牙校及蔡賊殄滅朝廷議功加檢校左僕射尋爲牙內馬步都指揮使景福元年總大軍伐徐時朱瑾領兖鄆之

衆爲徐戎外援陣于彭門南石佛山下友裕縱兵擊之斬獲甚衆瑾領殘黨宵
遁時都虞候朱友恭羽書聞于太祖誣友裕按兵不追賊太祖大怒因驛騎傳
符令裨將龐師古代友裕爲帥仍令按劾其事會使人誤致書于友裕友裕懼
遂以數騎遁于山中尋詣廣王于輝州以訴其冤賴元貞皇后聞而召之令束
身歸汴力爲營救太祖乃捨之令權知許州乾寧二年加檢校司空尋爲武寧
軍節度留後四年太祖下東平改天平軍留後加檢校司徒光啓元年再領許
州天復初爲奉國軍節度留後太祖兼鎮河中以友裕爲護國軍節度留後尋
還華州節度使加檢校太保興德尹天祐元年七月兼行營都統領步騎數萬
經略邠岐十月友裕有疾將校乃謀旋師尋卒于梨園歸葬東京開平初追贈
郴王乾化三年又贈太師

博王友文本姓康名勤太祖養以爲子受禪後封爲王（下有闕文）爲東京留守嗜酒
頗怠于爲政友珪弒逆並殺友文末帝卽位盡復官爵

友珪小字遙喜母失其姓本亳州營妓也唐光啓中帝徇地亳州召而侍寢月

餘將捨之而去以娠告是時元貞皇后賢而有寵帝素憚之由是不果攜歸大梁因留亳州以別宅貯之及期妓以生男來告帝喜故字之曰遙喜後迎歸汴受禪後封郢王開平四年十月爲檢校司徒充左右控鶴都指揮使兼管四蕃將軍乾化元年充諸軍都虞候二年弑太祖簒位均王以兵討之自殺追廢爲庶人五代會要云郢王友珪開平元年五月九日封至乾化二年六月三日簒位僞改鳳歷元年三月十七日京城軍亂侍衛袁象先率兵入宮友珪自殺少帝即位追削爲庶人又載周廣順中張昭修實錄奏云梁末帝之上有郢王友珪簒弑居位未有紀錄請依宋書劉劭例書爲元凶友珪案梁實錄今無考

福王友璋太祖第五子受禪後封

賀王友雍太祖第六子受禪後封

建王友徽太祖第七子受禪後封

康王友孜太祖第八子末帝即位後封以反誅

舊五代史卷十二

舊五代史卷十二考證

梁列傳二宗室友誨傳後爲唐兵所殺　案王禹偁五代史闕文莊宗卽位盡誅朱氏是書與歐陽史俱同惟通鑑云梁主召友誨與其兄友諒友能並幽于別第及唐師將至梁主疑諸兄弟乘危謀亂幷皇弟賀王友雍建王友徽盡殺之未知所據

密王友倫傳因引兵往八議闕　案八議原本訛作八識今據通鑑改正

于是存追封朗王友寧追封安王友倫追封密王　案五代會要開平二年追封皇從子友寧爲安王友倫爲密王四年追封皇兄存爲朗王據是書作一時並封未知孰是

郴王友裕傳遂以數騎遁于山中　案數騎通鑑作二千騎歐陽史與是書同

康王友孜傳　案友孜通鑑及五代會要作友敬惟歐陽史與是書同

舊五代史卷十二考證

舊五代史卷十三

宋門下侍郎參知政事監修國史薛居正等撰

梁書第十三

列傳三

朱瑄宋州下邑人也父慶里之豪右以攻剽販鹽爲事吏捕之伏法瑄坐父罪以笞免因入王敬武軍爲小校唐中和二年諫議大夫張濬徵兵于青州敬武遣將曹全晸率軍赴之以瑄隸焉以戰功累遷列校賊敗出關全晸以本軍還鎮會鄆帥薛崇卒部將崔君預據城叛全晸攻之殺君預自爲留後瑄以功授濮州刺史鄆州馬步軍都將光啓初魏博韓允中攻鄆全晸爲其所害瑄據城自若三軍推爲留後允中敗朝廷以瑄爲天平軍節度使累加官至檢校太尉同平章事太祖初鎮大梁兵威未振連歲爲秦宗權所圍士不解甲危殆日數四太祖以瑄同宗早兄事之乃遣使求援于瑄光啓末宗權急攻大梁瑄與弟瑾率兗鄆之師來援大破蔡賊解圍而遁太祖感其力厚禮以歸之先是瑄瑾

駐于大梁覩太祖軍士驍勇私心愛之及歸厚懸金帛于界上以誘焉諸軍貪其厚利私遁者甚衆太祖移牒以讓之瑄來辭不遜由是始搆隙焉及秦宗權敗太祖移軍攻時溥于徐州時瑄方右溥乃遣使來告太祖曰巢權繼爲虵虺毒螫中原與君把臂同盟輔車相依今賊已平殄人粗聊生吾弟宜念遠圖不可自相魚肉或行人之失辭疆吏之踰法可以理遣未得便睽和好投鼠忌器弟幸思之太祖方怒時溥通于孫儒不從其言及龐師古攻徐州瑄出師來援太祖深銜之徐既平太祖併兵以攻鄆自景福元年冬遣朱友裕領軍渡濟至乾寧三年宿軍齊鄆閒大小凡數十戰語在太祖紀中自是野無人耕屬城悉爲我有瑄乃使人求救于太原李克用遣其將李承嗣史儼等援之尋爲羅宏信所扼援路既絕瑄瑾竟敗乾寧四年正月龐師古攻陷鄆州遁至中都北匿于民家爲其所箠幷妻榮氏擒之來獻俱斬于汴橋下

朱瑾瑄從父弟雄武絕倫性頗殘忍光啓中瑾與兗州節度使齊克讓婚瑾自鄆盛飾車服私藏兵甲以赴禮會親迎之夜甲士竊發擄克讓自稱留後及蔡

賊鴟張瑾與太祖連衡同討宗權前後屢捷以功正授兗州節度使既得士心有兼并天下之意太祖亦忌之瑾以厚利招誘太祖軍士以爲間諜及太祖攻鄆瑾出師來援累與太祖接戰乾寧二年春太祖令大將朱友恭攻瑾掘塹柵以環之朱瑄遣將賀瓌及蕃將何懷寶赴援爲友恭所擒十一月瑾從兄齊州刺史瓊以州降太祖令執賀瓌懷寶及瓊以徇于城下語曰卿兄已敗早宜效順瑾僞遣牙將瑚兒持書幣送降太祖自至延壽門外與瑾交語瑾謂太祖曰欲令大將送符印願得兄瓊來押領所貴骨肉盡布腹心也太祖遣瓊與客將劉捍取符節瑾單馬立于橋上揮手謂捍曰可令兄來余有密款即令瓊往瑾先令騎士董懷進伏于橋下及瓊至懷進突出擒瓊而入俄而斬瓊首投于城外太祖乃班師及鄆州陷龐師古乘勝攻兗瑾與李承嗣方出兵求芻粟于豐沛閒瑾之二子及大將康懷英判官辛綰小校閻寶以城降師古瑾無歸即與承嗣將麾下士將保沂州刺史尹處賓拒關不納乃保海州爲師古所迫遂擁州民渡淮依楊行密行密表瑾領徐州節度使龐師古渡淮行密令瑾率師以

禦之清口之敗瑾有力焉自是瑾率淮軍連歲北寇徐宿大爲東南之患及行密卒子渭繼立以徐温子知訓爲行軍副使寵遇頗深後楊溥僭號知訓爲樞密使知政事以瑾爲同平章事仍督親軍時徐温父子恃寵專政慮瑾不附己陳彭年江南別錄云徐知訓初學兵法于朱瑾瑾悉心教之後與瑾有隙夜遣壯士殺瑾瑾手刃數人埋于舍後貞明四年六月出瑾爲淮寧軍節度使知訓設家宴以餞瑾瑾事之愈遜翼日詣知訓第謝留門久之知訓家僮私謂瑾曰政事相公此夕在白牡丹妓院侍者無得往瑾謂典謁曰吾不奈朝飢且歸既而知訓聞之愕然曰晚當過瑾瑾厚備供帳瑾有所乘名馬冬以錦帳貯之夏以羅幬護之愛妓桃氏有絶色善歌舞及知訓至奉巵酒爲壽初以名馬奉知訓喜而言曰相公出鎮與吾暫別離恨可知願此盡歡瑾即延知訓于中堂出桃氏酒既醉瑾斬知訓首示其部下馬令南唐書云知訓因求馬于瑾瑾不與遂有隙俄出瑾爲靜淮節度使瑾詣知訓別且願獻前馬知訓喜往謁瑾家瑾妻出拜知訓答拜瑾以笏擊踣遂斬知訓因以其衆急趨衙城知訓之黨已闔門矣惟瑾得獨入與衙兵戰復踰城而出傷足求馬不獲遂自刎暴其尸于市盛夏無蠅蛆徐温令投之于江部人竊收葬之温疾亟夢

瑾被髮引滿將射之溫乃爲之禮葬立祠以祭之馬令南唐書云初宿衞將李球馬謙挾楊隆演登樓取庫兵以誅知訓陣于門橋知訓與戰頻却朱瑾適自外來以一騎前視其陣曰不足爲也因反顧一麾外兵爭進遂斬球謙亂兵皆潰瑾嘗有德于知訓者也及其凶終吳人皆謂曲在知訓　五代史補朱瑾之奔淮南也時行密方圖霸其爲禮待有加于諸將數等瑾感行密見知欲立奇功爲報但憾無入陣馬忽忽不樂一日晝寢夢老叟眉髮皓然謂瑾曰君長憾無入陣馬今馬生矣及廄隸報適退槽馬生一駒見臥未能起瑾驚曰何應之速也行往視之見骨目皆非常馬大喜曰事辦矣其後破杜洪取鍾傳未嘗不得力焉初瑾之來也徐溫覩其英烈深忌之故瑾不敢預政及行密死子渥嗣位溫與張鎬爭權襲殺鎬自是事無大小皆決于溫既而溫復爲自安之計乃以子知訓自代然後引兵出居金陵實欲控制中外知訓尤恣橫瑾居常嫉之一旦知訓欲得瑾所乘馬瑾怒遂擊殺知訓提其首請渥起兵誅溫渥素怯懦見之掩面而走瑾曰老婢兒不足爲計亦自殺中外大駭且懼溫至遽以瑾尸暴之市中時盛暑肌肉屢日不壞至青蠅無敢輒泊人有病者或于暴尸處取土煎而服之無不愈

時溥徐州人初爲州之驍將唐中和初秦宗權據蔡州侵寇鄰藩節度使支詳命溥率師以討之徐軍屢捷軍情歸順以節鉞授之舊唐書列傳云時溥彭城人徐之牙將黃巢據長安詔徵天下兵進討中和二年武寧軍節度使支詳遣溥與副將陳璠率師五千赴難行至河陰軍亂剽河陰縣迴溥招合撫諭其衆復集懼罪屯于境上詳遣人迎犒悉恕之溥乃移軍向徐州既入軍人大呼推溥爲留後送詳于大彭館溥大出資裝遣陳璠援詳歸京詳宿七里亭其夜爲璠所殺舉家屠害溥以璠爲宿州刺史竟以違命殺詳溥誅璠又令別將帥軍三千赴難京師天子還宮授之節鉞及黃巢攻陳州秦宗權據蔡州與賊連結徐蔡相近溥出師討之軍

鋒益盛每戰屢捷黃巢之敗也其將尚讓以數千人降溥後林言又斬黃巢首歸徐州時溥功名第一詔授檢校太尉中書令鉅鹿郡王宗權未平仍授溥徐州行營兵馬都統蔡賊平朱全忠與之爭功遂相嫌怨淮南亂朝廷以全忠遙領淮南節度以平孫儒行密之亂汴人應援路出徐方溥阻之全忠怒出師攻徐自光啓至大順六七年間汴軍四集徐泗三郡民無耕稼頻歲水災人喪十六七溥窘蹙求和于汴全忠曰移鎮則可朝廷以尚書劉崇望代溥以溥爲太子太師溥懼出城見害不受代汴將龐師古陳兵于野溥求援于兗州朱瑾出兵救之值大雪糧盡而還城中守陴者飢甚加之疾疫汴將王重師牛存節夜乘梯而入溥與妻子登樓自焚而卒實景福二年也地入于汴

王師範青州人父敬武初爲平盧牙將唐廣明元年無棣人洪霸郎合羣盜于齊棣間節度使安師儒遣敬武討平之及巢賊犯長安諸藩擅易主帥敬武乃逐師儒自爲留後王鐸承制授以節鉞後以出師勤王功加太尉平章事龍紀中敬武卒師範年幼三軍推之爲帥棣州刺史張蟾叛于師範不受節度朝廷乃以崔安潛爲平盧帥師範拒命張蟾迎安潛至郡同討師範師範遣將盧宏將兵攻蟾宏復叛與蟾通謀僞旋軍將襲青州師範知之遣重賂迎宏謂之曰吾以先人之故爲軍府所推年方幼少未能幹事如公以先人之故令不乏祀公之仁也如以爲難與成事乞保首領以守先人墳墓亦惟命宏以師範年幼

必無能爲不爲之備師範伏兵要路迎而享之豫謂紀綱劉鄩曰翼日盧宏至爾即斬之酬爾以軍校鄩如其言斬宏于座上及同亂者數人因戒厲士衆大行頒賞與之誓約自率之以攻棣州擒張蟾斬之安潛遁還長安師範雅好儒術少負縱橫之學故安民禁暴各有方略當時藩翰咸稱之及太祖平兗鄆遣朱友恭攻之師範乞盟遂與通好天復元年冬李茂貞劫遷車駕幸鳳翔韓全誨矯詔加罪于太祖令方鎮出師赴難詔至青州師範承詔泣下曰吾輩爲天子藩籬君父有難略無奮力者皆強兵自衞縱賊如此使上失守宗祧危而不持是誰之過吾今日成敗以之乃發使通楊行密遣將劉鄩襲兗州別將襲齊時太祖方圍鳳翔師範遣將張居厚部輿夫二百言有獻于太祖至華州城東華將婁敬思疑其有異剖輿視之乃兵仗也居厚等因呼殺敬思聚衆攻西城時崔允在華州遣部下閉關拒之遂遁去是日劉鄩下兗州河南數十郡同日發太祖怒遣朱友寧率軍討之既而友寧爲青軍所敗臨陣被擒傳首于淮南天復三年七月太祖復令楊師厚進攻屯于臨朐師厚屢敗青軍遂進寨于城

下師範懼乃令副使李嗣業詣師厚乞降新唐書云師厚圍青州敗師範兵于臨朐執諸將又獲其弟師克是時師範衆尚十餘萬諸將請決戰而師範以弟故乃請降太祖許之歲餘遣李振權典青州事因令師範舉家徙汴師範將至縞素乘驢請罪于太祖太祖以禮待之尋表爲河陽節度使會韓建移鎮青州太祖帳餞于郊師範預焉太祖謂建曰公頃在華陰政事之暇省覽經籍此亦士君子之大務今之青土政簡務暇可復修華陰之故事建撝謙而已太祖又曰公讀書必須精意勿錯用心太祖以師範好儒前以青州叛故以此言譏之及太祖即位徵爲金吾上將軍開平初太祖封諸子爲王友寧妻號訴于太祖曰陛下化家爲國人人皆得封崇妾夫早預艱難粗立勞效不幸師範反逆亡夫橫尸疆場寃讎尚在朝廷受陛下恩澤亡夫何罪太祖淒然泣下曰幾忘此賊即遣人族師範于洛陽先掘坑于第側乃告之其弟師誨兄師悅及兒姪二百口咸盡戮焉時使者宣詔訖師範盛啓宴席令昆仲子弟列座謂使者曰死者人所不能免況有罪乎然予懼坑尸于下少長失序有愧于先人行酒之次令少長依次于坑所受戮人士痛之後唐同光三年三月詔贈

太尉

劉知俊字希賢徐州沛縣人也姿貌雄傑倜儻有大志始事徐帥時溥爲列校溥甚器之後以勇略見忌唐大順二年冬率所部二千人來降即署爲軍校知俊披甲上馬輪劍入敵勇冠諸將太祖命左右義勝兩軍隸之尋用爲左開道指揮使故當時人謂之劉開道後討秦宗權及攻徐州皆有功尋補徐州馬步軍都指揮使攻海州下之遂奏授刺史天復初歷典懷鄭二州從平青州以功奏授同州節度使天祐三年冬以兵五千破岐軍六萬于美原自是連克鄜延等五州乃加檢校太傅平章事開平二年春三月命爲潞州行營招討使知俊未至潞夾寨已陷晉人引軍方攻澤州聞知俊至乃退尋改西路招討使六月大破岐軍于幕谷俘斬千計李茂貞僅以身免三年五月加檢校太尉兼侍中封大彭郡王時知俊威望益隆太祖雄猜日甚會佑國軍節度使王重師無罪見誅知俊居不自安乃據同州叛鑒戒錄云彭城王劉知俊鎮同州日因築營牆掘得一物重八十餘斤狀若油囊召賓幕將校問之劉源曰此是冤氣所結古來囹圄之地或有焉昔王充據洛陽修河南府獄亦獲此物源聞酒能忘憂奠以醇醪或可消釋耳然此物之出亦非吉

徵也知俊命具酒饌祝酹復瘞之尋有叛城背主之事送款于李茂貞又分兵以襲雍華雍州節度使劉捍被擒送鳳翔害之華州蔡敬思被傷獲免太祖聞知俊叛遣近臣諭之曰朕待卿甚厚何相負耶知俊報曰臣非背德但畏死耳王重師不負陛下而致族滅太祖復遣使謂知俊曰朕不料卿爲此昨重師得罪蓋劉捍言陰結邠鳳終不爲國家用我今雖知枉濫悔不可追致卿如斯我心恨恨蓋劉捍誤予事也捍一死固未塞責知俊不報遂分兵以守潼關太祖命劉鄩率兵進討攻潼關下之時知俊弟知浣爲親衛指揮使聞知俊叛自洛奔至潼關爲鄩所擒害之尋而王師繼至知俊乃舉族奔于鳳翔李茂貞厚待之僞加檢校太尉兼中書令以土疆不廣無藩鎮以處之但厚給俸祿而已尋命率兵攻圍靈武且圖牧圉之地靈武節度使韓遜遣使來告急太祖令康懷英率師救之師次邠州長城嶺爲知俊邀擊懷英敗歸九國志云李彥琦劉知俊自靈武班師塗經長城嶺梁師率精銳數萬躡其後彥琦與知俊同設方略擊敗之茂貞悅署爲涇州節度使復命率衆攻興元進圍西縣會蜀軍救至乃退九國志王宗鐵傳云岐將劉知俊等領大軍分路來攻由階成路奪固鎮糧王宗侃唐襲等禦之至青泥嶺爲知俊所敗退保西縣會大雨漢江漲宗鐵自羅

村得鄉導緣山而行數百里與宗播遇于鐵谷合軍出湯頭時知俊自斜谷山
南直抵興州圍西縣軍人散掠巴中宗鐬與宗播襲之會王建亦至遂解西縣之圍既而爲茂貞左右石簡顒等間之免其軍政寓于岐下掩關歷年茂貞猶子
繼崇鎮秦州因來寧覲言知俊途窮至此不宜以讒嫉見疑茂貞乃誅簡顒等
以安其心繼崇又請令知俊挈家居秦州以就豐給茂貞從之未幾邠州亂茂
貞命知俊討之時邠州都校李保衡納款于朝廷末帝遣霍彥威率衆先入于
邠知俊遂圍其城半載不能下會李繼崇以秦州降于蜀知俊妻孥皆遷于成
都遂解邠州之圍而歸岐陽以舉家入蜀終慮猜忌因與親信百餘人夜斬關
奔蜀王建待之甚至卽授武信軍節度使尋命將兵伐岐不克班師因圍隴州
獲其帥桑宏志以歸久之復命爲都統再領軍伐岐時部將皆王建舊人多違
節度不成功而還蜀人因而毀之先是王建雖加寵待然亦忌之嘗謂近侍曰
吾漸衰耗恆思身後劉知俊非爾輩能駕馭不如早爲之所又嫉其名者于里
巷間作謠言云黑牛出圈棬繩斷知俊色黔而丑生棬繩者王氏子孫皆以宗
承爲名故以此搆之僞蜀天漢元年冬十二月建遣人捕知俊斬于成都府之

炭市及王衍嗣僞位以其子嗣禋尚僞峨眉長公主拜駙馬都尉後唐同光末
隨例遷于洛卒知俊族子嗣彬幼從知俊征行累遷爲軍校及知俊叛以不預
其謀得不坐貞明末大軍與晉王對壘于德勝久之嗣彬率數騎奔于晉具言
朝廷軍機得失又以家世讎怨將以報之晉王深信之卽厚給田宅仍賜錦衣
玉帶軍中目爲劉二哥居一年復來奔當時晉人謂是刺客以晉王恩澤之厚
故不竊發龍德三年冬從王彥章戰于中都軍敗爲晉人所擒晉王見之笑謂
嗣彬曰爾可還予玉帶嗣彬惶恐請死遂誅之
楊崇本不知何許人幼爲李茂貞之假子因冒姓李氏名繼徽唐光化中茂貞
表爲邠州節度使天復元年冬太祖自鳳翔移軍北伐駐旆于邠郊命諸軍攻
其城崇本懼出城請降太祖復置爲邠州節度使仍令復其本姓名焉及師還
還其族于河中其後太祖因統戎往來由于蒲津以崇本妻素有姿色嬖之于
別館其婦素剛烈私懷愧耻遣侍者讓崇本曰丈夫擁旄仗鉞不能庇其伉儷
我已爲朱公婦今生無面目對卿期于刀繩而已崇本聞之但灑淚含怒及昭

宗自鳳翔回京崇本之家得歸邠州崇本恥其妻見辱因茲復貳于太祖乃遣使告茂貞曰朱氏兆亂謀危唐祚父爲國家磐石不可坐觀其禍宜于此時畢命興復事苟不濟死爲社稷可也茂貞乃遣使會兵于太原時西川王建亦令大將出師以助之岐蜀連兵以攻雍華關西大震太祖遣郴王友裕帥師禦之會友裕卒于行乃班師天祐三年冬十月崇本復領鳳翔邠涇秦隴之師會延州胡章之衆合五六萬屯于美原列柵十五其勢甚盛太祖命同州節度使劉知俊及康懷英帥師拒之崇本大敗復歸于邠州自是垂翅久之乾化元年冬爲其子彥魯所毒而死彥魯自稱留後領其軍事凡五十餘日爲崇本養子李保衡所殺保衡舉其城來降末帝命霍彥威爲邠帥由是邠寧復爲末帝所有蔣殷不知何許人幼孤隨其母適于河中節度使王重盈之家重盈憐之畜爲己子唐天復初太祖既平蒲陝殷與從兄珂舉族遷于大梁太祖感王重榮之舊恩凡王氏諸子皆錄用焉殷由是繼歷內職累遷至宣徽院使殷素與庶人友珪善友珪簒立命爲徐州節度使乾化三年秋末帝以福王友璋鎮徐方殷

自以爲友珪之黨懼不受代遂堅壁以拒命時華州節度使王瓚殷之從弟也懼其連坐上章言殷本姓蔣非王氏之子也末帝乃下詔削奪殷在身官爵仍令卻還本姓命牛存節劉鄩等率軍討之是時殷求救于淮南楊溥遣朱瑾率衆來援存節等逆擊敗之貞明元年春存節劉鄩攻下徐州殷舉族自燔而死于火中得其尸梟首以獻之

張萬進雲州人初爲本州小校亡命投幽州劉守光厚遇之任爲裨將滄州劉守文以弟守光因父而竊據其位自領兵問罪尋敗于雞蘇守光遂兼有滄景之地令其子繼威主留務繼威年幼未能政事以萬進佐之凡關軍政一皆委任繼威兇虐類父嘗淫亂于萬進之家萬進怒而殺之（通鑑云乾化二年九月庚子萬進遣使奉表降于梁辛丑以萬進爲義昌留後甲辰改義昌爲順化軍以萬進爲節度使此傳疑有闕文）又遣使歸于晉既而末帝遣楊師厚劉守奇潛兵掠鎮冀因東攻滄州萬進懼乞降師厚表青州節度使俄還兗州仍賜名守進萬進性既輕險專圖反側貞明四年冬據城叛命遣使送款于晉王末帝降制削其官爵仍復其本名遣劉鄩討之晉人不能救五年冬萬進

危蹙小將邢師遇潛謀內應開門以納王師遂拔其城萬進族誅

史臣曰夫雲雷構屯龍蛇起陸勢均者交鬬力敗者先亡故瑄瑾時溥之流皆梁之吞噬斯亦理之常也惟瑾始以竊發有土終以竊發亡身傳所謂君以此始必以此終者乎師範屬衰季之運以興復爲謀事雖不成忠則可尙雖貽族滅之禍亦可以與臧洪遊于地下矣知俊驍武有餘奔亡不暇六合雖大無所容身夫如是則豈若義以爲勇者乎崇本而下俱以叛滅又何足以道哉

舊五代史卷十三

舊五代史卷十三考證

梁列傳三朱瑄傳敬武遣將曹全晸　案新唐書及通鑑俱作曹存實舊唐書歐陽史與是書同

部將崔君預據城叛全晸攻之　案舊唐書韓簡傳云曹全晸爲簡所敗死之鄆將崔君裕收合殘衆保鄆州朱瑄傳云崔君裕權知州事全晸知其兵寡襲君裕據韓簡傳則全晸死而君裕保其城據朱瑄傳則君裕爲全晸所殺二傳自相矛盾是書從朱瑄傳又君預諸史俱作君裕

光啓初魏博韓允中攻鄆　案新唐書作中和初魏博韓簡東窺曹鄆考舊唐書韓允中傳乾符元年十一月卒子簡起復爲節度觀察留後新唐書本紀亦云是攻鄆者韓簡非允中也通鑑作中和二年韓簡擊鄆州當得其實是書訛作允中與諸史年月人名舛異

朱瑾傳瑾從兄齊州刺史瓊以州降　齊州原本作濟州據通鑑及北夢瑣言改正

瑾之二子　案新唐書作瑾子用貞
刺史尹處賓　案新唐書作尹懷賓
出瑾爲淮寧軍節度使　淮寧原本作懷寧今據九國志改正
愛妓桃氏　案九國志作妻陶氏
王師範傳棣州刺史張蟾叛于師範　張蟾原本作張儋今據新唐書改正
劉知俊傳尋用爲左開道指揮使　開道原本作關道今據歐陽史改正
楊崇本傳乾化元年　案原本作乾化四年今據歐陽史改正
張萬進傳仍賜名守進　守進原本作方進今據本紀改正

舊五代史卷十三考證

舊五代史卷十四

宋門下侍郞參知政事監修國史薛居正等撰

梁書第十四

列傳四

羅紹威舊唐書云紹威字端己魏州貴鄕人父宏信本名宗弁初爲馬牧監事節度使樂彥貞光啓末彥貞子從訓驕盈太橫招聚兵甲欲誅牙軍牙軍怒聚譟攻之從訓出據相州牙軍廢彥貞囚于龍興寺逼令爲僧尋殺之推小校趙文建爲留後先是宏信自言于所居遇一白鬚翁謂之曰爾當爲土地主如是者再心竊異之既而文建不洽軍情牙軍聚呼曰孰願爲節度使者宏信卽應曰白鬚翁早以命我可以君長爾曹唐文德元年四月牙軍推宏信爲留後朝廷聞之卽正授節旄乾寧中太祖急攻兗鄆朱瑄求援于太原時李克用遣大將李存信率師赴之假道于魏屯于莘縣存信御軍無法稍侵魏之芻牧宏信不平之太祖因遣使謂宏信曰太原志吞河朔迴戈之日貴道堪憂宏信懼乃歸款于太

祖仍出師三萬攻李存信敗之未幾李克用領兵攻魏營于觀音門外屬邑多拔太祖遣葛從周援之戰于洹水擒克用男落落以獻太祖令送于宏信斬之晉軍乃退是時太祖方圖兗鄆慮宏信離貳每歲時賂遺必卑辭厚禮宏信每有答貺太祖必對魏使北面拜而受之曰六兄比予有倍年之長兄弟之國安得以常隣遇之故宏信以爲厚己其後宏信累官至檢校太尉封臨清王光化元年八月薨于位紹威襲父位爲留後（舊唐書云紹威自文德初授左散騎常侍充天雄軍節度副使自龍紀至乾寧十年之中累加官爵）朝廷因而命之尋正授旄鉞累加檢校太尉兼侍中封長沙郡王昭宗東遷命諸道修洛邑紹威獨營太廟制加守侍中進封鄴王初至德中田承嗣盜據相魏澶博衛貝等六州召募軍中子弟置之部下號曰牙軍皆豐給厚賜不勝驕寵年代寖遠父子相襲親黨膠固其凶戾者強買豪奪踰法犯令長吏不能禁變易主帥有同兒戲自田氏已後垂二百年主帥廢置出于其手如史憲誠何全皞韓君雄樂彥貞皆爲其所立優獎小不如意則舉族被誅紹威懲其往弊雖以貨賂姑息而心銜之紹威嗣世之明年正月幽州劉仁恭擁兵

十萬謀亂河朔進陷貝州長驅攻魏紹威求援于太祖太祖遣李思安援之屯于洹水葛從周自邢洺引軍入魏州燕將劉守文單可及與王師戰于內黃大敗之乘勝追躡會從周亦出軍掩擊又敗燕軍斬首三萬餘級三年紹威遣使會軍同攻滄州以報之自是紹威感太祖援助之恩深加景附紹威見唐祚衰凌羣雄交亂太祖兵強天下知必有禪代之志故傾心附結贊成其事每慮牙軍變易心不自安天祐初州城地無故自陷俄而小校李公佺謀變紹威愈懼乃定計圖牙軍遣使告太祖求爲外援太祖許之遣李思安會魏博軍再攻滄州先是安陽公主薨于魏太祖因之遣長直軍校馬嗣勳選兵千人伏兵仗于巨橐中肩舁以入魏州言助女葬事天祐三年正月五日太祖親率大軍濟河聲言視行營于滄景牙軍頗疑其事是月十六日紹威率奴客數百與嗣勳同攻之時宿于牙城者千餘人遲明盡誅之凡八千家皆赤其族州城爲之一空翼日太祖自內黃馳至鄴時魏軍二萬方與王師同圍滄州聞城中有變乃擁大將史仁遇保于高唐六州之內皆爲勍敵太祖遣諸將分討之半歲方平自

是紹威雖除其偪然尋有自弱之悔不數月復有浮陽之役紹威飛輓饋運自鄴至長蘆五百里疊跡重軌不絕于路又于魏州建元帥府署沿道置亭候供牲牢酒備軍募什器上下數十萬人一無闕者及太祖迴自長蘆復過魏州紹威乘閒謂太祖曰邠岐太原終有狂譎之志各以興復唐室爲詞王宜自取神器以絕人望天與不取古人所非太祖深感之及登極加守太傅兼中書令賜號扶天啓運竭節功臣車駕將入洛奉詔重修五鳳樓朝元殿巨木良匠非當時所有倏架于地泝流西立于舊址之上張設綈繡皆有副焉太祖甚喜以寶帶名馬賜之先是河朔三鎮司管鑰備灑掃皆有閹人紹威曰此類皆宮禁指使豈人臣家所宜畜也因搜獲三十餘輩盡以來獻太祖嘉之開平中加守太師兼中書令邑萬戸紹威嘗以臨淄海岱罷兵歲久儲庾山積惟京師軍民多而食益寡願于太行伐木下安陽淇門斲船三百艘置水運自大河入洛口歲漕百萬石以給宿衛太祖深然之會紹威遘疾革遣使上章乞骸骨太祖撫案動容顧使者曰亟行語而主爲我強飯如有不可諱當世世貴爾子孫以相報

也仍命其子周翰監總軍府及訃至輟朝三日冊贈尙書令紹威在鎭凡十七年年三十四薨紹威形貌魁偉有英傑氣工筆札曉音律性復精悍明敏服膺儒術明達吏理好招延文士聚書萬卷開學館置書樓每歌酒宴會與賓佐賦詩頗有情致太平廣記引羅紹威傳云當時藩牧之中最獲文章之譽每命幕客作四方書檄小不稱意壞裂抵棄自掣牋起草下筆成文雖無藻麗之風幕客多所不及江東人羅隱者佐錢鏐軍幕有詩名于天下紹威遣使賂遺敘南巷之敬隱乃聚其所爲詩投寄之紹威酷嗜其作因目己之所爲曰偷江東集至今鄴中人士諷詠之紹威嘗有公讌詩云簾前澹泊雲頭日座上蕭騷雨脚風雖深于詩者亦所歎服紹威子三人長曰廷規位至司農卿尙太祖女安陽公主又尙金華公主早卒次曰周翰繼爲魏博節度使通鑑考異引梁功臣傳云周翰起復雲麾將軍充天雄軍節度留後尋檢校司徒正授魏博節度使亦早卒季曰周敬歷滑州節度使別有傳開平四年夏詔金華公主出家爲尼居于宋州元靜寺蓋太祖推恩于羅氏令終其婦節也五代史補云羅鄴王紹威後邁有詞學尤好戲判常有人向官街中鞴驢置鞍于地値牛車過急行輾破其鞍驢主怒毆駕車者爲廂司所擒紹威更不按問遂判其狀云鄴城大道甚寬何故駕車輾鞍領鞴驢漢子科決待駕車漢子喜歡詞雖俳諧理甚切當論者許之

趙犨其先天水人代爲忠武牙將曾祖賓祖英奇父叔文皆歷故職犨幼有奇智齠齔之時與隣里小兒戲于道左恆分布行列爲部伍戰陣之狀自爲董帥指顧有節如夙習焉羣兒皆稟而從之無敢亂其行者其父目而異之曰吾家千里駒也必大吾門矣及赴鄉校誦讀之性出于同輩弱冠有壯節好功名妙于弓劍氣義勇果郡守聞之擢爲牙校唐會昌中壺關作亂隨父北征收天井關未幾從王師征蠻浹月方克惟忠武將士轉戰溪洞之間斬獲甚衆本道錄其勳陟爲馬步都虞候乾符中王僊芝起于曹濮大縱其徒侵掠汝鄭犨乃率步騎數千襲之賊黨南奔及黃巢陷長安天子幸蜀中原無主人心騷動于是陳州數百人相率告許州連帥願得犨知軍州事其帥卽以狀聞于是天子下詔以犨守陳州刺史既視事乃謂將吏曰賊巢之虐徧于四方苟不爲長安市人所誅則必驅殘黨以東下況與忠武久爲仇讎凌我土疆勢必然也乃遣增垣墉濬溝洫實倉廩積薪芻凡四門之外兩舍之內民有資糧者悉令輓入郡中繕甲兵利劍矟弓弩矢石無不畢備又招召勁勇寘之麾下以仲弟昶爲防

遏都指揮使以季弟玥爲親從都知兵馬使長子麓次子霖皆分領銳兵黃巢在長安果爲王師四面扼束食盡人飢謀東奔之計先遣驍將孟楷擁徒萬人直入項縣犨引兵擊之賊衆大潰斬獲略盡生擒孟楷中和三年朝廷聞其功就加檢校兵部尚書俄轉右僕射不數月加司空進潁川縣伯巢黨知孟楷爲陳所擒大驚憤乃悉衆東來先據溵水後與蔡州秦宗權合勢以攻宛邱陳人懼焉犨恐衆心攜離乃于衆中揚言曰忠武素稱義勇淮陽亦謂勁兵是宜戮力同心捍禦羣寇建功立節去危就安諸君宜圖之況吾家食陳祿久矣今賊衆圍逼衆寡不均男子當于死中求生又何懼也且死于爲國不猶愈于生而爲賊之伍耶汝但觀吾之破賊敢有異議者斬之由是衆心靡不踴躍無何開門與賊接戰每戰皆捷賊衆益怒巢于郡北三四里起八僊營如宮闕之狀又修百司廨署儲蓄山峙蔡人濟以甲冑軍無所闕焉凡圍陳三百日大小數百戰雖兵食將盡然人心益固犨因令閒道奉羽書乞師于太祖太祖素多犨之勇果乃許之四年四月太祖引大軍與諸軍會于陳之西北陳人望旗鼓出軍

縱火急攻巢寨賊衆大潰重圍遂解獻捷于行在五年八月除犨爲蔡州節度使于時巢黨雖敗宗權益熾六七年間屠膾中原陷二十餘郡惟陳去蔡百餘里兵少力微日與爭鋒終不能屈文德元年蔡州平朝廷議勳以犨檢校司徒充泰寧軍節度使又改授浙西節度使不離宛邱兼領二鎮龍紀元年三月又以平巢蔡功就加平章事充忠武軍節度使仍以陳州爲理所由是中原塵靜唐帝復歸長安陳許流亡之民襁負歸業犨設法招撫人皆感之犨兄弟三人時稱雍睦一日念仲弟昶同心王事共立軍功乃下令盡以軍州事付于昶遂上表乞骸後數月寢疾卒于陳州官舍年六十六葬于宛邱縣之先域累贈太尉犨雖盡忠唐室保全陳州然默識太祖雄傑每降心託跡爲子孫之計故因解圍之後以愛子結親又請爲太祖立生祠于陳州朝夕拜謁數年之間悉力委輸凡所徵調無不率先故能保其功名長子麓位至列卿次子霖改名巖尚太祖女長樂公主開平初授衛尉卿駙馬都尉二年九月權知洺州軍州事俄轉天威軍使十二月授右羽林統軍改右衛上將軍充大內皇牆使三年七月

出爲宿州團練使旋移州刺史其後累歷近職連典禁軍預誅庶人友珪有功末帝卽位用爲租庸使守戶部尙書巖以勳戚自負貨賂公行天下之賄半入其門又以身尙公主聞唐朝駙馬都尉杜悰位極將相以服御飲饌自奉務極華侈巖恥其不及由是豐其飲膳嘉羞法饌動費萬錢傚斂網商其徒如市權勢熏灼人皆阿附及唐莊宗滅梁室巖踰垣而逸素與徐州温韜相善巖往依之旣至韜斬巖首送京師

昶字大東犨仲弟也弱冠習兵機沈默大度神形灑落臨事有通變之才及兄犨爲陳州刺史以昶爲防禦都指揮使未幾巢將孟楷擁衆萬餘據項城縣昶與兄犨領兵擊破之擒楷以歸不數月巢黨悉衆攻陳以報孟楷之役又蔡寇合從兇醜百萬棲于陳郊陳人大恐一夕昶因巡警假寐于闉闍怳惚間如有陰助昶異而待之遲明開門決戰人心兵勢勇不可遏若有陰兵前導是日擒賊將數人斬首千餘級羣兇氣沮其後連日交戰無不應機俘斬未嘗小衄以至重圍數月士心如一及賊敗圍解朝廷紀勳昶一門之中疊加爵秩當時方

鎭之內言忠勇者言守禦者言功勳者言政事者皆以犨昶爲首焉及犨遙領
泰寧軍節度以昶爲本州刺史檢校右僕射俄而犨有疾遂以軍州盡付于昶
詔授兵馬留後旋遷忠武軍節度使亦以陳州爲理所時宗權未滅中原方受
其毒陳蔡封疆相接昶每選精銳深入蔡境蔡賊雖衆終不能抗以至宗權敗
焉朝廷賞勳加檢校司徒昶以大寇剷平之後益留心于政事勸課農桑大布
恩惠景福元年秋陳許將吏耆老錄其功詣闕以聞天子嘉之命文臣撰德政
碑植于通衢以旌其功俄加同平章事昶自圍解之後恆曰梁王之恩不敢忘
也是後太祖每有征伐昶訓練兵甲饋輓供億無有不至乾寧二年寢疾薨于
鎭年五十五追贈太尉

珝字有節犨季弟也幼而剛毅器宇深沈既冠好書籍及壯工騎射尤精三略
及犨爲陳州刺史以珝爲親從都知兵馬使時巢黨東出商鄧與蔡賊會衆至
百餘萬掘長壕五百道攻陳陳人大懼珝與二兄堅心誓衆激勵將校約以死
節珝以祖先松楸去郭數里慮爲羣盜穿發乃夜縱心膂之士遷柩入城府庫

舊有巨弩數百枝機牙皆缺工人咸謂不可用玥卽創意制度自調弦筈置之雉堞間矢激五百餘步凡中人馬皆洞達胸腋羣賊畏之不敢逼近自仲秋至于首夏軍食將竭士雖不飽而堅拒之志不移會太祖率大軍解其圍玥兄弟抆泣感謝其後朝廷議功加檢校右僕射遙領處州刺史犨薨昶爲忠武軍節度使玥還爲行軍司馬檢校司空昶薨玥知忠武軍留後玥公幹之才播于遠邇至于符籍虛實財穀耗登備閱其根本民之利病無不洞知庶事簡廉公私俱濟太祖深加慰薦尋加特進檢校司徒充忠武軍節度使陳州土壤卑疎每歲壁壘摧圮工役不暇玥遂營度力用俾以甓周砌四墉自是無霖潦之虞光化二年加檢校太保平章事明年檢校侍中進封天水郡公玥博通前古以陳州本伏羲所都南頓乃光武舊地遂稽攷古制崇飾廟貌爲四民祈福之所又詢鄧艾故址決翟王河以溉稻粱大實倉廩民獲其利玥兄弟節制陳許繼擁旌鉞共二十餘年陳人愛戴風化大行天復元年冬韓建爲忠武軍節度使乃徵玥知同州匡國軍節度留後時太祖統軍岐下玥輸輓調發旁午道途俄而

昭宗還長安詔徵入覲錫迎鑾功臣之號玥因堅辭藩鎮遂加檢校太傅右金吾衛上將軍及扈從東遷歲餘以痼疾免官遂歸淮陽未幾薨于私第年五十五詔贈侍中陳人爲之罷市子穀仕至左驍衛大將軍宣徽北院使唐莊宗入汴與從兄巖皆族誅

王珂河中人祖縱鹽州刺史父重榮河東節度使破黃巢有大功封琅邪郡王珂本重榮兄重簡之子出繼重榮唐僖宗光啓三年重榮爲部將常行儒所害推重榮弟重盈爲蒲帥以珂爲行軍司馬及重盈卒軍府推珂爲留後時重盈子珙爲陝州節度使瑤爲絳州刺史由是爭爲蒲帥瑤珙連上章論列又與太祖書云珂非吾兄弟蓋余家之蒼頭也小字忠兒安得繼嗣珂亦上章云亡父有興復之功又遣使求援于太原李克用爲保薦于朝昭宗可之既而珙厚結王行瑜李茂貞韓建爲援三鎮互相表薦昭宗詔諭之曰吾以太原與重榮有再造之功已俞其奏矣乾寧二年五月三鎮率兵入覲賊害時政請以河中授珙瑤又連兵以攻河中克用聞之出師以討三鎮瑤珙兵退晉師拔絳州擒瑤

斬之及克用駐軍于渭北昭宗以珂爲河中節度使正授旄鉞克用因以女妻珂珂至太原謝婚成禮克用令李嗣昭將兵助珂攻珙于陝焉光化末太祖謂張存敬曰珂恃太原之勢侮慢隣封爾爲我持一繩以縛之天復元年春存敬兵下晉絳令何絪守晉州以扼太原援師二月大軍逼河中珂妻書告太原曰敵勢攻逼朝夕爲俘囚乞食于大梁矣大人安忍不救克用曰前途既阻衆寡不敵救則與爾兩亡可與王郎歸朝廷珂復求救于李茂貞茂貞不答珂勢窮蹙卽登城謂存敬曰吾與汴王有家世事分公宜退舍俟汴王至吾自聽命存敬卽日退舍三月太祖自洛陽至先哭于重榮之墓蒲人聞之感悅珂欲面縛牽羊以見太祖曰太師阿舅之恩何時可忘郎君若以亡國之禮相見黃泉其謂我何（歐陽史云梁太祖自同州降唐卽依重榮以母王氏故事重榮爲舅）及珂出迎于路握手歔欷聯轡而入乃以居敬守河中珂舉家徙于汴後入覲被殺于華州傳舍

珙少有俊氣才兼文武性甚驕虐屬世多故遂代伯父重霸爲陝州節度使爲政苛暴且多猜忌殘忍好殺不以生命爲意內至妻孥宗屬外則賓幕將吏一

言不合則五毒將施鞭笞刳斮無日無之奢縱聚斂民不堪命由是左右惕懼
憂在不測唐光化二年夏六月爲部將李璠所殺璠自稱留後因是陝州不復
爲王氏所有
史臣曰紹威始爲唐雄據魏地當土德之季運倡梁祖以強禪在梁則爲佐命
也在唐則豈得爲忠臣乎趙犨以淮陽咫尺之地抗黃巢百萬之衆功成事立
有足多者巖穀非賢遽泯其嗣惜哉王珂奕世山河勢危被擄乃魏豹之徒與
舊五代史卷十四

舊五代史卷十四考證

梁列傳四羅紹威傳其後宏信封臨清王　案舊唐書宏信先封豫章郡公進封北平王與是書異

自田氏已後垂二百年　案吳縝歐陽史纂誤云魏博自田承嗣專據至羅紹威時共一百五十餘年歐陽史作二百年誤蓋歐陽史仍是書之誤也

太祖自內黃馳至鄴　至鄴原本作至葉今據歐陽史改正

歲漕百萬石以給宿衞太祖深然之　案通鑑考異引梁功臣傳云紹威馳簡獻替意互合者十得五六太祖嘆曰竭忠力一人而已又引莊宗實錄曰紹威陰有覆溫之志而賂溫益厚溫怪其曲事慮蓄奸謀而莫之察乃賜紹威妓妾數人未半歲召還以此得其陰事其紀載互異如此竊謂紹威有謀慮得梁主信任宜也然以梁主雄險而紹威又因盡誅牙軍有自弱之悔則此時猜忌諒亦有之未可偏廢其說

趙犨傳父叔父　案叔文原本訛叔乂今據新唐書改正

王僊芝起于曹濮　僊芝原本作僊玼今據新舊唐書改正

文德元年　文德原本作大德今改正

充大內皇牆使　皇牆原本作皇城考五代會要梁時避諱改皇城使爲皇牆

使今改正

趙昶傳假寐于闉闍　闉闍原本作闉閣今改正

時宗權未滅　案上篇趙犨傳云蔡州平以犨爲忠武軍節度使據此傳則昶

爲忠武節度使宗權未滅二傳互異

趙珝傳珝犨季弟也　案新唐書以珝爲犨子是書及歐陽史通鑑皆以珝爲

犨弟新唐書應訛

王珂傳小字忠兒　忠兒舊唐書作蟲兒

令何絪守晉州　何絪原本作何緯今據通鑑改正

舊五代史卷十五

宋門下侍郎參知政事監修國史薛居正等撰

梁書第十五

列傳五

韓建字佐時許州長社人父叔豐世爲牙校初秦宗權之據蔡州招合亡命建隸爲軍士累轉至小校唐中和初忠武監軍楊復光起兵于蔡宗權遣其將鹿晏宏赴之建與里人王建俱隸晏宏軍入援京師賊平復光暴卒時僖宗在蜀晏宏率所部赴行在路出山南因攻剽郡邑據有興元晏宏自爲留後以建爲蜀郡刺史唐軍容使田令孜密遣人誘建陷以厚利建時懼爲晏宏所併乃率所部歸行在令孜補爲神策都校金吾將軍出爲潼關防禦使兼華州刺史河潼經大寇之後戸口流散建披荆棘闢污萊勸課農事樹植蔬果出入閭里親問疾苦不數年流亡畢復軍民充實建比不知書治郡之暇日課學習遣人于器皿牀榻之上各題其名建視之既熟乃漸通文字俄遷華商節度潼關守捉

等使累加檢校太尉平章事乾寧二年建與鳳翔李茂貞邠州王行瑜舉兵赴闕迫昭宗請以王珙爲河中帥害大臣于都下河中王珂召晉軍以爲援及晉軍渡河昭宗幸石門三年四月昭宗遣延王通王率禁兵討李茂貞爲茂貞所敗車駕幸渭橋翼日次富平將幸河中建奉表迎駕俄自至渭北懇乞東幸許之七月十五日昭宗至華下百官士庶相繼而至建尋加兼中書令充京畿安撫制置等使又兼京兆尹京城把截使昭宗久在華州思還宮掖每花朝月夕遊宴西谿與羣臣屬詠歌詩歔欷流涕建每從容奏曰臣爲陛下修營大內結信諸侯一二年間必期興復乃以建兼領修創京城使建自華督役輦運工作復治大明宮四年二月有詣建告睦王已下八王謀殺建建因八王于別宅放散隨駕殿後軍二萬人殺捧日都頭李筠自是天子益微宿衞之士盡矣八月建以兵圍十六宅通王已下十一王並遇害于石隄谷以謀逆聞又害太子詹事馬道殷將作監許巖士貶宰相朱朴皆昭宗寵昵者也建尋兼同州節度使光化元年升華州爲興德府以建爲尹八月車駕還京九月冊拜太傅進封許

國公并賜鐵劵天復元年十一月宦官韓全誨迫天子幸鳳翔建亦預其謀太祖聞之自河中引軍而西前鋒至同州建判官司馬鄴以城降遂移軍迫華州建懼乞降太祖責以脅君之罪建拜伏稱從事李巨川之謀也太祖卽誅巨川北夢瑣言韓建曰某不識字凡朝廷章奏鄰封書檄皆巨川爲之因斬之又新唐書李巨川傳云巨川詣軍門納款因言當世利害全忠屬官敬翔以文翰事左右疑巨川用則全忠待己或衰乃詭說曰巨川誠奇才顧不利主人若何是日全忠殺之太祖與建素有軍中昆弟之契及見其怒驟息尋表爲許州節度使昭宗東遷以建爲佑國軍節度使京兆尹車駕至陝召太祖與建侍宴宮妓奏樂何皇后舉觴以賜太祖建躡足太祖遽起曰臣醉不任僞若顛仆卽去建私謂太祖曰上與宮人附耳而語幕下有兵仗聲恐圖王爾天祐元年改青州節度使及受禪徵爲司徒平章事充諸道鹽鐵轉運使開平二年加侍中充建昌宮使三年郊祀于洛以建爲大禮使建爲上宰每謁見時有直言太祖爲性剛嚴羣下將迎不暇待建稍異故優容之九月冊拜太保罷知政事五代會要開平三年十月詔曰太保韓建每月旦十五日入閣稱賀卽令赴朝參餘時弗入見示優禮也四年三月除匡國軍節度使陳許蔡觀察使仍令中書不議除替五代會要乾化元年正月敕云

許昌雄鎭太保韓建朕用以布政民耕盜止久居其位庶可勝殘矣宜令中書門下不計年月勿議替乾化二年六月朝廷新有
內難人心動搖部將張厚因作亂害建于衙署時年五十八子從訓昭宗在華
時授太子侍學賜名文禮尋拜屯田員外郎國初爲都官郎中賜紫年未弱冠
時朝廷命從訓告國哀于陳許至二日軍亂與建併命乾化三年追贈太師
李罕之陳州項城人父文世田家罕之拳勇趫捷力兼數人少學爲儒不成又
落髮爲僧以其無賴所至不容曾乞食于酸棗縣自旦至晡無與之者乃擲鉢
于地毀棄僧衣亡命爲盜會黃巢起曹濮罕之因合徒作剽漸至魁首及賊巢
渡江罕之因以兵將背賊歸于唐高駢錄其功表爲光州刺史歲餘爲蔡賊秦
宗權寇迫不能守乃棄郡歸項城收合餘衆依河陽諸葛爽爽署爲懷州刺史
光啓初僖宗以爽爲東南面招討以擊宗權爽乃表罕之爲副令將兵屯宋州
蔡寇兇燄日熾兵鋒不敵中和四年爽表罕之爲河南尹東都留守是歲李克
用脫上源之難斂軍西歸路由洛陽罕之迎謁供帳館待甚優因與克用厚相
結託時罕之有衆三千以聖善寺爲府光啓元年蔡賊秦宗權遣將孫儒來攻

罕之對壘數月以兵少備竭委城而遁西保于澠池蔡賊據京城月餘焚燒宮闕剽剝居民賊既退去鞠爲煨燼寂無雞犬之音罕之復引其衆築壘于市西明年冬諸葛爽死其將劉經推爽子仲方爲帥經懼罕之難制自引兵鎮洛陽罕之部曲有李瑭郭璆者情不相叶欲相圖害罕之怒誅璆軍情由是不睦劉經因其有間掩擊罕之于澠池軍亂保乾壕經急攻之爲罕之所敗罕之乘勝追至洛陽時經保敬愛寺罕之保苑中飛龍廏罕之激厲其衆攻敬愛寺數日因風縱火盡燔之經衆奔竄追斬殆盡罕之進逼河陽營于鞏縣陳舟于汜水將渡諸葛仲方遣將張言率師拒于河上時仲方年幼政在劉經諸將心多不附張言密與罕之修好經知其謀言懼引衆渡河歸罕之因合勢攻河陽爲經所敗罕之與言退保懷州冬蔡將孫儒陷河陽仲方汎輕舟來奔孫儒遂自稱節度使俄而蔡賊爲我軍所敗孫儒棄河陽歸蔡罕之與言收合其衆求援于太原李克用遣澤州刺史安金俊率騎助之遂收河陽克用表罕之爲節度同平章事又表言爲河南尹東都留守罕之既與言患難交契刻臂爲盟永同休

戚如張耳陳餘之義也罕之雖有膽決雄猜翻覆而撫民御衆無方略率多苛暴性復貪冒不得士心既得河陽出兵攻晉絳時大亂之後野無耕稼罕之部下以俘剽爲資啖人作食絳州刺史王友遇以城降罕之乃進攻晉州河中王重盈遣使求援于太祖時張言治軍有法善積聚勸于播植軍儲不乏言輸粟于罕之以給其軍罕之求索無限言頗苦之力不能應罕之則錄河南府吏笞責之東諸侯修貢行在多爲罕之邀留王重盈苦其侵削密結張言請圖之文德元年春會罕之盡出其衆攻平陽言夜出師掩擊河陽罕之無備單步僅免舉族爲言所俘罕之奔于太原李克用表爲澤州刺史仍領河陽節度使三月克用遣其將李存孝率師三萬助之來攻懷孟城中食盡備豫皆竭張言遣其孥入質且求救于太祖太祖遣葛從周牛存節赴之逆戰于流河店會晉將安休休以一軍奔于蔡存孝引軍而退罕之保于澤州自是罕之日以兵寇鈔懷孟晉絳數百里內郡邑無長吏閭里無居民河內百姓相結屯寨或出樵汲即爲俘馘雖奇峯絕磴梯危架險亦爲罕之部衆攻取先是蒲絳之間有山曰摩

雲邑人立柵于上以避寇亂罕之以百餘人攻下之軍中因爲之號曰李摩雲自是數州之民屠啖殆盡荊棘蔽野煙火斷絶凡十餘年乾寧二年李克用出師以拒邠鳳營于渭北天子以克用爲邠州行營四面都統克用乃表罕之爲副及誅王行瑜罕之以功授檢校太尉食邑千戶罕之自以功多私謂晉將蓋寓曰余自河陽失守來依巨廕歲月滋久功效未施比年已來倦于師旅所謂老夫耄矣無能爲也望吾王仁愍太傅哀憐與一小鎮休兵養疾一二年間卽歸老菟裘幸也寓爲言之克用不對每藩鎮缺帥議所不及罕之私心鬱鬱蓋寓懼其他圖亟爲論之克用曰吾于罕之豈惜一鎮吾有罕之亦如董卓之有呂布雄則雄矣鷹鳥之性飽則颺去實懼翻覆毒余也光化元年十二月晉之潞帥薛志勤卒罕之乘其喪自澤州率衆徑入潞州自稱留後以狀聞于克用曰聞志勤之喪新帥未至慮爲他盜所窺不俟命已屯于潞矣克用怒遣李昭嗣討之罕之執其守將馬溉伊鐸何萬友沁州刺史傅瑤等遣其子顥拘送于太祖以求援焉（新唐書全忠表罕之昭義軍節度使）會罕之暴病不能視事明年六月病篤太祖

令丁會代之移罕之爲河陽節度使行至懷州卒于傳舍時年五十八其子顥以舟載柩歸葬河陰縣開平二年春詔贈中書令

馮行襲字正臣武當人也歷職爲本郡都校中和中僖宗在蜀有賊首孫喜者聚徒數千人欲入武當刺史呂煜惶駭無策略行襲伏勇士于江南乘小舟逆喜謂喜曰郡人得良牧衆心歸矣但緣兵多民懼擄掠若駐軍江北領肘腋以赴之使某前導以慰安士民可立定也喜然之既渡江軍吏迎謁伏甲奮起行襲擊喜仆地仗劍斬之其黨盡殪賊衆在江北者悉奔潰山南節度使劉巨容以功上言尋授均州刺史州西有長山當襄漢蜀路羣賊屯據以邀劫貢奉行襲又破之洋州節度使葛佐奏辟爲行軍司馬請將兵鎮谷口通秦蜀道由是益知名李茂貞遣養子繼臻竊據金州行襲攻下之因授金州防禦使時興元楊守亮將襲京師道出金商行襲逆擊大破之詔升金州爲節鎮以戎昭軍爲額卽以行襲爲節度使及太祖義旗西征行襲遣副使魯崇矩稟受制令會唐昭宗幸鳳翔太祖帥師奉迎久之未出中尉韓全誨遣中官郄文晏等二十餘

人分命矯詔欲徵江淮兵屯于金州以脅太祖之軍行襲定策盡殺之收其詔敕送于太祖天祐元年兼領洋州節度使太祖之伐荆襄行襲令其子勛以舟師會于均房預收復功遷匡國軍節度使到任誅大吏張澄暴其罪州人莫不惴慴在許三年上供外別進助軍羨糧二十萬石及太祖郊禋行襲請入覲貢獻巨萬恩禮殊厚尋詔翰林學士杜曉撰德政碑以賜之累官至兼中書令冊拜司空開平中卒輟朝一日贈太傅謚曰忠敬行襲性嚴烈爲政深刻然所至有天幸境內嘗大蝗尋有羣烏啄食不爲害民或艱食必有穭穀出于壠畝雖威福在己而恆竭力以奉于王室故能保其功名行襲魁岸雄壯面有青誌當時目爲馮青面長子勛歷蘄沁二州刺史次子德晏仕至金吾將軍

孫德昭鹽州五原縣人世爲州校父惟晟有功于唐朝遙領荆南節度分判右神策軍事德昭藉父廕累職爲右神策軍都指揮使光化三年唐昭宗爲閹官所廢矯立德王時中外以權在禁闥莫能致討近藩朋附章表繼有至者丞相崔允外與太祖申結輔佐之好內遣心腹密講忠義有以事喻德昭者通鑑德昭常惋

憤不平崔允聞之遣判官石戩與之游德昭每酒酣必泣戩知其誠乃密以允意說之德昭感慨乃與本軍孫承誨董從實三人奮發應命誓圖返正崔又割衣手筆以通其志天復元年正月一日未旦逆竪左軍容劉季述早入德昭伏甲要路以俟追其前驅邀而斬之孫承誨等分捕左軍容王仲先黨伍唐昭宗方幽辱東內聞外喧大恐德昭馳至扣閤曰逆賊劉季述伏誅矣請上皇開鑰復皇帝位皇后何氏呼曰汝可進逆人首門乃可開俄而承誨從實俱以馘獻昭宗悲而嘉之于是丞相崔允奉迎御丹鳳樓率百辟待罪泣且奏曰臣居大位不能討奸賴東平王全忠首奮忠貞誅殺邸吏遂致德昭等擒戮妖逆再清禁闈即日議功以德昭爲檢校太保靜海軍節度使承誨邕州節度使從實容州節度使並同平章事錫姓李賜號扶傾濟難忠烈功臣圖形凌烟閣俱留京師錫賚宴賞之厚恩寵權倖之勢近代罕比其年十一月閹官韓全誨縱火脅昭宗西幸鳳翔承誨從實並變節爲中官所誘始欲驅擁百寮將圖出令而德昭獨按兵與太祖親吏婁敬思叶力衞丞相及文武百官與長安吏民保于街東免爲所劫太祖遣從事相繼勞問遺以

龍鳳劍鬭雞紗委令制輯于是百官次華州連狀請太祖迎奉及大旆入關德昭以軍禮上謁立道左太祖命左右扶騎控至長安賜與甚厚署權知同州節度留後將赴任復徇民請留充兩街制置使賜錢百萬德昭以本部兵八千人獻于太祖由是愈見賞重又賜甲第一區俾先還洛陽及昭宗東遷奏授左威衞上將軍以疾免歸于別墅太祖受禪以左領衞上將軍徵赴闕開平四年拜左金吾大將軍充街使末帝卽位俾將命于兩浙對見失儀不果行尋改授右武衞上將軍俄復左金吾大將軍卒于官詔贈太傅輟視朝一日天復初德昭與孫承誨董從實以返正功時人呼爲三使相恩澤俱冠世及承誨至鳳翔易名繼誨從實改名彥弼皆爲李茂貞所養後閹官之敗俱戮于京師惟德昭克全終始有所稱云

趙克裕河陽人也祖父皆爲軍吏克裕少爲牙將好讀書謹儀範牧伯皆奇待之累居右職擢爲虎牢關使光啓中蔡寇陷河陽克裕率所部歸于太祖隸于宣義軍太祖東征徐鄆克裕屢受指顧無不如意數年之內繼領亳鄭二州刺

史時關東藩鎮方爲蔡寇所毒黎元流散不能相保克裕妙有農戰之備復善于綏懷民賴而獲安者衆太祖表爲河陽節度使檢校右僕射尋移理許田入爲金吾衛大將軍檢校司空及太祖爲元帥以克裕爲元帥府左都押衙復統六軍兗州平命權知泰寧軍留後數月暴疾而卒開平初追贈太保

張慎思清河人自黃巢軍來歸累受軍職歷諸軍都指揮使從平巢蔡兗鄆皆著功表授檢校工部尚書兼宋州長史光化中加檢校右僕射權知亳州天復三年昭宗還長安以從太祖迎駕功賜號迎鑾毅勇功臣尋除汝州防禦使天祐元年授左龍武統軍其冬除許州匡國軍節度使明年十一月權知徐州武寧軍兩使留後太祖受禪入爲左金吾大將軍開平二年除宋州刺史未幾復拜左金吾大將軍三年冬除蔡州刺史以貪貨大失民情詔追赴闕未幾扈從北征還以疾臥洛陽之私第馭家不肅爲其子所弒

史臣曰韓建遇唐朝之衰運據潼關之要地不能藩屏王室翻務翦喪宗枝雖有阜俗之能何補不臣之咎罕之負驍雄之氣蓄向背之謀武皇比之呂布斯

知人矣行襲勵納忠之節德昭立反正之功俱善其終固其宜矣克裕而下無譏可也

舊五代史卷十五

舊五代史卷十五考證

梁列傳五韓建傳又害太子詹事馬道殷將作監許巖士　案新唐書昭宗紀

正月乙酉韓建殺扈蹕都將李筠二月殺太子詹事馬道殷將作監許巖士

八月殺通王滋沂王禋韶王彭王嗣韓王嗣陳王嗣覃王嗣周王嗣延王戒

丕嗣丹王允通鑑與新唐書同是書以殺李筠爲二月事以殺馬道殷許巖

士爲八月事蓋本于舊唐書昭宗紀

李罕之傳伊鐸　案歐陽史作伊鐔

遣其子顥　案歐陽史作遣子頎

馮行襲傳尋授均州刺史　案新唐書本紀光啓元年四月武當賊馮行襲陷

均州逐其刺史呂燁蓋行襲既殪孫喜遂自據其郡也是書作中和閒事與

唐書異歐陽史仍從是書

孫德昭傳父惟晸有功于唐朝　案惟晸歐陽史作惟勗考新唐書亦作惟晸

今仍其舊

乃與本軍孫承誨董從實三人　案孫承誨董從實新舊唐書並作周承誨董
彥弼考承誨姓周與孫未知孰是從實改名彥弼見本傳後文歐陽史與是
書同
趙克裕傳尋移理許田　案克裕移理許田是書未明言其故新唐書本紀朱
全忠陷孟州逐河陽節度使趙克裕據通鑑則克裕移鎮因梁祖欲以張全
義領河陽也新唐書所紀疑非事實

舊五代史卷十五考證

舊五代史卷十六

宋門下侍郎參知政事監修國史薛居正等撰

梁書第十六

列傳六

葛從周字通美濮州鄄城人也曾祖阮祖遇賢父簡累贈兵部尚書從周少豁達有智略初入黃巢軍漸至軍校唐中和四年三月太祖大破巢軍于王滿渡從周與霍存張歸霸昆弟相率來降七月從太祖屯兵于西華破蔡賊王夏寨太祖臨陣馬踣賊衆來追甚急從周扶太祖上馬與賊軍格鬬傷面矢中于肱身被數槍奮命以衞太祖賴張延壽迴馬轉鬬從周與太祖俱免退軍溵水諸將並削職惟擢從周延壽爲大校其後入長葛靈井大敗蔡賊至斤溝淝河殺鐵林三千人獲九寨都虞候王涓太祖遣郭言募兵于陝州有黃花子賊據于温谷從周擊破之又破秦賢之衆于滎陽壽佐朱珍收兵于淄青間時兗州齊克護軍于任城從周敗之擒其將呂全真淄人不受制復與之戰獲其驍將聳

約會青州以步騎萬餘人列三寨于金嶺以扼要害從周與朱珍大殲其衆擄其將楊昭範五人而還至大梁不解甲徑至板橋擊蔡賊破盧瑭寨瑭自溺而死又于赤堈殺蔡軍二萬餘人從討謝殷于亳州擒之迴襲曹州擄刺史丘宏禮以歸與兗鄆軍遇于臨濮之劉橋殺數萬人朱瑄朱瑾僅以身免擒都將鄒務卿已下五十人從太祖至范縣復與朱瑄戰擄尹萬榮等三人遂平濮州未幾與朱珍擊蔡賊于陳亳間獲都將石璠文德元年魏博軍亂樂從訓來告急從太祖渡河拔黎陽李固臨河等鎮至內黃破魏軍萬餘衆獲其將周儒等十人李罕之引幷人圍張全義于河陽從周與丁會張存敬牛存節率兵赴援大破幷軍殺蕃漢二萬人解河陽之圍以功表授檢校工部尚書從朱珍討徐州拔豐縣敗時溥于吳康得其輜重加檢校刑部尚書佐龐師古討孫儒于淮南略地至廬壽滁等州下天長高郵破邵伯堰迴軍攻濠州殺刺史魏勳得餉船十艘大順元年八月幷帥圍潞州太祖遣從周率敢死之士夜銜枚犯圍而入會王師不利于馬牢川卽棄上黨而歸其年十二月與丁會諸將討魏州連收

十邑明年正月大破魏軍于永定橋魏軍五敗斬首萬餘級十月佐丁會攻宿州從周壅水灌其城刺史張筠以郡降從討兗州破朱瑾之軍于馬溝景福二年二月與諸將大破徐兗之兵于石佛山八月與龐師古同攻兗州乾寧元年三月軍至新泰縣朱瑾令都將張約李胡椒率三千人來拒戰師古遣從周張存敬掩襲生擒張約李胡椒等都將數十人二年十月圍兗州兗人不出從周詐揚言幷人鄆人來救卽引軍趨高吳夜半卻潛歸寨朱瑾果出兵攻外壕我軍士突出掩殺千餘人生擒都將張漢筠從周累立戰功自懷州刺史歷曹宿二州刺史累遷檢校左僕射三年五月幷帥以大軍侵魏遣其子落落率二千騎屯洹水從周以馬步二千人擊之殺戮殆盡擒落落于陣幷帥號泣而去遂自洹水與龐師古渡河擊鄆四年正月下之從周乘勝伐兗會朱瑾出師在徐境其將康懷英以城降以功授兗州留後檢校司空（玉堂閒話云葛侍中鎮兗之日威名著于敵中河北諺曰山東一條葛無事莫撩撥）復領兵萬餘人渡淮討楊行密至濠州聞龐師古清口之敗遽班師光化元年四月率師經略山東時幷帥以大軍屯邢洺從周至鉅鹿與幷

軍遇大破之幷帥遁走我軍追襲至青山口數日之內邢洺磁三州連下斬首二萬級獲將吏一百五十人卽以從周兼領邢州留後十月復破幷軍五千騎于張公橋晉將李嗣昭急攻邢州陣于城門外從周大破之擒蕃將賁金鐵慕容騰百餘人二年春幽州劉仁恭率軍十萬寇魏州屠貝郡從周自邢臺馳入魏州燕軍突上水關攻館陶門從周與賀德倫率五百騎出戰謂門者曰前有敵不可返顧命闔其門從周等極力死戰大敗燕人擒都將薛突厥王郃郎等翼日破其八寨追擊至臨清劉仁恭走滄州從周授宣義軍行軍司馬五月幷人討李罕之于潞州太祖以丁會代罕之令從周馳入上黨七月幷人陷澤州太祖召從周令賀德倫守潞州德倫等尋棄城而歸三年四月領軍討滄州先攻德州下之及進攻浮陽幽州劉仁恭大舉來援時都監蔣元暉謂諸將曰吾王命我護軍志在攻取今燕帥來赴不可迎戰當縱其入壁聚食困廩力屈糧盡必可取也從周對曰兵在機機在上將非督護所言也乃令張存敬氏叔琮守其寨從周逆戰于乾寧軍老鵶堤大破燕軍斬首三萬獲將佐馬愼交已下

百餘人奪馬三千匹八月并人攻邢洺從太祖破之從周追襲至青山口斬首五千級獲其將王郃郎楊師悅等得馬千匹表授檢校太保兼徐州兩使留後尋爲兗州節度使天復元年三月與氏叔琮討太原從周以兗鄆之衆自土門路入與諸將會于晉陽城下以糧運不給班師頃之從周染疾會青州將劉鄩陷兗州太祖命討之遂力疾臨戎三年十一月鄩舉城降以功授檢校太傅太祖以從周抱疾既久命康懷英代之授左金吾上將軍以風恙不任朝謁改右衞上將軍致仕養疾偃師縣亳邑鄉之別墅頃之授太子太師依前致仕末帝即位制授潞州節度使令坐食其俸加開封儀同三司檢校太師兼侍中封陳留郡王累食邑至七千戶命近臣賚旌節就別墅以賜之貞明初卒于家冊贈太尉

謝彥章許州人幼事從周爲養父從周憐其敏慧教以兵法常以千錢于大盤中布其行陣偏伍之狀示以出沒進退之節彥章盡得其訣及壯事太祖爲騎將末帝嗣位用爲兩京馬軍都軍使累與晉軍接戰有功尋領河陽節度使及

從周卒臨喪行服躬預葬事時人義之彥章後爲許州節度使檢校太傅貞明四年冬滑州節度使賀瓌爲北面招討使彥章爲排陣使同領大軍駐于行臺寨與晉人對壘彥章時領騎軍與之挑戰晉人或望我軍行陣整肅則相謂曰必兩京太傅在此也不敢以名呼其爲敵人所憚如此是時咸謂賀瓌能將步軍彥章能領騎士既名聲相軋故瓌心忌之一日與瓌同設伏于郊外瓌指一方地謂彥章曰此地岡阜隆起中央坦夷好列柵之所尋而晉人舍之故瓌疑彥章與晉人通又瓌欲速戰彥章欲持重以老敵人瓌益疑之會爲行營馬步都虞候朱珪所誣瓌遂與珪協謀因享士伏甲以殺彥章及濮州刺史孟審澄別將侯溫裕等于軍以謀叛聞晉王聞之喜曰彼將帥如是亡無日矣審澄溫裕亦善將騎軍然所領不過三千騎多而益辦惟彥章有焉將略之外好優禮儒士與晉人對壘于河上恆褒衣博帶動皆由禮或臨敵御衆則肅然有上將之威每敦陣整旅左旋右抽雖風馳雨驟亦無以喻其迅捷也故當時騎士咸樂爲用及其遇害人皆惜之

胡真江陵人也體貌洪壯長七尺善騎射少爲縣吏及在巢寇中寇推爲名將隨巢涉淮浙陷許洛入長安及太祖以衆歸唐真時爲元從都將通鑑云温見巢兵勢日蹙知其將亡親將胡真謝瞳勸温歸國從至梁苑表授檢校刑部尚書頻從破巢蔡于陳鄭間尋以奇兵襲取滑州乃署爲滑州節度留後復表爲鄭滑節度使檢校右僕射數年徵爲右金吾衛大將軍俄拜寧遠軍節度使容州刺史檢校太保卒贈太傅

張歸霸字正臣清河人祖進言陽穀令父實亦有宦緒少倜儻好兵術唐乾符中寇盜蜂起歸霸率昆弟三人棄家投黃巢頗以勇略聞巢陷長安遂署爲左番功臣中和中巢領徒走宛丘時太祖在汴奉詔南討巢黨日窘歸霸昆仲與葛從周李讜等相率來降尋補宣武軍劇職光啓二年與蔡將張存戰于盧氏三年夏又與蔡將盧瑭戰于雙邱復與秦宗賢戰于萬勝皆敗而殲之翼日宗權遣將張郅來寇列寨于赤堈一日出騎將較勝歸霸爲飛戈所中卽拔馬卻逸控弦一發賊洞頸而墜遂兼騎而還太祖時于高邱下瞰備見其狀面加賞激厚以金帛及所獲馬錫之又嘗被命以控弦之士五百人伏于壕內太祖統

數百騎稍逼其寨蔡人果以銳士摩壘來追歸霸發伏兵掩殺千餘人奪馬數
十匹尋奏授檢校左散騎常侍其後從太祖伐鄆副李唐賓渡淮咸著奇績文
德初大軍臨蔡州賊將蕭顯來斫寨歸霸與徐懷玉各以所領兵自東南二扉
分出合勢殺賊蔡人大敗及太祖振衆離營寇壘已息太祖召至賞之曰昔耿
弇不俟光武擊張步言不以賊遺君父弇之功爾其二焉大順中郭紹賓拔曹
州歸霸提兵數千守之俄而朱瑾統大軍自至歸霸與丁會逆擊之于金鄉瑾
大敗擒賊將宗江等七十餘人曹州以寧明年破濮州生擒刺史邵儒又佐葛
從周與晉軍戰于洹水生獲克用愛子落落復與燕人戰于內黃殺仁恭兵三
萬餘衆戎績超特居諸將之右累官至檢校左僕射光化二年權知邢州事明
年春李嗣昭以蕃漢五萬來寇歸霸堅壁設備晉軍不敢顧其城遂移軍攻洺
州陷焉時太祖在滑頗慮邢之失守及葛從周復洺嗣昭北遁歸霸出兵襲之
殺二萬餘衆捷至賞錫殊等旋以功奏加檢校司空天祐初遷萊州刺史秩滿
授左衛上將軍又除曹州刺史其秋加檢校司徒副劉知俊禦邠鳳之寇敗之

太祖受禪拜右龍虎統軍改左驍衛上將軍充河陽諸軍都指揮使明年夏六月就除河陽節度使檢校太保尋加同平章事二年秋七月卒于位詔贈太傅梁末帝德妃張氏卽歸霸女也末帝嗣位以歸霸子漢鼎漢傑並爲近職漢鼎早亡漢傑貞明中爲控鶴指揮使領兵討惠王于陳州擒之當貞明龍德之際漢傑昆仲分掌權要藩鎮除拜多出其門段凝因之遂竊兵柄及莊宗入汴漢傑與兄漢倫弟漢融同日伏誅于汴橋下

張歸厚字德坤通鑑考異引梁功臣列傳云歸厚祖與父處讓少驍勇有機略尤長于弓槊之用中和末與兄歸霸自巢軍相率來降太祖署爲軍校時淮西兵力方壯太祖之師尚寡歸厚以少擊衆往無不捷光啓三年春與秦宗賢戰于萬勝大破之其夏蔡將張晊以數萬衆屯于赤堈歸厚嘗與晊單騎鬭于陣晊不能支而奔師徒乘此大捷太祖大悅立署爲騎軍長仍以鞍馬器幣錫之及佐朱珍討時溥寨于豐蕭之間歸厚乘徐壘如行坦途甚爲諸將歎伏龍紀初奏還檢校工部尚書其年冬復伐徐歸厚以偏師逕進至九里山下與徐兵遇時我之叛將陳璠在

賊陣中歸厚忽見之因嗔目大罵單馬直往期于必取會飛矢中左目而退徐戎甚衆莫敢追之大順元年奏加檢校兵部尚書又命統親軍是歲郴王遷寨未知所往忽逢兗鄆賊寇甚衆太祖亟登道左高阜以觀之命歸厚領所部廳子馬直突之出沒二十餘合賊大敗將北而救軍雲至歸厚卽綴賊苦戰請太祖以數十騎先還時歸厚所乘馬中流矢而踣乃持槊步鬬漸退賊不敢逼太祖至寨亟命張筠劉儒飛騎來迎然謂已歿矣歸厚體被二十餘箭尚復拒戰筠等既至賊解乃歸太祖見之撫背泣下曰得歸厚身全縱廣喪戎馬何足計乎便令肩舁歸汴曰降問賚恩旨甚厚尋遷中軍指揮使景福初從太祖伐鄆帝軍不利太祖爲寇所逼歸厚殿馬翼衛左右馳射矢發如雨賊騎千百披靡而退明年與葛從周禦晉軍于洹水殊績尤著詔加檢校右僕射其後討滄州復洺州咸以功聞太祖錄其勳命權知洺州事是郡嘗兩爲晉人所陷井邑蕭條歸厚撫之數月之內民庶翕然太祖自鎮定還覩其緝理之政大喜賞之天復元年冬真拜洺州刺史加檢校左僕射尋授絳州刺史三年秋改晉州刺史

仍檢校司空唐帝遷都洛陽除右神武統軍天祐二年改左羽林統軍與徐懷玉同守澤州時晉軍五萬來攻郡中戎士甚寡歸厚極力拒守幷軍乃還太祖受禪加檢校司空開平二年夏劉知俊以同州叛歸厚副楊師厚劉鄩等討平之秋軍還授亳州團練使乾化二年拜鎮國軍節度使陝虢等州觀察處置等使明年夏以疾卒于位贈太師子漢卿

張歸弁字從冕始與其兄歸霸歸厚同歸于太祖得署爲牙校時太祖初鎮宣武屢命歸弁結好于近境頗得行人之儀乾寧中以偏師佐葛從周禦幷軍于洹水光啓中又佐張存敬與燕人戰于內黃積前後功表授檢校工部尚書大順初攻討兗鄆命歸弁佐衡王友謙屯單父軍聲大振尋爲齊州指揮使屬青帥王師範叛遣將詐爲賈人挽車數十乘匿兵器于其中將謀竊發歸弁察而擒之州城以寧明年春青寇大舉來伐州兵既寡民意頗搖有本郡都將康文爽等三人欲謀外應卽時擒獲誅之人心遂定歸弁又罄發私帑賞給士伍青人遂遁青州平超加檢校右僕射遙領愛州刺史從征荊襄迴轉檢校左僕射

天祐三年春太祖入魏誅牙軍魏之郡邑多叛歸弁與諸將等分布攻討封境悉平而歸弁于高唐攻賊太猛飛矢中于臆太祖嘉之命賜鞍勒馬一匹金帶一條夏五月命權知晉州冬十一月真授晉州刺史加檢校司空太祖受禪改滑州長劍指揮使開平二年秋九月弁軍圍平陽詔歸弁統兵救之軍至解其圍加檢校司徒三年春三月寢疾卒于滑州之私第子漢融

史臣曰從周以驍武之才事雄猜之主而能取功名于馬上啓手足于牖下靜而言之斯爲賢矣彥章蔚有將才死于讒口身既歿矣國亦隨之惜哉歸霸昆仲皆脫身于巨盜之流宣力于興王之運由介胄而析圭爵可不謂壯夫與

舊五代史卷十六

舊五代史卷十六考證

梁書列傳六葛從周傳破蔡賊王夏寨　王夏原本作五夏今據通鑑改正

從周詐揚言幷人鄆人來救　案通鑑朱瑄朱瑾告急于河東李克用遣大將史儼李承嗣將數千騎假道于魏以救之是河東實遣師來援非從周詐言也此蓋覘知兗人告急乘幷師尚未至乃揚言已至多方以誤之耳又本紀作十二月此作十月辨正已見本紀

養疾偃師縣亳邑鄉之別墅　別墅原本作別墪今改正

謝彥章傳必兩京太傅在此也　兩京原本作西京今據通鑑改正

張歸霸傳歸霸爲飛戈所中　飛戈歐陽史作飛矢

張歸厚傳命歸厚領所部廳子馬　廳子馬原本作厲子馬考通鑑注廳子都係當時軍旅之名今改正

與葛從周禦晉軍于洹水　葛從周原本作郭從周今據通鑑改正

舊五代史卷十六考證

舊五代史卷十七

宋門下侍郎參知政事監修國史薛居正等撰

梁書第十七

列傳七

成汭淮西人少年任俠乘醉殺人爲讎家所捕因落髮爲僧冒姓郭氏（新唐書云入蔡賊中爲賊帥假子更姓名爲郭禹）亡匿久之及貴方復本姓唐僖宗朝爲蔡州軍校領本郡兵戍荊南帥以其凶暴欲害之遂棄本軍奔于秭歸一夕巨蛇繞其身幾至于殞乃祝曰苟有所負死生惟命逡巡蛇亦解去後據歸州招集流亡練士伍得兵千餘人沿流以襲荊南遂據其地朝廷卽以旄鉞受之是時荊州經巨盜之後居民才一十七家汭撫輯凋殘勵精爲理通商訓農勤于惠養比及末年僅及萬戸汭性豪暴事皆意斷又好自矜伐騁辯凌人深爲識者所鄙初澧朗二州本屬荊南乾寧中爲土豪雷滿所據汭奏請割隸唐宰相徐彥若執而不行汭由是銜之及彥若出鎮南海路過江陵汭雖加延接而猶怏怏嘗因對酒語及

其事彥若曰令公位尊方面自比桓文雷滿者偏州一草賊爾令公盍加兵而反怨朝廷乎汭赧然而屈（案以下有闕文）累官至檢校太尉封上谷郡王楊行密以兵圍鄂州汭出師以援鄂淮寇乘之以火焚其艦汭投江而死天祐三年夏太祖以汭歿于王事上表于唐帝請爲汭立廟于荊門優詔可之（五代史補鄭準不知何許人性諒直能爲文長于箋奏成汭鎮荊南辟爲推官汭嘗讎殺人懼爲吏所捕改姓郭氏及爲荊南節度使命準爲表乞歸本姓準援筆而成其略云臣門非冠蓋家本軍戎親朋之內盱睢爲人報怨昆弟之間點染無處求生背故國以狐疑望鄰封而鼠竄名非霸越乘舟難效于陶朱志切投秦出境遂稱于張祿又云成爲本姓郭乃冒稱本避犯禁之辜敢歸司寇別族受封之典誠愧諸侯伏乞聖慈許歸本姓云云其表甚爲朝廷所重後因汭生辰淮南楊行密遣使致禮幣之外仍貺初學記一部準忿然以爲不可謂汭曰夫初學記蓋訓童之書爾今敵國交聘以此書爲貺得非相輕之甚耶宜書責讓汭不納準自歎曰若然見輕敵國足彰幕府之無人也參佐無狀安可久遽請解職汭怒其去潛使人于途中殺之）

杜洪者江夏伶人鍾傳者豫章小校唐光啓中秦宗權凶焰颷起屢擾江淮郡將不能城守洪傳各爲部校因戰立威逐其廉使自稱留後朝廷因而命之（新唐書光啓二年洪乘虛入鄂自爲節度留後傳宗即拜本軍節度使中和三年傳逐江西觀察使高茂卿遂有洪州僖宗擢傳江西團練使俄拜鎮南節度使）及爲楊行密所攻洪傳首尾相應皆遣求援于太祖太祖遣朱友恭赴之大破

淮寇于武昌二鎮稍寧及行密乘勝急攻洪鄂洪復乞師于太祖太祖命荆南成汭率荆襄舟師以赴之未至夏口汭敗溺死淮人遂陷鄂州洪爲其擒被害于廣陵市時唐天復二年也九國志劉存傳存急焚鄂州城樓梁援兵將突圍而出諸將欲急擊之存曰擊之賊必復入復入則城愈固矣不若聽其遁去諸將皆曰善是日城陷擒杜洪父子斬于廣陵市天祐三年夏太祖表請爲洪立廟于其鎮優詔可之太祖卽位詔贈太傅先是鍾傳卒于江西其子繼之傳九國志秦裴天祐三年洪州鍾傳卒州人立其子匡時江州刺史延規傳之養子忿不得立以其郡納款因授裴西南面行營招討使攻匡時城陷擒匡時以獻尋爲楊行密所敗其地亦入于淮夷五代史補鍾傳雖起于商販尤好學重士時江西上流有名第者多因傳薦四遠騰然謂之曰英明諸葛浩素有詞學嘗爲泗州館驛巡官仰傳之風因擇其所行事赫赫可稱者十條列于啓事以投之十啓凡五千字皆文理典贍傳覽之驚嘆謂賓佐曰此啓事每一字可以千錢酬之遂以五千貫贈仍辟在幕下其激勸如此上藍和尚失其名居于洪州上藍院精究術數大爲鍾傳所禮一旦疾篤往省之且曰老夫于和尚可謂無間矣和尚或不諱得無一言相付耶上藍强起索筆作偈以授其末云但看來年二三月柳條堪作打鐘槌偈終而卒傳得之不能測洎明年春淮帥引兵奄至洪州陷江南遂爲楊氏有打鐘之偈人始悟焉

田頵本揚府之大校也九國志頵字德臣廬州合肥人朱延壽不知何許人九國志延壽廬州舒城人唐天祐初楊行密雄據淮海時頵爲宣州節度使延壽爲州刺史頵以行密專恣跋

扆嘗移書諷之曰侯王守方以奉天子古之制也其或踰越者譬如百川不朝于海雖狂奔猛注澶漫遐廣終爲涸土不若恬然順流淼茫無窮也况東南之鎭揚爲大塵賤刀布阜積金玉願公上恆賦顥將悉儲峙具單車從行密怒曰今財賦之行必由于汴適足以資于敵也不從時延壽方守壽春九國志天復初北司擁駕西幸昭宗聞延壽有武幹遣李儼間道齎詔授延壽蔡州節度使直顥之事密遣人告于顥曰公有所欲爲者願爲公執鞭顥聞之頗會其志乃召進士杜荀鶴具述其意復語曰昌本朝奉盟主在斯一舉矣卽遣荀鶴具述密議自閒道至大梁太祖大悅遽屯兵于宿州以會其變不數月事微洩行密乃先以公牒徵延壽新唐書行密妻延壽姊也遣辯士召延壽疑不肯赴姊遣婢報故延壽疾走揚州次悉兵攻宣城顥戎力寡薄棄壁走不能越境爲行密軍所得九國志行密別遣臺濛王茂章率步騎以往顥委舟師于汪建王壇自出廣德迎戰大爲濛所敗遂率殘衆遁保宛陵壇建聞其敗因盡以舟師歸款于行密十二月顥出外州柵疾戰橋陷馬墜爲外軍所殺延壽飛騎赴命邇揚州一舍行密使人殺之其後延壽部曲有逸境至者具言其事又云延壽之將行也其室王氏勉延壽曰今若得兵柄果成大志是吉凶繫乎時非繫于吾家也然願日致一介以寧所懷

一日介不至王氏曰事可知矣乃部分家屬悉授兵器遽闔中扉而捕騎已至不得入遂集家屬阜私帑發百燎合州廨焚之既而稽首上告曰妾誓不以皎然之軀爲讎者所辱乃投火而死五代史補楊行密據淮南以妻弟朱氏衆謂之朱三郎者行密署爲泗州防禦使泗州素屯軍朱氏驍勇到任恃衆自負行密雖悔度力未能制但姑息之時議以謂行密事勢去矣居無何行密得目疾雖瘉且詐稱失明其出入皆以人扶策不爾則觸牆抵柱至于流血姬妾僕隸以爲實然往往無禮首尾僅三年朱氏聞之信而少懈弛行密度其計必中謂妻曰吾不幸臨老兩目如此男女卑幼苟不諱則國家爲他人所有今晝夜思忖不如召泗州三舅來使管句軍府事則吾雖死無恨妻以爲然遽發使述其意而召之朱氏大喜倍道而行及入謁行密恐其覺坐于中堂以家人禮見朱氏頗有德色方設拜行密奮袖中鐵槌以擊之正中其首然猶宛轉號叫久而方斃行密內外不測卽時升堂聽召將吏等謂之曰吾所以兩目失明者蓋爲朱三此賊今已擊殺兩目無事矣諸公知之否于是軍府大駭其僕妾嘗所無禮者皆自殺初行密之在民間也嘗爲合肥縣手力有過縣令將鞭之行密懼且拜會有客自外入見行密每拜則廳之前簷皆叩地而令不之覺客知其非常乃遽升堂揖令于他處告以所見令驚遂恕之且勸事郡以自奮行密度本郡不足依乃投高駢駢死秦彥孫儒等作亂行密連誅之遂有淮南之地

趙匡凝新唐書匡凝字光儀蔡州人也父德諲初事秦宗權爲列校當宗權強暴時表爲襄州留後唐光啓四年夏六月德諲審宗權必敗乃舉漢南之地以歸唐朝仍遣使投分于太祖兼誓戮力同討宗權時太祖爲蔡州四面行營都統使乃表

德諲爲副仍領襄州節度使蔡州平以功累加官爵封淮安王匡凝以父功爲
唐州刺史兼七州馬步軍都校及德諲卒匡凝自爲襄州留後朝廷卽以旄鉞
授之作鎭數年甚有威惠累官至檢校太尉兼中書令匡凝氣貌甚偉好自修
飾每整衣冠必使人持巨鑑前後照之對客之際烏巾上微覺有塵卽令侍妓
持紅拂以去之人有誤犯其家諱者往往遭其檟楚其方嚴也如是光化初匡
凝以太祖有淸口之敗密附于淮夷太祖遣氏叔琮率師伐之未幾其泌州刺
史趙璠越墉來降隨州刺史趙匡璘臨陣就擒俄而康懷英攻下鄧州匡凝懼
遣使乞盟太祖許之自是附庸于太祖及成汭敗于鄂州匡凝表其弟匡明爲
荊南留後是時唐室微弱諸道常賦多不上供惟匡凝昆仲雖強據江山然盡
忠帝室貢賦不絕太祖將期受禪以匡凝兄弟並據藩鎭乃遣使先諭旨焉匡
凝對使者流涕答以受國恩深豈敢隨時妄有他志使者復命太祖大怒天祐
二年秋七月遣楊師厚率師討之八月太祖親領大軍南征仍請削匡凝在身
官爵及師厚濟江匡凝以兵數萬逆戰大爲師厚所敗匡凝乃燔其舟單舸急

棹沿漢而遁于金陵後卒于淮南新唐書云師厚繇陰谷伐木為梁匡凝以兵二萬瀕江戰大敗乃燔舟單舸夜奔揚州行密見之曰君在鎮輕車重馬輸于賊今敗乃歸我耶匡明亦謀奔淮南子承規諫曰昔諸葛兄弟分仕二國若適揚州是自取疑也匡明乃趣成都歐陽史云行密厚遇匡凝其後行密死楊渥稍不禮渥方宴食青梅匡凝顧渥曰勿多食發小兒熱諸將以為慢渥遷匡凝海陵後為徐溫所殺初匡凝好聚書及敗楊師厚獲千卷于第悉以來獻匡凝弟匡明字贊堯幼以父貴一子出身為江陵府文學及壯以軍功歷繡峽二州刺史成汭之敗其兄匡凝表為荊南留後未至鎮而朗陵之兵先據其城矣匡明領兵逐之遂鎮于渚宮天祐二年秋太祖既平襄州遣楊師厚乘勝以趨荊門匡明懼乃舉族上峽奔蜀王建待以賓禮及建稱帝用為大理卿工部尚書久之卒于蜀

張佶不知何郡人也九國志佶京兆長安人乾寧初以明經中第累遷宣州從事復為秦宗權行軍司馬後與劉建峯據湖南推建峯為帥唐乾寧初劉建峯據湖南獨邵州不賓命都將馬殷討之期歲未尅而建峯為部下所殺軍亂鄰寇且至是時佶為行軍司馬屬潭人謀帥曰張行軍即所奉也佶不得已而視事旬日之間威聲大振寇亦解去九國志建峯將吏推佶為帥佶將入府常所乘馬忽爾蹼齧不止正中佶髀佶謂將吏曰吾非汝主當迎馬公為之乃謂將吏曰佶才能不如馬公況朝廷重藩

非其人不可因以牘召殷亦不疑稟命而至佶受拜謁禮畢命升階讓殷爲帥佶即趨下率衆抃賀乃自請率師代殷攻邵州下之復爲行軍司馬垂二十年殷果立大勳甚德佶開平初殷表佶爲朗州永順軍節度使累加檢校太傅同平章事乾化元年夏四月卒于位九國志乾化初移鎮桂林卒于治所詔贈侍中

雷滿新唐書滿字秉仁武陵洞蠻也始爲朗州小校唐廣明初王仙芝焚劫江陵是時朝廷以高駢爲節度使駢擢滿爲裨將以領蠻軍駢移鎮淮南復隸部曲以悍獷趫健知名中和初擅率部兵自廣陵逃歸于朗沿江恣殘暴始爲荊人大患矣率一歲中三四移兵入其郛焚蕩驅掠而去唐朝姑務息兵即以澧朗節度使授之累官至檢校太傅同平章事滿貪穢慘毒蓋非人類又嘗于府署濬一深潭構大亭于其上每鄰道使車經由必召讌于中且言此水府也中有蛟龍奇怪萬態惟余能游焉或酒酣對客即取筵中寶器亂擲于潭中因自褫其衣裸露其文身遽躍入水底徧取所擲寶器戲弄于水面久之方出復整衣就座其詭誕如此及死子彥恭繼之新唐書滿以天復元年卒子彥威自立弟彥恭結忠義節度使趙匡凝以逐彥威蠻蜒

狡獪深有父風燼墟落榜舟檝上下于南郡武昌之間殆無人矣又與淮蜀結連阻絕王命太祖詔湖南節度使馬殷荆南節度使高季昌練精兵五千遣將倪可福統之下澧州與潭兵合先是滿塹沅江以周其壘門臨長橋勢不可入殷極其兵力攻圍周歲彥恭食盡兵敗間使求救于淮夷及淮軍來援高季昌逆戰于治津馬頭岸大破之俄而攻陷朗州彥恭單棹遁去馬殷擒其弟彥雄及逆黨七人械送至闕皆斬于汴橋下時開平二年十一月也

史臣曰成汭鍾杜田朱之流皆因否運雄據大藩雖無濟代之勞且有勤王之節功雖不就志亦可嘉若較其誠明則田頵延壽斯爲優矣匡凝一門昆仲千里江山失守藩垣不克負荷斯乃劉景升之子之徒歟張佶有讓帥之賢雷滿辱俾侯之寄優劣可知矣

舊五代史卷十七

舊五代史卷十七考證

梁列傳七成汭傳唐宰相徐彥若　彥若原本作產若今據新唐書改正

田頵傳延壽適揚州一舍行密使人殺之　案九國志行密迎至寢門使人刺殺之新唐書從九國志是書以爲揚州見殺五代史補又以爲行密自奮鐵椎殺之傳聞各異

雷滿傳彥恭單棹遁去　案通鑑考異引梁太祖實錄云彥恭沒溺于江通鑑從紀年錄作奔廣陵歐陽史與通鑑同

舊五代史卷十七考證

舊五代史卷十八

宋門下侍郎參知政事監修國史薛居正等撰

梁書第十八

列傳八

張文蔚字右華河間人也父裼唐僖宗朝累爲顯官文蔚幼礪文行求知取友藹然有佳士之稱唐乾符初登進士第時丞相裴坦兼判鹽鐵解褐署巡官未幾以畿尉直館丁家艱以孝聞中和歲僖宗在蜀大寇未滅急于軍費移鹽鐵于揚州命李都就判之奏爲轉運巡官駕還長安除監察御史遷左補闕侍御史起居舍人司勳吏部員外郎拜司勳郎中知制誥歲滿授中書舍人丁母憂退居東畿哀毀過禮服闋復拜中書舍人俄召入翰林爲承旨學士屬昭宗初還京闕皇綱寖微文蔚所發詔令靡失厥中論者多之轉戶部侍郎仍依前充職尋出爲禮部侍郎天祐元年夏拜中書侍郎平章事兼判戶部時柳璨在相位擅權縱暴傾陷賢儁宰相裴樞等五家及三省而下三十餘人咸抱寃就死

搢紳以目不敢竊語其是非餘怒所注亦不啻十許輩文蔚殫其力解之乃止
士人賴焉璨敗死文蔚兼度支鹽鐵使天祐四年天子以土運將革天命有歸
四月命文蔚與楊涉等總率百僚奉禪位詔至大梁太祖受命文蔚等不易其
位開平二年春暴卒于位詔贈右僕射文蔚沈邃重厚有大臣之風居家孝且
悌雖位至清顯與仲季相雜在太夫人膝下一不異布素弟濟美早得心恙（北夢瑣言云張禓尚書有五子文蔚彝憲濟美仁龜皆有名第至宰輔丞郎內一子忘其名少年聞壁魚食神仙字身有五色呑之可得仙因欲試之遂致心疾）
文蔚撫視殆三十年士君子稱之子鑄周顯德中位至祕書監
薛貽矩字熙用河東聞喜人祖存父廷望咸有令名貽矩風儀秀聳其與游者
皆一時英妙藉甚于文場間唐乾符中登進士第歷度支巡官集賢校理拾遺
殿中起居舍人召拜翰林學士加禮部員外郎知制誥轉司勳郎中其職如故
乾寧中天子幸石門貽矩以私屬相失不及于行在罷之旋除中書舍人再踐
內署歷戶部兵部侍郎學士承旨及昭宗自鳳翔還京大翦閹寺貽矩尙爲韓
全誨等作畫贊悉記于內侍省屋壁間坐是謫官天祐初除吏部侍郎不至太

祖素重之嘗言之于朝卽日拜吏部尚書俄遷御史大夫四年春唐帝命貽矩持詔赴大梁議禪代之事貽矩至盛稱太祖功德請就北面之禮太祖雖謙抑不納待之甚至受禪之歲夏五月拜中書侍郎平章事兼判戶部明年夏進拜門下侍郎監修國史判度支又遷宏文館大學士充鹽鐵轉運使累官自僕射至守司空在位緣五載然亦無顯赫事跡可紀扈從貝州還染時癘旬日卒于東京詔贈侍中

張策字少逸燉煌人父同仕唐官至容管經略使策少聰警好學尤樂章句居洛陽敦化里嘗浚甘泉井得古鼎耳有篆字曰魏黃初元年春二月匠吉千且又製作奇巧同甚寶之策時在父旁徐言曰建安二十五年曹公薨改年爲延康其年十月文帝受漢禪始號黃初則是黃初元年無二月明矣鼎文何謬歟同大驚亟遣啓書室取魏志展讀一不失所啓宗族奇之時年十三然而妙通因果酷奉空教未弱冠落髮爲僧居雍之慈恩精廬頗有高致廣明末大盜犯闕策遂返初服奉父母逃難君子多之及丁家艱以孝聞服滿自屏郊藪一無

于進意若是者十餘載方出爲廣文博士改祕書郎王行瑜帥邠州辟爲觀察支使帶水曹員外郎賜緋及行瑜反太原節度使李克用奉詔討伐行瑜敗死邠州平策與婢肩輿其親南出邠境屬邊寨積雪爲行者所哀太祖聞而嘉之奏爲鄭滑支使尋以內憂去職制闋除國子博士遷膳部員外郎不一歲華帥韓建辟爲判官及建領許州又爲掌記天復中策奉其主書幣來聘太祖見而喜曰張夫子且至矣即奏爲掌記兼賜金紫天祐初表其才拜職方郎中兼史館修撰俄召入爲翰林學士轉兵部郎中知制誥依前修史未幾遷中書舍人職如故太祖受禪改工部侍郎加承旨其年冬轉禮部侍郎明年從征至澤州拜刑部侍郎平章事仍判戶部尋遷中書侍郎以風恙拜章乞骸改刑部尚書致仕即日肩輿歸洛居于福善里修篁嘉木圖書琴酒以自適焉乾化二年秋卒所著典議三卷詞制歌詩二十卷牋表三十卷存于其家

杜曉字明遠京兆杜陵人祖審權仕唐位至宰相父讓能官至守太尉平章事乾寧中邠鳳二鎮舉兵犯王畿讓能被其誣陷天子不得已賜死于臨臯驛曉

居喪柴立幾至滅性憂滿服幅巾七升沈跡自廢者將十餘載光化中宰相崔允判鹽鐵奏爲巡官兼校書郎尋除畿尉直宏文館皆不起及昭宗東遷宰相崔遠判戶部又奏爲巡官兼殿中丞或語之曰嵇中散死子紹埋沒不自顯山濤以物理勉之乃仕吾子忍令杜氏歲時以鋪席祭其先人同匹庶乎曉乃就官未幾拜左拾遺尋召爲翰林學士轉膳部員外郎依前充職及崔遠得罪出守本官居數月以本官知制誥俄又召爲學士遷郎中充職太祖受禪拜中書舍人職如故開平三年轉工部侍郎充承旨明年秋拜中書侍郎平章事仍判戶部庶人友珪篡位遷禮部尚書平章事集賢殿大學士依前判戶部及袁象先之討友珪禁兵大縱曉中重創而卒末帝卽位詔贈右僕射曉博贍有詞藻時論稱之兄光乂（新唐書表光乂字啓之）有心疹厥疾每作或溢喙縱詬或揮梃追撲曉事之愈恭未嘗一日少怠居兩制之重祖述前載甚得王言之體（北夢瑣言云曉貌如削玉有制誥之才）及典秩尙書志氣甚遠一旦非分而歿咸寃惜焉豈三世爲相道忌大盛歟

敬翔字子振同州馮翊人唐神龍中平陽王暉之後也曾祖琬綏州刺史祖忻同州掾父衮集州刺史翔好讀書尤長刀筆應用敏捷乾符中舉進士不第及黃巢陷長安乃東出關時太祖初鎮大梁有觀察支使王發者翔里人也翔往依焉發以故人遇之然無由薦達翔久之計窘乃與人爲牋刺往往有警句傳于軍中太祖比不知書章檄喜淺近語聞翔所作愛之謂發曰知公鄉人有才可與俱來及見應對稱旨卽補右職每令從軍翔不喜武職求補文吏卽署館驛巡官俾專掌檄奏太祖與蔡賊相拒累歲城門之外戰聲相聞機略之間翔頗預之太祖大悅恨得翔之晚故軍謀政術一以諮之蔡賊平奏授太子中允賜緋從平兗鄆改檢校水部郎中太祖兼鎮淮南授揚府左司馬賜金紫乾寧中改光祿少卿充職天復中授檢校禮部尚書遙領蘇州刺史昭宗自岐下還長安御延喜樓召翔與李振登樓勞問翔授檢校右僕射太府卿賜號迎鑾協贊功臣太祖受禪自宣武軍掌書記前太府卿授檢校司空依前太府卿句當宣徽院事尋改樞密院爲崇政院以翔知院事開平三年夏四月太祖以邠岐

侵擾遣劉知俊西討鄜延深憂不濟因宴顧翔以問西事翔剖析山川郡邑虛實軍糧多少悉以條奏如素講習左右莫不驚異太祖歎賞久之乾化元年進位光祿大夫行兵部尚書金鑾殿大學士知崇政院事平陽郡侯前朝因金鑾坡以爲門名與翰林院相接故得爲學士者稱金鑾以美之今殿名金鑾從嘉名也置大學士始以翔爲之五代會要云以金鑾爲名非典也大學士與三館大學士同翔自釋褐東下遭遇霸王懷抱深沈有經濟之略起中和歲至鼎革大運其間三十餘年扈從征伐出入帷幄庶務叢委恆達旦不寢惟在馬上稍得晏息每有所裨贊亦未嘗顯諫上俯仰顧步間微示持疑爾而太祖意已察必改行之故裨佐之跡人莫得知及太祖大漸召至御牀前受顧託之命且深以幷寇爲恨翔嗚咽不忍受命而退庶人友珪之篡位也以天下之望命翔爲宰相友珪以翔先朝舊臣有所畏忌翔亦多稱病不綜政事末帝卽位趙張之族皆處權要翔愈不得志及劉鄩失河朔安彥之喪楊劉翔奏曰國家連年遣將出征封疆日削不獨兵驕將怯亦制置未得其術陛下處深宮之中與之計事者皆左右近習豈能量敵

之勝負哉先皇時河朔半在親御虎臣驍將猶不得志于敵人今寇馬已至鄆州陛下不留聖念臣所未喻一也臣聞李亞子自墨縗統衆于今十年每攻城臨陣無不親當矢石昨聞攻楊劉率先負薪渡水一鼓登城陛下儒雅守文未嘗如此俾賀瓌輩與之較力而望攘逐寇戎臣所未喻二也陛下所宜詢于黎老別運沈謀不然則憂未艾也臣雖駑怯受國恩深陛下必若乏材乞于邊陲効試末帝雖知其懇惻竟以趙張輩言翔怨望不之聽及王彥章敗于中都晉人長驅而南末帝急召翔謂之曰朕居常忽卿所奏果至今日事急矣勿以爲懟且使朕安歸翔泣奏曰臣受國恩僅將三紀從微至著皆先朝所遇雖名宰相實朱氏老奴耳事陛下如郎君以臣愚誠敢有所隱陛下初任段凝爲將臣已極言小人朋附致有今日晉軍即至段凝限水欲請陛下出居避敵陛下必不聽從欲請陛下出奇應敵陛下必不果決縱良平復生難以轉禍爲福請先死不忍見宗廟隕墜言訖君臣相向慟哭及晉主陷都城有詔赦梁氏臣寮李振謂翔曰有制洗滌將朝新君翔曰新君若問其將何辭以對是夜翔在高頭

里第宿于車坊欲曙左右報曰崇政李太保已入朝翔返室歎曰李振謬爲丈夫耳朱氏與晉仇讎我等始同謀畫致君無狀今少主伏劍于國門縱新朝赦罪何面目入建國門也乃自經而卒數日幷其族被誅初貞明中史臣李琪張袞郄殷象馮錫嘉奉詔修撰太祖實錄三十卷敘述非工事多漏略復詔翔補緝其闕翔乃別纂成三十卷目之曰大梁編遺錄與實錄偕行翔妻劉氏父爲藍田令廣明之亂劉爲巢將尚讓所得巢敗讓攜劉降于時溥及讓誅時溥納劉于妓室太祖平徐得劉氏嬖之屬翔喪妻因以劉氏賜之及翔漸貴劉猶出入太祖臥內翔情禮稍薄劉于曲室讓翔曰卿鄙余曾失身于賊耶以成敗言之尚讓巢之宰輔時溥國之忠臣論卿門地辱我何甚請從此辭翔謝而止之劉恃太祖之勢案下有闕文太祖四鎮時劉已得國夫人之號車服驕侈婢媵皆珥珠翠其下別置爪牙典謁書幣聘使交結藩鎮近代婦人之盛無出其右權貴皆相附麗寵信言事不下于翔當時貴達之家從而效之敗俗之甚也

五代史補敬翔應三傳數舉不第發憤投太祖願備行陣太祖問曰足下通春秋久矣今吾主盟其爲戰欲效春秋時可乎翔曰不可夫禮樂猶不相沿襲況兵者詭道宜其

變化無窮若復如春秋時則所謂務虛名而喪其實效大王之事去矣太祖大悅以爲知兵遽延之幕府委以軍事竟至作相

李振字興緒唐潞州節度使抱真之曾孫也祖父皆至郡守振仕唐自金吾將軍改台州刺史會盜據浙東不克之任因西歸過汴以策略干太祖太祖奇之辟爲從事太祖兼領鄆州署天平軍節度副使湖南馬殷爲朗州雷滿所逼振奉命馳往和解殷滿皆稟命光啓三年十一月太祖遣振入奏于長安舍于州邸邸吏程巖白振曰劉中尉命其姪希貞來計大事欲上謁願許之既至巖乃先啓曰主上嚴急內官憂恐左中尉欲行廢黜之事巖等協力以定中外敢以事告振顧希貞曰百歲奴事三歲主亂國不義廢君不祥非敢聞也況梁王以百萬之師匡輔天子禮樂尊戴猶恐不及幸熟計之希貞大沮而去及振復命劉季述等果作亂程巖率諸道邸吏牽帝下殿以立幼主奉昭宗爲太上皇振至陝陝已賀矣護軍韓彝範言其事振曰懿皇初升遐韓中尉殺長立幼以利其權遂亂天下今將軍復欲爾耶彝範卽文約孫也由是不敢言振東歸太祖方在邢洺遽還于汴大計未決季述遣養子希度以唐之社稷欲輸于太祖又

遣供奉官李奉本副介支彥勳詐齎上皇誥諭至皆季述黨也太祖未及迎命振又言曰夫豎貂伊戾之亂所以資霸者之事也今閹豎幽辱天子不能討無以令諸侯時監軍使劉重楚季述兄也舊相張濬寓于河南緱氏亦來謂太祖曰同中官則事易濟且得所欲惟振堅執不改獨曰行正道則大勳可立太祖英悟忽厲色曰張公勸我同勅使欲傾附自求宰相耶乃定策縶僞使李奉本支彥勳與希度等即日請振將命于京師與宰相謀返正未幾劉季述伏誅昭宗復帝位太祖聞之喜召振執其手謂之曰卿所謀是吾本志穹蒼其知之矣自是益重之天祐二年春正月太祖召振謂曰王師範來降易歲尚處故藩今將奏請徙授方面其爲我馳騎以茲意達之振至青州師範即日出公府以節度觀察二印及文簿管鑰授于振師範雖已受代而疑撓特甚屢揮泣求貸其族振因以切理諭之曰公不念張繡事耶漢末繡屢與曹公立敵豈德之耶及袁紹遣使招繡賈詡曰袁家父子自不相容何能主天下英士曹公挾天子令諸侯其志大不以私讎爲意不宜疑之今梁王亦豈以私怨害忠賢耶師範洒

然大悟翼日以其族遷太祖乃表振爲青州留後未幾徵還唐自昭宗遷都之後王室微弱朝廷班行備員而已振皆頤指氣使旁若無人朋附者非次獎升私惡者沈棄振每自汴入洛朝中必有貶竄故唐朝人士目爲鴟鴞天祐中唐宰相柳璨希太祖旨譖殺大臣裴樞陸扆等七人于滑州白馬驛時振自以咸通乾符中嘗應進士舉累上不第尤憤憤乃謂太祖曰此輩自謂清流宜投于黃河永爲濁流太祖笑而從之洎太祖受禪自宣義軍節度副使檢校司徒授殿中監累遷戸部尚書庶人友珪簒立代敬翔爲崇政院使末帝卽位趙張二族用事遂爲所間謀猷獻替多不見從振每稱疾避事龍德末閑居私第將期矣晉王入汴振謁見首罪郭崇韜指振謂人曰人言李振一代奇才吾今見之乃常人耳會段凝等疏梁氏權要之臣振與敬翔等同日族誅

史臣曰文蔚貽矩皆唐朝之舊臣遇梁室之強禪奉君命以來使狎神器以授之逢時若斯亦爲臣者之不幸也抑不爲其相不亦善乎杜曉著文雅之稱張策有沖澹之量咸登台席無忝士林敬翔李振始輔霸圖終成帝業及國之亡

也一則殞命以明節一則視息以偷生以此較之翔爲優矣振始有濁流之言終取赤族之禍報應之事固以昭然

舊五代史卷十八

舊五代史卷十八考證

梁列傳八張文蔚傳父裼　裼原本作錫今據舊唐書改正

薛貽矩傳在位縣五載　案歐陽史梁本紀貽矩開平元年同平章事至乾化二年薨計居相位六年歐陽史唐六臣傳貽矩爲梁相五年卒尙仍是書之訛

張策傳父同仕唐至容管經略使　父同唐摭言作父同文歐陽史與是書合今仍之

自屏郊藪一無干進意　案唐摭言云趙少師崇凝主文策求就貢籍崇凝庭讁之北夢瑣言載崇凝之辭曰張策衣冠子弟無故出家不能參禪訪道抗跡塵外乃于御簾前進詩希望恩澤是書謂張策無仕進意與摭言諸書異

杜曉傳祖審權仕唐位至宰相　審權原本作省權今據新舊唐書改正

沈跡自廢者將十餘載　案吳縝歐陽史纂誤云據新唐書宰相表杜讓能賜死至崔允領鹽鐵前後止七年歐陽史作十餘年誤蓋歐陽史沿是書之誤

以鋪席祭其先人　鋪席原本作補席據歐陽史改正

敬翔傳因金鑾坡以爲門名　金鑾歐陽史及通鑑俱作金鸞五代會要從是書今仍之

從嘉名也　案原本脫名字今從職官志增入

宿于車坊　車坊原本作中今據歐陽史及通鑑改正

李振傳劉中尉命其姪希貞來計大事　希貞原本作希直今據通鑑改正

又遣供奉官李奉本　案原本脫奉本二字據本傳增入

舊相張濬亦來謂太祖曰同中官則事易濟　案舊唐書昭宗紀崔允與張濬告難于全忠濬傳亦云濬致書諸藩請圖匡復是書作張濬黨于季述爲梁祖所拒與唐書異

舊五代史卷十九

宋門下侍郎參知政事監修國史薛居正等撰

梁書第十九

列傳九

氏叔琮尉氏人也唐中和末應募爲騎軍初隸于龐師古爲伍長叔琮壯勇沈毅膽力過人太祖討巢蔡于陳許間叔琮奮擊首出諸校太祖壯之自行伍間擢爲後院馬軍都將時東伐徐鄆多歷年所叔琮身當矢石奮不顧命觀者許焉累遷爲指揮使尋奏授許州刺史檢校右僕射太祖伐襄陽叔琮失利降爲陽翟鎮遏使尋又捍禦晉軍于洹水有功遷曹州刺史天復元年春領大軍攻拔澤潞叔琮遂引兵北掠太原師還除晉州節度使明年太祖屯軍于岐下晉軍潛襲絳州前軍不利晉軍恃勝攻臨汾叔琮嚴設備禦乃于軍中選壯士二人深目虬鬚貌如沙陀者令就襄陵縣牧馬于道間蕃寇見之不疑二人因雜其行間俄而伺隙各擒一人而來晉軍大驚且疑有伏兵遂退據蒲縣時太祖

遣朱友寧將兵數萬赴應悉委叔琮節制既至諸將皆欲休軍叔琮曰若然則賊必遁矣遁則何功焉因夜出潛師截其歸路遇晉軍遊騎數百盡殺之遂攻其壘拔之斬獲萬餘衆奪馬三百匹太祖聞之喜謂左右曰殺蕃賊破太原非氏老不可叔琮乃長驅牧汾州與晉人轉戰直抵弃壘軍迴以其功奏加檢校司空自後累年晉軍不敢侵軼叔琮養士愛民甚有能政天復三年爲鄜州留後尋真領保大軍節度使檢校司徒及昭宗東遷徵爲右龍虎統軍以衞洛陽天祐元年八月與朱友恭同受太祖密旨弑昭宗于大內既而責以軍政不理貶白州司戶尋賜自盡叔琮將死呼曰賣我性命欲塞天下之謗其如神理何

乾化二年詔許歸葬

朱友恭壽春人本姓李名彥威丱角事太祖性穎利善體太祖意太祖憐之因畜爲己子賜姓初名克讓後改之時初建左長劍都以友恭董之從太祖四征稍立軍功累遷諸軍都指揮使檢校左僕射乾寧中授汝州刺史加檢校司空光化初淮夷侵鄂渚武昌帥杜洪來乞師太祖遣友恭將兵萬餘濟江應援引

兵至龍沙九江而還軍聲大振時淮寇據黃州友恭攻陷其壁獲賊將瞿章俘斬萬計途經安陸因襲殺刺史武瑜盡收其衆以功爲潁州刺史加檢校司徒天復中爲武寧軍留後天祐初昭宗東遷洛邑徵拜左龍虎統軍以衞宮闕尋與氏叔琮同受太祖密旨弒昭宗于洛陽宮既而太祖自河中至責以慢于軍政貶崖州司戶復其本姓名與氏叔琮同日賜死北夢瑣言云朱全忠請誅朱友諒氏叔琮以成濟之罪歸之友諒臨刑訴天曰天若有知他日亦當如我後全忠即位爲子友珪所弒竟如其言　案友諒當作友恭見後考證

王重師潁州長社人也材力兼人沈嘿大度臨事有權變劍矟之妙冠絕于一時唐中和末蔡寇陷許昌重師脫身而來太祖異其狀貌乃隸于拔山都每于軍前效用頗出儕類文德中令董左右長劍軍太祖伐上蔡重師力戰有功及討兗鄆擢爲指揮使奏授檢校右僕射重師枕戈擐甲五六年于齊魯閒凡經百餘戰由是威震敵人尋授檢校司空爲潁州刺史乾寧中太祖攻濮州縱兵壞其墉濮人因屯火塞其壞壘煙焰亙空人莫敢越重師方苦金瘡臥于軍次諸將或勉之乃躍起命壯士悉取軍中氈罽投水中擲于火上重師然後率精

銳持短兵突入諸軍踵之濮州乃陷重師爲劍槊所傷身被八九創丁壯荷之還營且將斃矣太祖驚惜尤甚曰雖得濮壘而失重師奈何亟命以奇藥療之彌月始愈尋知平盧軍留後加檢校司徒其後北伐幽滄鎮定屢與晉軍接戰頗得士心故多勝捷天祐中授雍州節度使加同平章事數年治戎卹民頗有威惠開平中爲劉捍所搆太祖深疑之然未有以發其事無何擅遣裨將張君練縱兵深入邠鳳君練敗北太祖聞之怒其專擅因追而斬之通鑑云劉捍至長安王重師不爲禮捍譖之帝曰重師潛與邠岐通甲申貶溪州刺史尋賜自盡夷其族

朱珍徐州豐縣雍鳳里人也太祖初起兵珍與龐師古許唐李暉丁會氏叔琮鄧季筠王武等八十餘人以中涓從摧堅陷陣所向盪決及太祖鎮汴兼領招討使署珍爲宣武右職以總腹心于是簡練軍伍裁制綱紀平巢破蔡多珍之力也始尙讓以驍騎五千人至繁臺珍與龐師古齊奉國等擊退之及黃巢敗珍與幷帥李克用追至冤句而還尋從太祖以汴宋亳之師入西華破王夏寨勇冠軍鋒以功加秩光啓元年署諸軍都指揮使始爲上將于是軍焦夷敗蔡

師鐵林三千人盡俘其將復西至汝鄭南過陳潁繚宋亳滑濮間與蔡賊交戰壘伏襲殺不知其數會滑州節度使安師儒戎政不治太祖命珍與李唐賓率步騎以經略之始入境遇大雪令軍士無得休息一夕馳至壁下百梯並升遂乘其墉滑州平時太祖方謀濟師乃遣珍往淄州募兵行次任縣東面都統齊克讓伏兵于孫師陂以邀珍珍大破之進軍至牙山都虞候張仁遇白珍曰軍有不齊者當先斬本都將後以狀聞願許之珍怒其專乃斬仁遇以徇軍由是諸將咸懼兵至乾封與淄人戰于白草口敗之青人以步騎二萬列三寨于金嶺驛珍與戰連破之殲其師盡獲軍器戎馬是夕攻博昌大獲兵衆其後破盧塘張晊及朱瑄朱瑾之衆平定曹濮未嘗不在戰中梁山之役始與李唐賓不協珍在軍嘗私迎其室于汴而不先請太祖疑之密令唐賓察之二將不相下因而交諍唐賓夜斬關還汴以訴珍亦棄軍單騎而至太祖兩惜之故不罪俾還于師復以踏白騎士入陳亳閒以邀蔡人遂南至斤溝破淮西石璠之師二萬擒璠以獻珍旋師自亳北趣靜戎濟舟于滑破黎陽臨河李固三鎮軍于內

黄敗樂從訓萬餘人分命聶金范居實略澶州與魏師遇于臨黄魏軍有豹子軍二千人戮之無噍類威振河朔復攻淮西至蔡夾河而寨敗賊將蕭皓之衆皆擁于河溺死之進軍蔡州營其西南既破羊馬垣遇雨班師珍以兵援劉瓚赴楚州至襄山南遇徐戎扼其路珍乃攻豐下之時溥乃以全師會戰于豐南吴康里珍乃收豐破其三萬餘衆及蔡賊平珍比諸將功居多龍紀初與諸將屯于蕭縣以禦時溥珍慮太祖自至令諸軍葺馬廄以候巡撫李唐賓之裨將嚴郊獨慢焉軍候范權特珍以督之唐賓素與珍不協果怒乃見以訴其事珍亦怒曰唐賓無禮遂拔劍斬之珍命騎列狀陳其事太祖初聞唐賓之死驚駭與敬翔謀詐令有司收捕唐賓妻子下獄以安珍心太祖遂徑往蕭縣距蕭一舍珍率將校迎謁梁祖令武士執之責其專殺命丁會行戮都將霍存等數十人叩頭以救太祖怒以坐牀擲之乃退

李思安陳留張亭里人也初事汴將楊彦洪爲騎士性拳勇未弱冠長七尺超然有乘時自奮之意唐中和三年太祖鎮汴嘗大閱戎旅覩其材甚偉之因錫

名思安字貞臣思安善飛矟所向披靡每從太祖征伐常馳馬出敵陣之後測其厚薄而還或敵人有恃猛自衒者多命取之必鷹揚飇卷擒馘于萬衆之中出入自若如蹈無人之地太祖甚惜之命副王虔裕爲踏白將時巢蔡合從太祖每遣偵邏必率先獨往巢敗走思安領所部百餘人追賊殺戮掩奪衆莫敢當尋領軍襲蔡寇于鄭都將李唐賓馬蹷而墜思安援槊刺追者唐賓復其騎而還又嘗與蔡人鬭當陣生擒賊將柳行實其後渡長淮下天長高郵二邑又拒孫儒迫濠州皆有奇績累遷爲諸軍都指揮使奏官至檢校左僕射尋拜亳州刺史練兵禦寇邊境肅然思安爲性勇悍每統戎臨敵不大勝必大敗開平元年春率兵伐幽州營于桑乾河擄獲甚衆燕人大懼及軍迴率諸軍伐潞累月不克師人多逸太祖怒甚詔疏其罪盡奪其官爵委本郡以民戶係焉踰歲起之復令領兵亦無巨績可紀太祖嘗因命將授鉞謂左右曰李思安當敵果敢無出其右者然每遇藩方擇材吾將用之則敗聞必至如是者二三矣則知飛將數奇前史豈虛言哉乾化元年秋又以爲相州刺史思安自謂當擁旄仗

鉞及是殊不快意但日循晏安無意爲政及太祖北征以候騎之誤落然無所具而復壁壘荒圮帑廩空竭太祖怒貶柳州司戶尋賜死于相州通鑑開化元年丙午至相州刺史李思安不意帝猝至落然無具坐削官爵二年正月丁卯帝至獲嘉追思李思安去歲供饋有闕貶柳州司戶尋長流思安于崖州賜死

鄧季筠宋州下邑人也少入黄巢軍隸于太祖麾下及太祖鎮汴首署爲牙將主騎軍伐鄆之役生擒排陣將劉嬌以獻唐大順初唐帝命丞相張濬伐太原太祖奉詔出師西至高平與晉人接戰軍既不利季筠爲晉人所擒克用見之甚喜釋縛待以賓禮俄典戎事季筠在幷門凡四稔景福二年晉軍攻邢臺季筠領偏師預其役將及邢邢人陣于郊兩軍酣戰之際季筠出陣飛馬來歸太祖大加獎歎賞賚甚厚時初置廳子都最爲親軍命季筠主之旋改統親騎又遷將中軍天祐三年奏授登州刺史下車稱理登州舊無羅城及季筠至郡率丁壯以築之民甚安之因相與立碑以頌其績太祖受禪改鄭州刺史尋主兵于河中爲都指揮使時幷人寇平陽季筠接戰于洪洞大克拜華州防禦使又繼領龍驤等諸軍騎士累官至檢校司空柏鄉之役季筠臨陣前却太祖亦未

之罪乾化二年春太祖親伐鎭定駐于相州因閱馬怒其馬瘦與魏博軍校何令稠陳令勳同斬于纛下

黃文靖金鄉人少附于黃巢黨中巢敗歸于太祖累署牙職繼遷諸軍指揮使從太祖南平巢蔡北定兗鄆皆有功唐大順中佐葛從周送朱崇節入潞會晉軍十餘萬近逼垣寨文靖慮孤軍難守乃與葛從周啓闔出師文靖爲殿命矢刃皆外向持重而還晉人不敢逼其年冬與康懷英渡淮入壽春之境下安豐霍邱至光州而還光化初晉將李嗣昭周德威寇于山東文靖佐葛從周統大軍禦之至沙河敗晉軍五千餘騎遂逐之越張公橋乃止後旬日復與晉人戰于邢州之北擒蕃將賫金鐵慕容藤李存建等百餘人奪馬數千匹尋以功表授檢校左僕射耀州刺史天祐二年春命佐楊師厚深入淮甸越壽春侵廬江軍至大獨山遇淮夷殺五千餘衆振旅而還改蔡州刺史加檢校司空又還潁州刺史太祖受禪復爲蔡州刺史入爲左神武統軍又改左龍驤使乾化元年從太祖北征因閱馬得罪命斬之文靖驍果善戰諸將皆惜之

胡規兗州人初事朱瑾爲中軍都校兗州平署爲宣武軍都虞候佐葛從周伐鎮定從張存敬收晉絳皆有功署爲河中都虞候榷鹽務天復中太祖迎駕至岐下以規權知洽州昭宗還長安詔授皇城使及東還以爲御營使駕至洛授內園莊宅使天祐三年佐李周彝討相州獨當州之一面頗以功聞軍還權知耀州事明年討滄州爲諸軍壕寨使太祖受禪除右羽林統軍尋佐劉鄩統兵收潼關擒劉知浣獻之乃以爲右龍虎統軍兼侍衛指揮使乾化元年詔修洛河堤堰軍士因之斬伐百姓園林太甚河南尹張宗奭奏之規得罪賜死

李讜河中臨晉人少時遊秦雍間爲人勇悍多力甚有氣誼唐廣明初黃巢陷長安讜遂得仕于其間巢以讜爲內樞密使蓋讜曾委質于宦者出入于宮禁間巢以此用焉其後巢軍既敗讜乃束身歸于太祖署爲左德勝騎軍都將從太祖討蔡賊頗立軍功及東伐兗鄆以所部士伍俘獲甚衆改元從騎將表授檢校右僕射郴王友裕領兵攻澤州時太祖駐大軍于盟津乃令讜將兵越太行援以籌謀讜頗違節度久而無功太祖遣追還廷責其罪戮之于河橋

李重允宋州下邑人狀貌雄武初在黃巢黨中推爲剛鷙唐中和四年五月同
尙讓李讜等率衆至繁臺與太祖之軍相拒及巢寇漸衰乃率衆來降太祖素
識之拔用不次署爲先鋒步軍都頭與胡眞援河陽逼懷州重允以部下兵突
之射中蕃將安休休又令與李讜率騎軍至陜應接郭言迴次澠池破賊帥黃
花子之衆改滑州夾馬指揮使蔡賊圍汴重允以步兵攻下三寨擄獲甚多太
祖大舉伐宗權俾重允以滑兵爲先鋒及東討徐州下豐蕭二邑轉右廂馬步
軍指揮使大順元年秋從郴王友裕收澤州與晉軍戰于馬牢川王師敗績迴
守河陽太祖謂諸將曰李讜重允違我節度不能立功頗辜任使于是與李讜
並戮于河橋

范居實絳州翼城人事太祖初爲隊將從討巢蔡有功又從朱珍收滑州改左
廂都虞候預破兗鄆功遷感義都頭鄭州馬軍指揮使幽州劉仁恭舉衆南下
寇魏郡北圍居實與葛從周張存敬率兵救魏大破幽滄之衆于內黃太祖迎
昭宗于岐下以居實爲河中馬軍都指揮使及昭宗還京賜迎鑾毅勇功臣遙

領錦州刺史又遷左龍驤馬軍都指揮使從征淮南迴改登州刺史轉左神勇軍使開平元年用軍于潞州命居實統軍以解澤州之圍授耀州刺史令以郡兵屯固鎮尋除澤州刺史居實拳勇善戰頗立軍功在郡以戎備不理詔追赴闕暴其翫寇之罪而斬之

史臣曰叔琮而下咸以鷹犬之才適遇雲龍之會勤勞王室踐履將壇然俱不得其死豈不惜哉得非鳥盡弓藏理當如是耶將梁祖之雄猜無漢高之大度歟乃知自古帝王能保全功臣者惟光武一人而已矣語曰弒父與君亦不從也而叔琮友恭從之何也旣爲盜跖所嗾豈免成濟之誅臨終之言益彰其醜也

舊五代史卷十九

舊五代史卷十九考證

梁列傳九氏叔琮傳太祖伐襄陽叔琮失利　案舊唐書光化元年汴將氏叔琮陷趙匡凝之隨唐鄧等州是書趙匡凝傳亦云太祖遣氏叔琮伐之匡凝懼乞盟是役也實以勝歸而叔琮本傳獨言失利未知所據

令就襄陵縣牧馬于道間　案襄陵原本作襄陽今據歐陽史改正

貶白州司戶　案舊唐書作貝州

與氏叔琮同日賜死　案此朱友恭事是書及歐陽史通鑑俱同北夢瑣言作友諒誤

王重師傳潁州長社人也　潁州歐陽史作許州

太祖異其狀貌乃隸于拔山都　案拔山原本作技山歐陽史作拔山考當時軍旅皆以都名如黑雲都銀槍都效節都橫街都之類今從歐陽史改正并增入都字

朱珍傳敗樂從訓萬餘人　案通鑑作樂從訓來告急遣都指揮使朱珍等分

兵救從訓與此傳異

李重允傳于是與李讜並戮于河橋　案原本脫與字今增入

范居實傳與葛從周張存敬率兵救魏　案原本脫從字今增入

舊五代史卷十九考證

舊五代史卷二十

宋門下侍郎參知政事監修國史薛居正等撰

梁書第二十

列傳十

謝曈字子明福州人唐咸通末舉進士因留長安三歲不中第廣明初黃巢陷長安遂投跡于太祖洎居門下未嘗一日不在左右及太祖據同州遂署右職其年秋太祖與河中交戰再不利連上章請兵于巢爲右軍都尉孟楷抑而不進曈揣太祖有擇福意乃進說曰黃家以數十萬之師值唐朝久安人不習戰因利乘便遂下兩京然始竊僞號任用已失其所今將軍勇冠三軍力戰于外而孟楷專務壅蔽奏章不達下爲庸才所制無獨斷之明破亡之兆必矣況土德未厭外兵四集漕運波注日以收復爲名惟將軍察之太祖曰我意素決爾又如是復何疑哉翼日遂定策戮僞監軍使悉衆歸順于河中王重榮表曈爲檢校屯田員外郎賜緋令奏表于蜀唐僖宗大悅召入顧問錫賚甚厚以功授

朝散大夫太子率更令賜紫爲陵州刺史治郡一歲改檢校右散騎常侍通刺
史在任四考頗有政績秋罷詣蜀行在太祖遣人迎之龍紀二年至東京勞來
彌厚賜第墅各一區錢千緡表爲亳州團練使兼太清宮副使加檢校工部尚
書是年冬太祖征淮南過郡因求侍府幕表爲宣義軍節度副使充兩使留後
曈在滑十三年部內增戶約五萬益兵數千人累遷至大中大夫檢校右僕射
卒于滑開平初追贈司徒
司馬鄴字表仁其先河內温人也祖德璋仕唐爲杞王傅父諲左武衞大將軍
鄴資蔭出身頗知書累官至大列唐天福初韓建用爲同州節度留後昭宗之
幸鳳翔也太祖引兵入關前鋒至左馮翊鄴持印鑰迎謁道左太祖以兵圍華
州命入城招諭韓建建果出降及大軍在岐下遣奏事于昭宗再入復出又使
于金州說其帥馮行襲俾堅攀附後歷宣武天平等軍從事開平元年拜右武
衞上將軍三年使于兩浙時淮路不通乘驛者迂迴萬里陸行則出荆襄潭桂
入嶺自番禺泛海至閩中達于杭越復命則備舟楫出東海至于登萊而揚州

諸步多賊船過者不敢循岸必高帆遠引海中謂之入陽以故多損敗鄴在海逾年漂至躭羅國一行俱溺後詔贈司徒

劉捍開封人父行仙宣武軍大將捍少爲牙職太祖初鎮夷門以捍聰敏擢副典客唐中和四年夏太祖以朱珍爲淄州刺史令收兵于淄青間命捍監其兵路逢大敵皆破之入博昌獲精兵三萬以歸四月合大軍敗蔡賊秦宗賢數萬衆于汴西文德元年十一月蔡將申叢折宗權足納款于太祖使捍奏其事加兼御史大夫光化三年六月太祖北伐鎮定至常山而王鎔危懾送款于太祖命捍入壁門傳諭時兩軍未整守門者戈戟千匝捍馳騎而入竟達其命又移師以攻中山至懷德驛大破定人五萬衆王處直乞降捍復單馬入州安撫而迴太祖迎昭宗于岐下以捍爲親軍指揮天復三年正月宋文通令客將郭啓奇使于太祖命捍復命昭宗聞其至卽召見詢東兵之事仍以錦服銀鞍勒馬賜之翼日授光祿大夫檢校司空登州刺史昭宗還京改常州刺史賜號迎鑾毅勇功臣四月太祖伐王師範于青州改左右長直都指揮使天祐三年正月

授宋州刺史四月加檢校司徒太祖受禪授左龍虎統軍兼元從親軍馬步都
虞候及上黨纏兵太祖親往巡撫以捍爲御營使大軍次昂車斥候來告蕃戎
逼澤州命捍以兵千人赴之并軍遂遁車駕還京授捍侍衞親軍都指揮使晉
人侵晉州從幸陝迴加檢校太保及從駕幸河中詔追王重師赴行在以捍爲
雍州節度觀察留後纔踰月劉知俊據同州反潛使人以厚利啗捍將校遂爲
部下所執送于知俊知俊縶捍歸于鳳翔爲李茂貞所害開平四年贈太傅末
帝卽位又贈太尉捍便習賓贊善于將迎自司賓局及征討四出必預其間雖
無決戰爭鋒之績而承命奔走敷揚命令勤幹涖職以至崇顯焉
王敬蕘潁州汝陰人世爲郡武吏唐乾符初敬蕘爲本州都知兵馬使中和初
寇難益熾郡守庸怯不能自固敬蕘遂代之監郡俄真拜刺史加檢校右散騎
常侍時州境荒饑大寇繼至黃巢數十萬衆寨于州南敬蕘極力抗禦逾旬而
退俄又宗權之衆凌暴益甚合圍攻壁皆力屈而去蔡賊復遣將刁君務以萬
衆來逼敬蕘列陣當之身先馳突殺敵甚多由是竟全郡壘遠近歸附及淮人

不恭太祖屢以軍南渡路由州境敬蕘悉心供億太祖甚嘉之乾寧二年署爲沿淮上下都指揮使四年冬龐師古敗于清口敗軍逃歸者甚衆路出于穎時兩雪連旬軍士凍餒敬蕘自淮燎薪相屬于道郡中設糜糗餅餌以待之全活者甚衆由是表知武寧軍節度徐宿觀察留後數月眞拜武寧軍節度使天復二年入爲右龍武統軍天祐三年轉左衛上將軍開平元年八月以疾致仕尋卒于其第敬蕘魁傑沈勇多力善戰所用槍矢皆以純鐵鍛就槍重三十餘斤摧鋒突陣率以此勝雖非太祖舊臣而遠輸懇款保境合兵以輔興王之運有足稱者

高劭字子將淮南節度使駢之從子也父泰黔中觀察使唐僖宗避敵在蜀駢鎮淮南爲都統兼諸道鹽鐵使兵賦在己朝廷優假之以故劭幸而早官年十四遙領華州刺史光啓中以駢命遏晉公王鐸于鄭俄而州陷于蔡劭爲賊所得使人守之戒四門曰無出高大夫劭伺守者稍惰佯爲乞食者過危垣取殍者衣全身易服得他兒抱之行出東郊門人以爲丐者不之止及稍遠棄所抱

兒疾趨至中牟遂達于汴太祖以客禮遇之尋表爲亳州團練副使知州事又數年辟爲宣武軍節度判官在幕下頗以氣直自許後監鄭州事復權知徐州留後唐昭宗之鳳翔太祖迎奉未出劭有疑謀遂令赴華州詣丞相府以議其事行至高陵爲盜所害

馬嗣勳濠州鍾離縣人世爲軍吏嗣勳有口辯習武藝初爲州客將唐景福元年三月太祖以壽州刺史江儒反下蔡鎮使李立率兵攻濠梁刺史張遂俾嗣勳持州印籍戶口以歸于太祖乾寧二年三月楊行密復攻濠州張遂遣嗣勳求援于太祖俄而郡陷嗣勳無所歸卽署爲元從押牙副典客頗稱任使光化元年三月太祖令往光州說刺史劉存背淮賊以向國又從李彥威復黃州及武昌縣獲刺史瞿章俄復使光州持幣馬以賜劉存會淮賊急攻光州存與嗣勳率兵大戰敗而走之又遣使于蜀及歸得其助軍貲實甚多天復中太祖迎昭宗于岐下軍至華之西關使嗣勳入見韓建卽時同出迎謁及羅紹威將殺牙軍遣使告于太祖求爲外援時安陽公主初卒于魏太祖乃遣嗣勳率長直

官千人實兵仗于槖中肩舁以入于魏聲言來致祭會葬牙軍不之覺天祐三年正月十六日夜嗣勳與紹威親軍同攻牙軍至曙盡殪之嗣勳重傷旬日而卒開平中累贈太保

張存敬譙郡人也性剛直有膽勇臨危無所畏憚唐中和中從太祖赴汴以其折節頗見親昵授爲右騎都將從討巢蔡凡歷百戰多于危蹙之間顯有奇略由是頻立殊效光啓中李罕之會晉軍圍張宗奭于盟津太祖遣丁會葛從周存敬同往馳救存敬引騎軍先犯敵將諸軍翼之敵騎大敗乃解河橋之圍大順二年爲諸軍都虞候佐霍存董大軍收宿州以功奏加檢校兵部尚書太祖東征徐兗存敬屢有俘斬之功凡受指顧皆與機會矢石所及必以身先太祖屢加優異以爲行營都指揮使檢校右僕射乾寧三年充武寧軍留後行潁州刺史光化二年夏四月幽滄侵凌魏郡復以存敬爲都指揮使三年大舉與葛從周連統諸軍攻浮陽樹數十柵圍劉守文累月時幽州劉仁恭舉兵來援存敬潛軍擊之于乾寧軍南老鴉堤是日燕人大敗斬首五萬級生擒馬愼交已

下一百餘人獲馬萬蹄其年秋九月引軍收鎮州存敬勒衆涉滹沲河師人鼓行而進逢鎮之遊兵數千因逐之直入鎮之壅門收鞍馬牛駞萬計翼日鎮人納質而旋尋爲宋州刺史踰年甚有能政復擁衆伐薊門數旬閒連下瀛莫祁景四州擒俘不可勝紀自懷德驛與中山兵接戰枕尸數十里中山開壁請降天復元年春太祖以河中節度使王珂與太原結親憑恃驕恣命存敬統大軍討之即日收絳州擒刺史陶建釗降晉州刺史張漢瑜二郡平進圍河中王珂請降太祖嘉之乃以存敬爲護國軍留後未幾檢校司空尋移宋州刺史將之任所寢疾踰旬卒于河中太祖聞之痛惜移晷開平初追贈太保乾化三年又追贈太傅子仁愿晉天福中仕至大理

寇彥卿字俊臣大梁人也祖琯父裔皆宣武軍牙校太祖鎮汴以彥卿將家子擢在左右弱冠選爲通贊官太祖爲元帥補元帥府押牙充四鎮通贊官行首兼右長直都指揮使累奏授檢校司徒領洺州刺史羅紹威將殺牙軍遣使告于太祖太祖命彥卿使于魏密與紹威謀之竟成其事彥卿之力也彥卿身長

八尺隆準方面語音如鐘善騎射好書史復善伺太祖之旨凡所作爲動皆云合太祖每言曰敬翔劉捍寇彥卿蓋爲我而生其見重如此太祖有所乘烏馬號一丈烏嘗以賜彥卿天復中太祖迎昭宗于鳳翔累與岐軍對陣時彥卿爲諸道馬步軍都排陣使嘗躬擐甲冑乘其所賜烏馬馳騁于陣前太祖目之曰真神王也昭宗還京賜迎鑾毅勇功臣改邢州刺史尋遷亳州團練使案通鑑開平二年帝從吳越王錢鏐之請以亳州團練使寇彥卿爲東南面行營都指揮使使擊淮南十一月彥卿率衆一千襲霍邱爲土豪朱景所敗又攻廬壽二州皆不勝淮南遣滁州刺史李儼拒之九國志朱景傳梁祖聞景名命寇彥卿率勁騎三千襲霍邱圖取景且諭梁祖之意令降景率其徒戰于邱墟林澤中射死者無數彥卿兵折力殫而去太祖受禪爲華州節度使加檢校太保歲餘入爲左金吾衛大將軍充街使一日過天津橋有老人誤衝其騶道者排之落橋而斃爲御史所彈太祖不得已責授左衛中郎將不數月除相州防禦使依前行營諸軍排陣使未幾授河陽節度使加檢校太傅及太祖遇弒彥卿追感舊恩圖御容以奠之每因對客言及先朝舊事即涕泗交流末帝嗣位遙領與元節度使東南面行營都招討使以拒淮寇尋改右金吾衛上將軍貞明初授鄧州節度使會淮人

圍安陸彥卿奉詔領兵解圍大破淮賊而迴四年卒于鎮時年五十七詔贈侍中彥卿貞幹明敏善事人主然怙寵作威多忌好殺雖顯立功名而猶爲識者之所鄙焉

史臣曰案原本有闕文存敬有提鼓之勞彥卿遇攀鱗之會俱爲藩后亦其宜哉

舊五代史卷二十

舊五代史卷二十考證

梁列傳十司馬鄴傳揚州諸步多賊船　諸步原本作諸走考容齋隨筆云步者水傍之名今改正

劉捍傳光化三年六月太祖北伐鎮定又移師以攻中山　案梁祖下鎮定服中山舊唐書作光化三年九月新唐書作十月是書總繫于六月據通鑑自六月舉兵至九月始定中山也

馬嗣勳傳刺史張遂　案新唐書作張璲

太祖令往光州說刺史劉存背淮賊以向國　案新唐書本紀乾寧三年楊行密陷光州刺史劉存死之九國志柴再用傳乾寧中從朱延壽平劉存于弋陽授知光州軍事梁兵寇光州再用擊走之事俱與是書異

又從李彥威復黃州獲刺史瞿章　案全忠陷黃州新唐書作乾寧四年九國志作三年是書繫光化元年與諸史異

張存敬傳擒刺史陶建釗　建釗原本作建鉦今據通鑑改正

舊五代史卷二十考證

宋門下侍郎參知政事監修國史薛居正等撰

梁書第二十一

列傳十一

龐師古曹州南華人初名從以中涓從太祖性端愿未嘗離左右及太祖鎮汴樹置戎伍始得馬五百匹卽以師古爲偏將援陳破蔡累有戰功及朱珍以罪誅遂用師古爲都指揮使乃渡淮餉軍于廬壽攻滁州破天長下高郵沿淮轉戰所至克捷尋代朱友裕領軍攻下徐州斬時溥首以獻遂移軍伐兗州入中都寨于梁山敗朱瑄之衆襲至壘下又破朱瑾于清河從討汶陽與朱瑄朱瑾及晉將史儼兒戰于故樂亭大捷而迴乾寧四年正月復統諸軍伐鄆拔之擒其帥朱瑄以獻始表爲天平軍節度留後尋授徐州節度使官至檢校司徒乾寧四年八月與葛從周分統大軍渡淮以伐楊行密十一月師古寨于清口寨地卑下玉堂閒話云龐從會軍五萬于清口所屯之地蓋兵書謂之絶地人不駕肩行一舍方至夷坦之處或請遷移弗聽俄有

告淮人決上流者曰水至矣師古怒其惑衆斬之九國志侯瓚傳時兵起倉卒加以陰寒士皆飲冰餐雪而行甫及梁營則豎戈植足鬭志未決朱瑾與瓚率五十騎潛濟淮入自壘北舞槊而馳譟聲雷沸梁兵皆殞眩不能舉遂斬龐從大將繼之死者大半須臾我軍在淖中莫能戰而吳人襲焉故及于敗師古沒于陣

霍存洛州曲周縣人性驍勇善騎射在黃巢中已爲將領唐中和四年太祖大破巢軍于王滿渡時存與葛從周張歸霸皆自巢軍來降太祖宥而納之其後破王夏寨擊殷鐵林並在戰中尋佐朱珍取滑臺攻淄州取博昌皆預戰立功時蔡賊張晊在汴北存以三千人夕犯其營破之用本部騎兵敗秦賢軍殺五千人連破四寨盡得其輜重從討盧瑭張晊殪萬餘人存功居多我軍之圍濮州也有賊升眺樓大詬太祖怒甚召存射之矢一發而尸隕其下賞賚甚厚復佐朱珍擒石璠破魏師敗徐戎又佐龐師古至呂梁敗時溥二千餘衆以是累遷官初王師渡淮乏食不甚利惟存軍戰有功淮賊乃引退太祖之討宿州也葛從周以水壞其垣丁會以師乘其墉存戰壘外敗其軍宿人乃降明年佐郴王友裕擊時溥于碭山破之獲蕃將石君和等五十人歐陽史云存代李唐賓攻時溥溥敗碭山存獲

其將石君和等五十人梁攻宿州葛從周引水浸之丁會與存戰城下遂下之是歲復與晉軍戰于馬牢川始入爲前鋒出則後拒晉不敢逼乃渡河襲淇門殺三千餘人曹州刺史郭紹賓之來歸也存以師援之遂代其任始朱友裕以大軍伐鄆臨其壁既而師陷圍中以急來告存領二百騎馳赴擊退之太祖喜拔爲諸軍都指揮使景福二年春太祖親至曹州留騎軍數千令存將之且曰有急則倍道兼行以赴之俄聞朱瑾領兵二萬入援彭門存乃領騎軍馳赴之與徐兗之衆合戰于石佛山下大敗之存亦中流矢而卒時人稱其忠勇初朱珍李唐賓之歿龐師古代珍存代唐賓戰伐功績多與師古同始遙領韶州牧又改賀州後用爲權知曹州刺史官至檢校右僕射及太祖登極屢有征討因起猛士之歎一日幸講武臺閱兵謂諸將曰霍存在朕安有此勞苦耶諸君其思之他日語又如是累贈官至太保子彥威後唐明宗朝爲青州節度使

符道昭淮西人性強敏有武略秦宗權用爲心膂使監督諸軍後爲騎將尤能布陣勇聞于時然剛而無操善迎人意一見若盡肺腑必甚愛其才而道昭之

心腹颺矣秦宗權之將敗也有薛潛者支壁隊伍道昭謂所私曰蔡弱矣乃歸潛潛欲敗復奔洋州依葛佐佐攻興元軍不利復奔于岐宋文通愛之養爲己子名繼遠遂易其宗及得軍職悉超儕伍後爲巴州刺史又奏爲隴州防禦使兼中軍都指揮使太祖迎奉昭宗駐軍于岐下道昭頻領騎士敢鬬戰屢爲王師所敗遂來降太祖素聞其名待之甚厚昭宗反正奏授秦州節度使同平章事遣兵援送不克而還先是李周彝棄鄜州自投歸國署爲元帥府行軍左司馬寵冠霸府及道昭至以爲右司馬使與周彝同領寇彥卿南大豐闕寶已下大軍伐滄州及太祖幸魏州討牙軍中軍前有魏博將山河營指揮使左行遷聞府中有變引軍還屯歷亭自稱留後從亂者數萬人道昭佐周彝與彥卿已下大破之殺四萬餘人擒左行遷斬之有史仁遇亦聚徒數萬據高唐又破之擒仁遇以獻乘勝取澶博二州平之復殺萬餘人道昭性勇果多率先犯陣屢有摧失而周彝彥卿掎角繼進連以捷告護兵者上功不實皆以道昭爲首太祖陰知之俱不議賞及滄州之圍也不用騎士令道昭牧馬于唐陽太祖受禪

後委兵柄與康懷英等攻潞州以蚰蜒塹繚之飛鳥不度既踰歲晉人援至王師大敗道昭爲晉軍所殺

徐懷玉本名琮亳州焦夷縣人少以雄傑自任隨太祖起軍唐中和末從至大梁光啓初蔡寇屯金堤驛懷玉將輕騎連破之由是累遷親從副將改左長劍都虞候又從破蔡賊于板橋收秦宗權八寨奏加檢校右散騎常侍文德初同諸軍解河陽之圍復從破徐宿乾寧中奏加檢校刑部尚書太祖賜名懷玉破朱瑾于金鄉南擒宗江以獻表授金紫光祿大夫檢校右僕射乾寧四年龐師古失利于清口懷玉獨完軍以退光化初轉滑州右都押牙兼右步軍指揮使俄奏授沂州刺史頃之王師範以青州叛屢出兵侵軼懷玉擊退之天復四年轉齊州防禦使加檢校司空從大軍迎駕于岐下歸署華州觀察留後一年復領所部兵戍雍州尋召赴河中補晉絳同華五州馬步都指揮使天祐三年授左羽林統軍轉右龍虎統軍領六軍之士赴澤州尋爲晉軍所攻晝夜衝擊穴地而入懷玉率親兵逆殺于隧中晉軍遂退開平元年授曹州刺史加檢校司

徒明年除晉州刺史其秋晉軍大至已乘其墉懷玉選親兵五十餘人擁殺下城晉軍既退出家財以賞戰士歲中晉軍又至懷玉領兵敗之于洪洞三年制授鄜坊節度使特進檢校太保練兵繕壁人頗安之加檢校太傅乾化二年庶人友珪既篡立河中朱友謙拒命遣兵襲鄜州懷玉無備尋爲河中所擄因于公館及友珪遣康懷英率師圍河中友謙慮懷玉有變遂害之懷玉材氣剛勇臨陣未嘗折退平生金瘡被體有戰將之名焉

郭言太原人也家于南陽新野少以力穡養親鄉里稱之唐廣明中黄巢擁衆西犯秦雍言爲巢黨所執後從太祖赴汴初爲騎軍繼有戰功後擢爲裨校言性剛直有權略勤于戎事或以家財分給將士之貧者由是頗得士心屢將兵與蔡寇戰于浚郊每以少擊衆出必勝歸太祖嘉其勇果謂賓佐曰言乃吾之虎侯也時宗權支黨數十萬太祖兵不過數十旅每恨其寡與之不敵一日命言董數千人越河洛趨陝虢招召丁壯以實部伍言夏往冬旋得銳士萬餘遂還步軍都將自是隨太祖掩襲蔡寇斬獲掠奪不可勝紀宗權以兹敗北太祖

盡收其地因命言將兵導達貢奉以安郵傳自汴鄭迄于潼關去奸恤弱甚得其所光啓中唐天子以太祖兵威日振命兼揚州節度使太祖遣幕吏李璠領兵赴維揚以制置爲名時言爲李璠前鋒深入淮甸破盱眙而還梁祖東伐徐鄆言將偏師略地千里頻逢寇敵言出奇決戰所向皆捷大挫東人之銳太祖錄其績以排陣斬斫之號委之尋表爲宿州刺史檢校右僕射于時徐宿兵鋒日夕相接控扼偵邏以言爲首景福初時溥大舉來攻宿州言勇于野戰喜逢大敵自引銳兵擊溥殺傷甚衆徐戎乃退言爲流矢所中一夕而卒

李唐賓陝州陝縣人也中和四年二月尙讓之寇繁臺也唐賓與李讜霍存並爲巢將與太祖之軍戰于尉氏門外三月太祖破瓦子寨唐賓與王虔裕來降時黃巢壁于陳郊乃命唐賓摩其西闉焚焉王滿之師王夏之陣唐賓悉在戰中後與朱珍趣淄州所向摧敵及取滑平蔡前後破鄆淮徐之衆功與朱珍略等而驍勇絕倫善用矛未嘗不率先陷陣其善于治軍行師之道亦與珍齊名珍之擒石璠也唐賓亦沿淮與郭言掎角下盱眙其後渡河破黎陽李固等鎮

攻澶州下內黃敗魏師未嘗不與珍同暨攻蔡之役珍自西南破其外垣唐賓亦堙壕坎墉摧其東北隅及伐徐取豐時溥軍于吳康珍亟遇之未能却唐賓引本軍擊敗之珍遂大勝每與師必與珍偕用故往無不利然而剛中用壯遂爲珍所害以謀叛聞太祖聞之痛惜累日及誅朱珍後令其妻孥至軍收葬而加弔祭焉

王虔裕琅琊臨沂人也家于楚邱少有膽勇多力善射以弋獵爲事唐乾符中諸葛爽聚徒于青棣間攻剽郡縣虔裕依其衆及爽歸順乃以虔裕及其衆隸于宣武軍太祖鎮汴四郊多事始議選將征討首以虔裕綰騎兵恆爲前鋒及太祖擊巢蔡于陳州虔裕連拔數寨擒獲萬計巢孽既遁虔裕躡其迹追至萬勝戍賊衆饑乏短兵纔接而潰太祖以其勞表授義州刺史蔡人日縱侵掠陳鄭許亳之郊頻年大戰虔裕掩襲攻拒凡百餘陣勦戮生擒不知紀極秦宗賢寇汴南鄙太祖令虔裕逆擊于尉氏不利而還太祖怒命削職拘于別部踰年邢州孟遷請降未幾晉人伐邢孟遷遣使來乞師太祖先遣虔裕選勇士百餘

人徑往赴之伺夜突入邢州明日循堞樹立旗幟晉人不測乃退數月復來圍邢時太祖大軍方討兗鄆未及救援邢人困而攜貳遷乃縶虔裕送于太原尋為所害

劉康乂壽州安豐縣人也以農桑為業唐乾符中關東羣盜並起江淮間偏罹其苦因為巢黨所掠康乂沉默有膂力善用矛槊然不樂為暴中和三年從太祖赴鎮委以心腹康乂枕戈擐甲夷險無憚其後累典親軍襲巢破蔡斬獲尤多累以戰功遷元從都將從太祖連年攻討徐兗鄆所向多捷尤善于營壘充諸軍壕寨使及太祖盡下三鎮議其功奏加檢校右僕射兼領軍衞尋遷密州刺史政甚簡靜時王師範叛據青州乞師于淮夷淮人遂攻密州密兵素少執銳者不滿千夫而淮賊踰萬康乂率老弱守陴自別領少壯日與接戰于密之四郊俘擒千計賊知密州虛弱援兵未至晝夜急攻遂陷康乂為賊所害

王彥章字賢明鄆州壽張縣人也祖秀父慶宗俱不仕以彥章貴秀贈左散騎常侍慶宗贈右武衞將軍彥章少從軍隸太祖帳下以驍勇聞稍遷軍職累典

禁兵從太祖征討所至有功常持鐵槍衝堅陷陣開平二年十月自開封府押牙左親從指揮使授左龍驤軍使三年轉左監門衛上將軍依前左龍驤軍使乾化元年改行營左先鋒馬軍使加金紫光祿大夫檢校司空依前左監門衛上將軍二年庶人友珪簒位加檢校司徒三年正月授濮州刺史本州馬步軍都指揮使依前先鋒馬軍使未幾改先鋒步軍都指揮使四年爲澶州刺史進封開國伯五年三月朝廷議割魏州爲兩鎮慮魏人不從遣彥章率精騎五百屯鄴城駐于金波亭以備非常是月二十九日夜魏軍作亂首攻彥章于館舍彥章南奔七月晉人攻陷澶州彥章舉家陷沒通鑑云晉人夜襲澶州陷之刺史王彥章在劉鄩營晉人獲其妻子晉王遷其家于晉陽待之甚厚遣細人間行誘之彥章即斬其使以絕之後數年其家被害九月授汝州防禦使檢校太保依前行營先鋒步軍都指揮使貞明二年四月改鄭州防禦使三年十二月授西面行營馬軍都指揮使加檢校太傅依前鄭州防禦使頃之授行營諸軍左廂馬軍都指揮使五年五月遷許州兩使留後軍職如故六年正月正授許州匡國軍節度使充散指揮都頭

都軍使進封開國侯未幾授北面行營副招討使七年正月移領滑州三年四月晦晉師陷鄆州中外大恐五月以彥章代戴思遠爲北面招討使拜命之日促裝以赴滑臺遂自楊村砦浮河而下水陸俱進斷晉人德勝之浮梁攻南城拔之晉人遂棄北城併軍保楊劉彥章以舟師沿流而下晉人盡徹北城拆屋木編栰置步軍于其上與彥章各行一岸每遇轉灘水匯即中流交鬭流矢雨集或舟栰覆没比及楊劉凡百餘戰彥章急攻楊劉晝夜不息晉人極力固守垂陷者數四六月晉王親援其城彥章之軍重壕複壘晉人不能入晉王乃于博州東岸築壘以應鄆州彥章聞之馳軍而至急攻其柵自旦及午其城將拔會晉王以大軍來援彥章乃退七月晉王至楊劉彥章軍不利遂罷彥章兵權詔令歸闕以段凝爲招討使先是趙張二族撓亂朝政彥章深惡之性復剛直不能緘忍及授招討之命因謂所親曰待我立功之後回軍之日當盡誅奸臣以謝天下趙張聞之私相謂曰我輩寧死于沙陁之手不當爲彥章所殺因協力以傾之時段凝以賄賂交結自求兵柄素與彥章不協潛害其功陰行逗撓

遂至王師不利竟退彥章而用段凝未及十旬國以之亡矣是歲秋九月朝廷
聞晉人將自兗州路出師末帝急遣彥章領保鑾騎士數千于東路守捉且以
鄆州爲敵人所據因圖進取令張漢傑爲監軍一日彥章渡汶以略鄆境至遞
坊鎮爲晉人所襲彥章退保中都十月四日晉王以大軍至彥章以衆拒戰兵
敗爲晉將夏魯奇所擒魯奇嘗事太祖與彥章素善及彥章敗識其語音曰此
王鐵槍也揮矟刺之彥章重傷馬踣遂就擒晉王見彥章謂之曰爾常以孺子
待我今日服未又問我素聞爾善將何不保守兗州此邑素無城壘何以自固
彥章對曰大事已去非臣智力所及晉王惻然親賜藥以封其創晉王素聞其
勇悍欲全活之令中使慰撫以誘其意彥章曰比是匹夫本朝擢居方面與皇
帝十五年抗衡今日兵敗力窮死有常分皇帝縱垂矜宥何面目見人豈有爲
臣爲將朝事梁而暮事晉乎得死幸矣晉王又謂李嗣源曰爾宜親往諭之庶
可全活時彥章以重傷不能與嗣源至臥內以見之謂嗣源曰汝非邈佶烈乎
邈佶烈蓋嗣源小字也彥章素輕嗣源故以小字呼之既而晉王命肩輿隨軍

至任城彥章以所傷痛楚堅乞遲留遂遇害時年六十一彥章性忠勇有膂力臨陣對敵奮不顧身嘗謂人曰李亞子鬬雞小兒何足畏初晉王聞彥章授招討使自魏州急赴河上以備衝突至則德勝南城已爲所拔晉王嘗曰此人可畏當避其鋒一日晉王領兵迫潘張寨大軍隔河未能赴援彥章援槍登船叱舟人解纜招討使賀瓌止之不可晉王聞彥章至抽軍而退其驍勇如此及晉高祖遷都夷門嘉彥章之忠款詔贈太師搜訪子孫錄用五代史補王彥章之應募也同時有數百人而彥章嘗求爲長衆皆怒曰彥章何人一旦自草野中出便欲居我輩之上是不自量之甚也彥章聞之乃對主將指數百人曰我天與壯氣自度汝等不及故求作長耳汝等咄咄得非勝負將分之際耶且大凡健兒開口便言死死則未暇且共汝輩赤脚入棘針地走三五遭汝等能乎衆初以爲戲既而彥章果然衆皆失色無敢效之者太祖聞之以爲神人遽擢用之

賀德倫其先河西部落人也父懷慶隸滑州軍爲小校德倫少爲滑之牙將太祖領四鎮德倫以本軍從繼立軍功累歷刺史留後遷平盧軍節度使及魏博楊師厚卒朝廷以德倫代其任貞明元年三月二十九日夜魏軍作亂執德倫因于別館盡殺其部衆爲亂首張彥所迫遣使歸款于太原晉王自黃澤嶺東

下至臨清德倫遣從事司空頲密啓晉王訴以張彥凌辱之事晉王至永濟斬彥等八人然後入于魏德倫即以符印上晉王通鑑晉王既入德倫上印節請王兼領天雄軍王固辭曰比聞汴寇侵逼貴道故親董師徒遠來相救又聞城中新罹塗炭故暫入存撫明公不垂鑒信乃以印節見推誠非素懷德倫再拜曰今寇敵密邇軍城新有大變人心未安德倫心腹紀綱爲張彥所殺殆盡形孤勢弱安能統軍一旦生事恐負大恩王乃受之尋授雲州節度使行次河東監軍張承業留之不遣頃之王檀以急兵襲太原德倫部下多奔逸承業懼其爲變遂誅德倫幷其部曲盡殺之

舊五代史卷二十一

舊五代史卷二十一考證

梁列傳十一龐師古傳始表爲天平軍節度留後尋除授徐州節度使　案師古先爲留後繼授節度通鑑止作留後誤

霍存傳用本部騎兵敗秦賢軍　秦賢王虔裕傳作秦宗賢

肓賊升眺樓大詬　眺樓原本作昭樓今據歐陽史改

符道昭傳符道昭淮西人　案歐陽史作蔡州人

徐懷玉傳授左羽林統軍　案歐陽史作右羽林統軍

郭言傳破盱眙而還　案通鑑作言力戰得免梁祖紀亦作不克而還與此傳異

李唐賓傳時溥軍于吳康　吳康原本訛吳唐今據歐陽史改正

王虔裕傳時太祖大軍方討兗鄆未及救援　案通鑑考異云是時全忠方攻時溥未討兗鄆也傳誤

劉康乂傳尋遷密州刺史　密州原本訛宣州今據新唐書昭宗紀改正

王彥章傳彥章字賢明鄆州壽張縣人也　賢明歐陽史作子明壽張歐陽史作壽昌

領保鑾騎士數千于東路守捉　案歐陽史從家傳作五百人又作畫像記極辨舊史領數千人以往之非考通鑑云梁主命王彥章將保鑾士及他兵合萬人屯兗鄆之境又通鑑李嗣源敗彥章于遞坊鎮獲將士三百人斬首二百級使彥章所將止于五百恐師徒盡喪不應尚能再戰也彥章忠于所事力竭而亡非戰之罪歐陽史必欲減其兵數轉非實錄

舊五代史卷二十一考證

舊五代史卷二十二

宋門下侍郎參知政事監修國史薛居正等撰

梁書第二十二

列傳十二

楊師厚潁州斤溝人也爲李罕之步將以猛決聞尤善騎射及罕之敗退保澤州師厚與李鐸何絪等來降太祖署爲忠武軍牙將繼歷軍職累遷檢校右僕射表授曹州刺史唐天復三年從太祖迎昭宗于岐下李茂貞以勁兵出戰爲師厚所敗及王師範以青州叛太祖遣師厚率兵東討時淮賊王景仁以衆二萬來援師範師厚逆擊破之追至輔唐縣斬數百級授齊州刺史將之任太祖急召見于鄆西境遣師厚率步騎屯于臨朐而聲言欲東援密州留輜重于臨朐師範果出兵來擊師厚設伏于野追擊至聖王山殺萬餘衆擒都將八十人未幾燕州刺史王師誨以兵救師範又大敗之自是師範不復敢戰師厚移軍寨于城下師範力屈竟降天復四年三月加檢校司徒徐州節度使天祐元年

加諸軍行營馬步都指揮使二年八月太祖討趙匡凝于襄陽命師厚統前軍以進趙匡凝嚴兵以備師厚至穀城西童山刊材造浮橋引軍過漢水一戰趙匡凝敗散攜妻子沿漢遁去翼日表師厚爲山南東道節度留後舊唐書天祐三年六月甲申敕襄州近因趙匡凝作帥請別立忠義軍額既非往制固是從權忠義軍額宜停廢依舊爲山南東道節度使卽令南討荊州留後趙匡明亦棄軍上峽不浹旬併下兩鎮乃正授襄州節度使先是漢南無羅城師厚始興板築周十餘里郛郭完壯開平元年加檢校太保同平章事明年又加檢校太傅三年三月入朝詔兼潞州行營都招討使無何劉知俊據同州叛師厚與劉鄩率軍西討至潼關擒知俊弟知浣以獻知俊聞師厚至卽西走鳳翔師厚進攻至長安時知俊已引岐寇據其城師厚以奇兵傍南山急行自西門而入賊將王建驚愕不知所爲遽出降制加師厚檢校太尉頃之晉王與周德威丁會符存審等以大衆攻晉州甚急太祖遣師厚帥兵援之軍至絳州晉軍扼蒙阬之險師厚整衆而前晉人乃徹圍而遁四年二月移授陝州節度使五年正月王景仁敗于柏鄉晉人乘勝圍邢州掠魏博南至黎陽師厚受詔以

兵屯魏州晉軍攻魏州不克而退師厚追襲過漳河解邢州之圍改授滑州節度使明年太祖北征令師厚以大軍攻棗強逾旬不能克太祖屢加督責師厚晝夜奮擊乃破之盡屠其城車駕還師厚屯魏州及庶人友珪篡位魏州衙內都指揮使潘晏與大將臧延範趙訓謀變有密告者師厚布兵擒捕斬之（歐陽史云師厚乘間殺魏牙將潘晏臧延範等逐出節度使羅周翰）越二日又有指揮使趙賓夜率部軍擐甲俟旦爲亂師厚以衙兵圍捕賓不能起乃越城而遁師厚遣騎追至肥鄉擒其黨百餘人歸斬于府門友珪即以師厚爲魏博節度使檢校侍中未幾鎮人晉人侵魏之北鄙師厚率軍至唐店破之斬首五千級擒都將三十餘人是時師厚握河朔兵威望震主友珪患之詔師厚赴闕師厚乃率精甲萬人至洛陽嚴兵于都外自以十餘人入謁友珪懼厚禮而遣之及末帝將圖友珪遣使謀于師厚深陳款效且馳書于侍衛軍使袁象先及主軍大將又遣都指揮使朱漢賓率兵至滑州以應禁旅友珪既誅末帝即位于東京首封師厚爲鄴王加檢校太師中書令每下詔不名以官呼之事無巨細必先謀于師厚師厚頗亦驕誕先是

鎮人以我柏鄉不利之後屢擾邊境師厚總大軍直抵鎮州城下焚盪閭舍移軍掠稾城束鹿至深州而歸乾化五年三月卒于鎮廢朝三日贈太師師厚純謹敏幹深爲太祖知遇委以重兵劇鎮他莫能及然而末年矜功恃衆驟萌不軌之意于是專割財賦置銀槍效節軍凡數千人皆選摘驍銳縱恣豢養復故時牙軍之態時人病之（清異錄云槍材難得十全魏州石屋材多可用楊師厚時銀槍效節都皆采于此）承前河朔之俗上元比屋夜遊及師厚作鎮乃課魏人戶立燈竿千釭萬炬洞照一城縱士女嬉遊復彩畫舟舫令女妓櫂歌于御河縱酒彌日又于黎陽採巨石將紀德政以鐵車負載驅牛數百以拽之所至之處丘墓廬舍悉皆毀壞百姓望之皆曰碑來及碑石纔至而師厚卒魏人以爲悲來之應末帝聞其卒也于私庭受賀乃議裂魏州爲兩鎮既而所樹親軍果爲叛亂以招外寇致使河朔淪陷宗社覆滅由師厚兆之也

牛存節字贊貞青州博昌人也本名禮太祖改而字之少以雄勇自負唐乾符末鄉人諸葛爽爲河陽節度使存節往從之爽卒存節謂同輩曰天下洶洶當

擇英主事之以圖富貴遂歸于太祖初授宣義軍小將屬蔡寇至金隄驛犯酸棗靈昌存節日與之鬬凡二十餘往每往必執俘而還前後斬首二十餘級獲孳畜甚衆太祖擊蔡賊于板橋赤堈酸棗門封禪寺枯河北存節皆預其行與諸將于濮州南劉橋范縣大破鄆衆自此深爲太祖獎遇文德元年夏李罕之以幷軍圍張宗奭于河陽太祖遣存節率軍赴之屬歲歉饑餽不至村民有儲乾樵者存節以器用錢帛易之以給軍食大破賊于湨河罕之引衆北走又預討徐宿有功及討河北存節前鋒下黎陽收臨河至內黃西以兵千餘人當魏人萬二千衆大破其陣殭仆蔽野太祖深所歎激謂有神兵之助大順元年改滑州左右廂牢城使與諸將討時溥累破賊軍景福元年秋改遏後都指揮使攻濮之役領軍先登遂拔其壘二年四月下徐州梟時溥存節力戰其功居多乾寧二年授檢校工部尚書三年夏太祖東討鄆州存節領軍攻故樂亭扼其要路都指揮使龐師古屯馬頰存節密與都將王言謀入鄆壘十二月存節遣王言夜伏勇士于州西北以船踰濠舉梯登陴既而王言不克入存節獨率伏

軍負梯轒破其西甕城奪其濠橋諸軍俱進四年四月陷其城尋與葛從周降下兗州加檢校右僕射其年秋大舉以伐淮南至濠州東聞前軍失利于清口諸軍退至淠河無復隊伍存節遏其後諸將釋騎步鬭諸軍稍得濟收合所部並敗兵共八千餘人至于淮涘時不食已四日矣存節訓勵部分以禦追寇遂得旋師五年除亳州刺史俄遷宣武軍都指揮使改宿州刺史明年淮賊大至彭城存節乃以部下兵夜發直趣彭門淮人訝其神速震恐而退諸將服其智識光化二年罷歸復爲左衙都將兼馬步教練使天復元年授潞州馬步都指揮使法令嚴整士庶安之及追赴行在士卒泣送者不絕于道加金紫光祿大夫檢校司空改滑州左衙步軍指揮使知邢州軍州事天祐元年授邢州團練使時州兵纔及二百人晉人知之以大軍來寇太祖在鄴發長直兵二千人赴援存節率壯健出鬭以家財賞激戰士犇軍急攻七日不能克而去太祖召至勞慰久之厚賚金帛鞍馬加檢校司徒冬罷軍署爲元帥府左都押衙四年太祖受禪除右千牛衛上將軍其秋攻潞州以存節爲行營馬步軍都排陣使開

平二年二月自右監門衛上將軍轉右龍虎統軍駐留洛下是歲王師敗于上黨晉人乘勝進迫澤州州城將陷河南留守張全義召存節謀遂以本軍及右龍武羽林等軍往應接上黨師至天井關存節謂諸將曰是行也雖不奉詔旨然要害之地不可致失時晉人新勝其鋒甚盛存節引衆而前銜枚夜至澤州適遇守陴者已縱火鼓噪以應外軍刺史保衙城不知所爲存節纔入晉軍已至矣乃分布守禦晉軍四面攻鬭開地道以入城存節亦以隧道應之逆戰于地中晉軍不能進又以勁弩射之中者人馬皆洞經十三日晉軍死傷者甚衆焚營而退郡以獲全太祖屢歎賞之五月遷左龍虎統軍充六軍馬步都指揮使十月授絳州刺史三年四月除鄜州留後六月劉知俊以同州叛尋授同州留後未幾加檢校太保同州節度使乾化二年加檢校太傅進封開國公存節戒嚴軍旅常若敵至先是州中井水鹹苦人不可飲及幷人岐人來迫州城或以爲兵士渴乏陷在旦夕存節乃肅拜虔祝擇地鑿八十餘井其味皆甘淡由是人馬汲濯有餘衆以爲至誠之感自八月至三年春末人馬未嘗釋甲以至

寇退尋加同平章事詔赴闕末帝召慰勉賞賜甚厚十一月加開府儀同三司食邑一千戶授鄆州節度使四年加淮南西北面行營招討使控扼淮濱邊境安之其冬蔣殷據徐州逆命存節方以大衆戍穎州得殷逆謀密以上聞遽奉詔與劉鄩同討之頓于埇上淮賊朱瑾以兵救殷距宿之兩舍聞存節兵大至卽委糧棄甲而遁竟平徐州詔加太尉夏中病渴且痟屬河北用軍末帝令率軍屯陽留以張劉鄩之勢存節忠憤彌篤未嘗言病料敵治戎旦夕愈厲病革詔歸汶陽翼日而卒將終戒其子知業知讓等以忠孝言不及他冊贈太師存節武騺慷慨有大節野戰壁守皆其所長威名聞于境外深爲末帝所重而木強忠厚有賈復之風焉

王檀字衆美京兆人也曾祖泚唐左金吾衛將軍隴州防禦使祖曜定難功臣渭橋鎭遏使父環鴻臚卿以檀貴累贈左僕射檀少英悟美形儀好讀兵書洞曉韜略唐中和中太祖鎭大梁檀爲小將四年汴將楊彥洪破巢將尙讓李讜于尉氏門外檀在戰中摧鋒陷陣遂爲太祖所知稍蒙擢用預破蔡賊于斤溝

淝河入角遷踏白都副將光啓二年從胡真擊淮西之衆解河陽之圍蔡賊張存敢乘亂據洛陽檀與勇士數十人潛入賊柵邀其輜重存敢遁走胡真至陝州開通貢路遣檀攻玉山寨降賊帥石令殷從擊秦宗賢于鄭州西北河灘之上于太祖馬前射賊將孫安應弦而斃三年佐都指揮使朱珍敗徐戎于孫師陂獲其將孫用和束詡以獻從擊蔡賊于板橋偏將李重裔追賊馬躓爲蔡人所擒檀奪取而旋獲賊將薛注太祖破朱瑾于劉橋檀盡收其軍實文德元年三月討羅宏信敗魏人于内黃檀獲其將周儒邵神劍以歸補衝山都虞候是歲與諸軍平蔡州明年佐朱珍大破時溥之衆檀獲賊將何肱改左踏白馬軍副將預征兗鄆累立戰功大順元年從龐師古渡淮深入討孫儒之亂奪邵伯堰破高郵軍檀奮命擊賊刃傷左臂未幾遷順義都將天復中從太祖率四鎮之師圍鳳翔以迎昭宗屢立戎效遷左踏白指揮使從攻王師範于青州檀以偏師收復密郡永陽志云張訓守密州刺史朱全忠至青州訓謂諸將曰汴人將至何以禦之諸將請焚城大掠而歸訓曰不可乃封府庫植旗幟于城上遣羸弱居前自以精兵殿其後而去全忠遣王檀攻密州數日乃敢入城遂權知軍州事充本州馬步軍都

指揮使尋表授檢校右僕射守密州刺史郡接淮戎舊無壁壘乃率夫修築羅
城六旬而畢居民賴之加檢校司空開平二年六月授邢州保義軍節度使檢
校司徒三年加檢校太保充潞州東北面行營招討使乾化元年正月王景仁
與晉人戰于柏鄉王師敗績河朔大震景仁與衆爲敵騎所追檀嚴設備應接
敗軍助以資裝獲濟者甚衆俄而晉軍大至重圍四合土山地穴晝夜攻擊太
祖憂之檀密上表請駕不親征而悉力枝梧竟全城壘三月以功就加檢校太
傅同平章事七月又加開府儀同三司檢校太尉進封瑯琊郡王命宣徽使趙
殷衡賚詔慰諭賜絹千疋銀千兩賞守禦邢州之功也庶人友珪僭位授鄧州
宣化軍節度使檢校太尉兼侍中末帝即位移授許州匡國軍節度使加檢校
太師五年蔡州刺史王彥温作亂檀受詔討平之加兼中書令貞明元年三月
魏博軍亂六月晉王入魏州分兵收下屬郡河北大擾檀受詔與開封尹劉鄩
犄角進師以援河北檀攻澶州魏縣下之擒賊將李嚴王開關以獻頃之檀密
疏請以奇兵西趣河中自陰地關襲取晉陽末帝許之即馳兵而去二年二月

師至晉陽晝夜急攻其壘幷州幾陷既而蕃將石家才自潞州以援兵至檀引
軍大掠而還尋授天平軍副大使知節度使事充鄆齊曹等州觀察等使先是
檀招誘羣盜選其勁悍者寘于帳下以爲爪牙至是數輩竊發突入府第檀素
不爲備遂爲所害時年五十一節度副使裴彥聞變率府兵盡擒諸賊州城帖
然尋冊贈太師諡曰忠毅葬于開封縣之皐門原有子六人皆升朝列
史臣曰夫大都偶國春秋所非當師厚之據鄴城也綰數萬之甲兵擅六州之
輿賦名既震主勢亦滔天逮其喪亡須議分割由茲以失河朔因是以啓晉人
詩所謂誰生厲階者師厚之謂歟存節王檀俱出身事主底力圖功觀其方略
皆將帥之良者也

舊五代史卷二十二

舊五代史卷二十二考證

梁列傳十二楊師厚傳晉軍扼蒙阬之險　阬原本作坑考通鑑注云蒙阬在汾水之東東西三百餘里蹊徑不通卽此處也今改正

晉人乃徹圍而遁　案通鑑考異引梁實錄云生擒賊將蕭萬通等賊由是棄寨而遁莊宗實錄云汴軍至蒙阬周德威逆戰敗之二軍各言勝捷其互異如此通鑑從是書

牛存節傳牛存節字贊貞　贊貞原本作替貞夏文莊集引薛史又作潛真今據歐陽史改正

大破賊于洹河　洹河原本訛洹河今據歐陽史及通鑑改正

存節訓勵部分以禦追寇遂得旋師　案舊唐書作牛存節一軍以先渡獲免與是書所云追寇旋師異

末帝令率軍屯陽留　案陽留卽楊劉見通鑑考異又考李重進碑作楊留新唐書作楊劉蓋地名通用

王檀傳補衡山都虞候　衡山原本訛衡山今據歐陽史改正

舊五代史卷二十二考證

舊五代史卷二十三

宋門下侍郎參知政事監修國史薛居正等撰

梁書第二十三

列傳十三

劉鄩密州安邱縣人也祖綬密州戶掾累贈左散騎常侍父融安邱令累贈工部尚書鄩幼有大志好兵略涉獵史傳唐中和中事青州節度使王敬武爲小校敬武卒三軍推其子師範爲留後朝廷命崔安潛鎭青州州人拒命棣州刺史張蟾將襲師範師範遣都指揮使盧宏攻棣州宏反與蟾通僞旋軍以襲師範師範知之設伏兵以迎宏既而享之先誡鄩曰宏至卽斬之鄩如約斬宏于座上同亂者皆誅之師範以鄩爲馬步軍副都指揮使攻下棣州殺張蟾朝廷因授師範平盧軍節度使光化初師範表鄩爲登州刺史歲餘移刺淄州署行軍司馬天復元年昭宗幸鳳翔太祖率四鎭之師奉迎于岐下李茂貞與內官韓全誨矯詔徵天下兵入援師範覽詔慷慨泣下遣腹心乘虛襲取太祖管內

州郡所在同日竊發其事多泄唯鄴以偏師陷兗州遂據其郡初鄴遣細人詐爲鬻油者覘兗城內虛實及出入之所視羅城下一水竇可以引衆而入遂誌之鄴乃告師範請步兵五百宵自水竇銜枚而入一夕而定軍城晏然市民無擾（金華子云鄴入據子城甲兵精銳城內人皆束手莫敢旅拒加以州將悍虐人情不附鄴因而撫治民皆安堵）太祖命大將葛從周攻之時從周爲節度使領兵在外州城爲鄴所據家屬悉在城中鄴善撫其家移就外第供給有禮升堂拜從周之母及從周攻城鄴以板輿請母登城母告從周曰劉將軍待我甚至不異于兒新婦已下並不失所劉將軍與爾各爲其主爾其察之從周歔欷而退鄴料簡城中老疾及婦人浮食百姓不足與守者悉出之于外與將士同甘苦分衣食以抗外軍戢兵禁暴居人泰然從周攻圍既久鄴無外援人情稍有去就之意一日節度副使王彥温踰城而奔守陴者從之而逸鄴之守兵禁之不可鄴卽遣人從容告彥温曰請副使少將人出非素遣者請勿帶行又揚言于衆曰素遣從副使行者卽勿禁其擅去者族之守民聞之皆感奔逸者乃止外軍聞之果疑彥温有姦卽戮之于城下自是軍城

遂固及王師範兵力漸蹙從周以禍福諭鄩俾之革面鄩報曰俟青州本使歸降即以城池還納天復三年十一月師範告降且言先差行軍司馬劉鄩領兵入兗州請釋其罪亦以告鄩鄩即出城聽命太祖嘉其節概以爲有李英公之風鄩既降從周具行裝服馬請鄩歸大梁鄩曰未受梁王捨釋之旨乘肥衣裘非敢聞命即素服跨驢而發及將謁見太祖令賜冠帶鄩曰纍囚負罪請就縶而入太祖不許及見慰撫移時且飲之酒鄩以量小告太祖太祖曰取兗州量何大耶旋授元從都押牙太祖牙下諸將皆四鎮舊人鄩一旦以羇旅之臣驟居衆人之右及與諸將相見並用階庭之禮太祖尤奇重之未幾表爲鄜州留後是時邠岐之衆屢寇其境鄩禦捍備至太祖以其地遠慮失鄩即令棄郡引軍屯于同州天祐二年二月授右金吾衛大將軍充街使三年正月太祖授元帥之任以鄩爲元帥府都押牙執金吾如故開平元年授右金吾上將軍充諸軍馬步都指揮使其年秋與諸將征潞州遷檢校司徒三年二月轉右威衛上將軍依前諸軍馬步都虞候五月改左龍武統軍充侍衛親軍馬步軍都指揮

使其年夏同州劉知俊反引岐人襲據長安分兵扼河潼太祖幸陝命鄩西討
即奮取潼關擒知俊弟知浣以獻遂引兵收復長安知俊棄郡奔鳳翔太祖以
鄩爲佑國同州軍兩使留後尋改佑國軍爲永平軍以鄩爲節度使檢校司徒
行大安尹金州管內觀察使是時西鄙未寧密邇寇境鄩練兵撫衆獨當一面
四年加檢校太保同平章事庶人友珪簒位加檢校太傅乾化三年正月丁內
艱友珪命起復視事末帝即位尤深倚重明年夏詔鄩歸闕授開封尹遙領鎮
南軍節度使旋屬晉人寇河朔鄩奉詔與魏博節度使楊師厚禦之而退九月
徐州節度使蔣殷據城叛時朝廷以福王友璋鎮徐方殷不受代末帝遣鄩與
鄆帥牛存節率兵攻之殷求援于淮夷僞吳楊溥遣大將朱瑾領衆赴援鄩逆
擊破之貞明元年春城陷殷舉族自燔于火中得其尸梟首以獻詔加檢校太
尉三月魏楊師厚卒朝廷分相魏爲兩鎮遣鄩率大軍屯南樂以討王鎔爲名
旣而魏軍果亂因節度使賀德倫送款于太原六月晉王入魏州鄩以精兵萬
人自洹水移軍魏縣晉王來覘鄩設伏于河曲叢木間俟晉王至大譟而進圍

之數匝殺獲甚衆晉王僅以身免是月鄩潛師由黃澤西趨太原將行慮爲晉軍所追乃結芻爲人縛旗于上以驢負之循堞而行數日晉人方覺軍至樂平會霖雨積旬師不克進鄩卽整衆而旋魏之臨清積粟之所鄩引軍將據之遇晉將周陽五自幽州率兵至鄩乃取貝州與晉軍遇于堂邑鄩邀擊郤之追北五十餘里遂軍于莘縣增城壘浚池隍自莘及河築甬道以通餉路八月末帝賜鄩詔曰閫外之事全付將軍河朔諸州一旦淪沒勞師弊旅患難日滋退保河壖久無鬭志昨東面諸侯奏章來上皆言倉儲已竭飛輓不充于役之人每遭擒擄夙宵軫念惕懼盈懷將軍與國同休當思良畫如聞寇敵兵數不多宜設機權以時翦撲則予之負荷無累先人鄩奏曰臣受國深恩忝茲閫政敢不枕戈假寐罄節輸忠昨者比欲西取太原斷其歸路然後東收鎭冀解彼連雞止于旬時再清河朔豈期天方稔亂國難未平纔出師徒積旬霖潦資糧殫竭軍士札瘥切慮蒼黃乖于統攝乃詢部伍皆欲旋歸凡次舍經行每張犄角又欲絕其餉道且據臨清纔及宗城周陽五奄至騎軍馳突變化如神臣遂領大

軍保于莘縣深溝高壘享士訓兵日夜戒嚴伺其進取偵視營壘兵數極多樓煩之人皆能騎射最爲勍敵未可輕謀臣若苟得機宜焉敢坐滋患難臣心體國天鑒具明末帝又遣使問鄩決勝之策鄩曰臣無奇術但人給糧十斛盡則破敵末帝大怒讓鄩曰將軍蓄米將療飢耶將破賊耶乃遣中使督戰鄩集諸校而謀曰主上深居宮禁未曉兵機與白面兒共謀終敗人事大將出征君命有所不受臨機制變安可豫謀今揣敵人未可輕動諸君更籌之時諸將皆欲戰鄩默然他日復召諸將列坐軍門人具河水一器因命飲之衆未測其旨或飲或辭鄩曰一器而難若是滔滔河流可勝旣乎衆皆失色居數日鄩率萬餘人薄鎮定之營時鄩軍奄至上下騰亂殺獲甚衆少頃晉軍繼至乃退二年三月鄩自莘引軍襲魏州與晉王戰于故元城王師敗績鄩脫身南奔自黎陽濟河至滑州尋授滑州節度使詔屯黎陽三年二月晉王悉衆來攻黎陽鄩拒之而退及鄩歸闕再授開封尹領鎮南軍節度使其年河朔失守朝廷歸咎于鄩鄩亦不自安上表避位九月落平章事授亳州團練使屬淮人寇蔡潁亳三郡

鄩奉命渡淮至霍邱大殲賊黨五年兗州節度使張萬進反北結晉人爲援末帝遣鄩攻之鄩爲兗州安撫制置使是冬萬進危蹙小將邢師遇潛應王師遂拔其城梟萬進首以獻十一月制授泰寧軍節度使檢校太尉同平章事六年六月授河東道招討使與華州尹皓攻取同州先是河中朱友謙襲取同州以其子令德爲留後表請旄鉞末帝怒命鄩討之其年九月晉將李嗣昭率師來援戰于城下王師不利敗兵走河南橋梁陷溺死者甚衆鄩以餘衆退保華州羅文寨先是鄩與河中朱友謙爲婚家及王師西討行次陝州鄩遣使賫檄與友謙諭以禍福大計誘令歸國友謙不從如是停留月餘尹皓段凝輩素忌鄩遂搆其罪言鄩逗留養寇俾俟援兵末帝以爲然及兵敗詔歸洛河南尹張宗奭承朝廷密旨逼令飲酖而卒時年六十四詔贈中書令子遂凝遂雍別有傳

賀瓌字光遠濮陽人也曾祖延以瓌貴贈左監門上將軍祖華贈左散騎常侍父仲元贈刑部尚書瓌少倜儻負雄勇之志遇世亂入軍朱瑄爲濮州刺史兼鄆州馬步軍都指揮使拔爲小將唐光啓初鄆州三軍推瑄爲留後以瓌爲馬

步軍都指揮使表授檢校工部尚書及瑄與太祖構隙瓌受瑄命數領軍于境上乾寧二年十月太祖親征兖鄆十一月瑄遣瓌與太原將何懷寶率兵萬餘人以援朱瑾師次待賓館斷我糧運太祖偵知之自中都引軍夜馳百餘里遲明至鉅野東與瓌等接戰兖人大敗瓌竄于棘塚之上大呼曰我是鄆州都將賀瓌顧就擒幸勿傷也太祖聞之馳騎至塚前遂擒之并獲何懷寶及將吏數十人徇于兖壁之下悉命戮之唯留瓌一人釋縛寘之麾下尋署爲教練使奏授檢校左僕射瓌感太祖全宥之恩私誓以身報國天復中預平青州王師範以功授曹州刺史兼先鋒都指揮使加檢校司空天祐二年與楊師厚從太祖平荆襄授荆南兩使留後未幾徵還爲行營左廂步軍都指揮使開平二年十月授左龍虎軍馬步都指揮使十二月改左衛上將軍充六軍馬步都虞候三年五月轉右龍虎統軍未幾加檢校司徒邢州團練使四年二月改澤州刺史充昭義軍節度留後檢校太保進封開國侯乾化二年七月授相州刺史尋加檢校太傅有頃轉左龍虎統軍貞明二年慶州叛爲李繼陟所據瓌以本官充

西面行營馬步軍都指揮使兼諸軍都虞候與張筠破涇鳳之衆三萬下寧衍二州三年秋慶州平十二月瓌以功授滑州宣義軍節度使依前檢校太傅加同平章事尋授北面行營招討使四年春晉人取楊劉城據之八月瓌與許州節度使謝彥章領大軍營于濮州之行臺村對壘數月一日晉王以輕騎挑戰瓌與彥章發伏兵奮擊晉王僅以身免先是瓌與彥章不協是歲冬十二月復爲諸軍都虞候朱珪所構瓌乃伏甲士殺彥章及濮州刺史孟審澄別將侯溫裕等于軍以謀叛聞是月瓌與晉人大戰于胡柳陂晉人敗績臨陣斬晉將周陽五既晡瓌軍亦敗五年春正月晉人城德勝夾河爲柵四月瓌率大軍攻其南柵以艨艟戰艦扼其中流晉人斷我艨艟濟軍以援南柵瓌退軍于行臺尋以疾卒時年六十二詔贈侍中長子光圖仕後唐爲供奉官

康懷英兗州人也本名懷貞避末帝御名故改之始以驍勇事朱瑾爲列校唐乾寧四年春太祖既平鄆命葛從周乘勝急攻兗州時朱瑾在豐沛間搜索糧餉留懷英守其城及從周軍至懷英聞鄆失守乃出降太祖素聞其名得之甚

喜尋署爲軍校光化元年秋從氏叔琮伐襄漢懷英以一軍攻下鄧州三年從征河朔佐張存敬敗燕軍于易水之上天復元年冬太祖率師迎昭宗于鳳翔時李茂貞遣大將符道昭領兵萬餘屯武功以拒太祖命諸軍擊之以懷英爲前鋒領衆先登一鼓而大破之擄甲士六千餘人奪馬二千匹翼日太祖方至顧左右曰邑名武功今首盪逆黨真武功也乃召懷英大加獎激仍以駿馬珍器賜之二年四月符道昭復領大軍屯于虢縣之漢谷其建寨之所前臨巨澗後倚峻阜險不可升太祖遣懷英提騎數千急擊之道昭以懷英兵寡有俯視之意乃率甲士萬人絶澗以挑戰懷英始以千騎夜鬭戰酣發伏兵以擊之岐軍大敗秋八月鄜帥李周彝屯軍于三原以援鳳翔太祖命懷英討之周彝拔軍而遁追至梨園因攻下翟州擒其守來獻俄而岐軍屯奉天太祖令懷英寨于岐軍之東北以備敵人一夕岐軍大至急攻其營懷英以夜中不可驚動諸軍獨以二千餘人抗數萬之衆自乙夜至四鼓身被十餘創岐軍不勝而退昭宗還京賜迎鑾毅勇功臣是歲淮人聞青兗之叛遣兵數萬以寇宿州太祖命

懷英馳騎以救之淮人遁去即以懷英爲權知宿州刺史天祐三年冬佐劉知俊破邠鳳之衆五萬于美原收五千餘寨乘勝引軍攻下鄜州以功授陝州節度使太祖受禪加檢校太保開平元年夏命將大軍以伐潞州將行太祖謂懷英曰卿位居上將勇冠三軍向來破敵摧鋒動無遺悔至于高爵重祿我亦無負于卿夫忠臣事君有死無二韓信所謂漢王載我以車衣我以衣食我以食食人之祿死人之憂我每思韓信此言真忠烈丈夫耳如丁會受我待遇之恩不謂不至懷黃拖紫裂土分茅設令木石偶人須感恩義一朝反噬倒戈授人苟有天道明神安能容此大凡孤恩負理忠良不爲我今掃境內委卿卿當勉思竭盡況晉人新得上黨衆心未叶和以十萬之師一舉可克予當置酒高會望卿歌舞凱旋懷英惶恐而退六月懷英領大軍至潞率衆晝夜攻城半月之間機巧百變懷英懼太祖之言期于必取乃築壘環城濬鑿池塹然而屢爲晉將周德威騎軍所撓懷英不敢即戰太祖乃以李思安代之降爲行營都虞候夏五月晉王率蕃漢大軍攻下夾城懷英逃歸詣銀臺門待罪太祖宥之改授

右衛上將軍三年夏命爲侍衛諸軍都指揮使尋出爲陝州節度使兼西路行營副招討使及劉知俊奔鳳翔引岐軍以圖靈武太祖遣懷英率兵救之師次長城嶺爲知俊邀擊懷英敗歸（歐陽史云還至昇平知俊掩擊之懷英大敗通鑑懷貞等還至三水知俊遣兵據險邀之左龍驤軍使壽張王彥章力戰懷貞等乃得過懷貞與裨將李德遇許從寶王審權分道而行皆與援兵不相值至昇平劉知俊伏兵山口懷貞大敗僅以身免德遇等軍皆沒蓋懷英過長城嶺之險已爲邀擊後又敗于昇平也）四年春移華州節度使乾化二年秋命爲河中行營都招討使與晉軍戰于白徑嶺敗歸于陝末帝嗣位以岐軍屢犯秦雍命懷英爲永平軍節度使大安尹累加官至中書令貞明中卒于鎮

王景仁（景仁本名茂章避梁諱改焉詳見通鑑注）廬州合淝人材質魁偉性暴率無威儀善用槊頗推驍悍在淮南累職爲都指揮使楊行密僞署宣州節度使行密死子渥自立忌其勇悍且有私憾欲害之景仁棄宛陵以腹心百人歸吳越王錢鏐（新唐書楊行密傳渥求茂章親兵不得宣輦帷帟以行茂章嫚罵不與踰年遣兵五千襲之茂章奔杭州）鏐辟爲兩府行軍司馬具以狀聞太祖復命遙領宣州節度使檢校太傅同平章事鏐以淮寇終爲巨患欲速平之命景仁奉表至闕面陳水陸之計請合禁旅太祖異禮待之頒賜殊厚顧曰

待我平代北寇當盡以王師付汝南討于是留京師每預丞相行列劉知俊之叛也從駕至陝始佐楊師厚西入關兵未交知俊棄馮翊走進剋雍華降王建張君練頗預戰有功太祖嘉之時鎮定作逆朋附沙陁遂擢爲上將付步騎十萬爲北面行營都招討使開平二年正月二日與晉軍戰于柏鄉王師敗績太祖怒甚拘之私第然以兩浙元勳所薦且欲收其後效止落平章事罷兵柄而已（歐陽史景仁及晉人戰大敗于柏鄉景仁歸訴于太祖太祖曰吾亦知之蓋韓勍李思安輕汝爲客而不從節度爾）數月復其官爵末帝即位復用爲南面北面行營招討應接使以兵萬餘人伐壽州至霍邱接戰擒賊將袁襲王彥威王璠等送京師俄而朱瑾以大軍至景仁力戰不屈常以數騎身先奮擊寇不敢逼乃引兵還及濟淮復爲殿軍故不甚衂瑾亦不敢北渡（九國志朱景傳王茂章來寇度淮水可涉處立表識之景易置于深潭水中立表浮木之上茂章軍敗望表而涉溺死者大半積其尸爲京觀）及歸病疽而卒詔贈太尉

史臣曰劉鄩以機略自負賀瓌以忠毅見稱懷英以驍勇佐時景仁以貞純許國較其器業皆名將也然雖有善戰之勞亦有敗軍之咎則知兵無常勝豈虛

舊五代史卷二十三考證

梁列傳十三劉鄩傳朝廷命崔安潛鎮青州　安潛原本訛守潛今據新唐書改正

太祖命大將葛從周攻之　大將葛從周金華子作兗帥張姓疑傳聞之誤

鄩即出城聽命　案劉鄩叛附于梁新唐書昭宗紀作十月丁丑與是書作十一月異

以爲有李英公之風　英公原本訛殷公考新唐書李勣封英國公今改正

殺獲甚衆晉王僅以身免　案通鑑作晉王帥騎馳突所向披靡自午至申乃得出亡其七騎與此云僅以身免異蓋當時梁唐二史各有夸張掩飾故所紀不同如此

逼令飲酖而卒　案通鑑考異引莊宗實錄作憂恚發病卒

賀瓌傳張筠破涇鳳之衆三萬　張筠原本訛張節今據通鑑考異改正

別將侯温裕等　侯温裕玉堂閒話作侯温疑傳聞之異

舊五代史卷二十三考證

舊五代史卷二十四

宋門下侍郎參知政事監修國史薛居正等撰

梁書第二十四

列傳十四

李珽字公度隴西燉煌人五世祖忠懿公憕有大節見唐史父穀仕懿僖朝官至右諫議大夫珽聰悟有才學尤工詞賦僖宗朝晉公王鐸提兵柄鎮滑臺穀居賓席鐸見珽大賞歎之年二十四登進士第解褐授校書郎拜監察御史俄丁內艱先是父旅殯在遠家貧無以襄事與弟琪當臘雪以單縗扶杖銜哀告人由是兩克遷祔而珽日不過食一溢恆羸臥喪廬中不能興大爲時賢所歎憂闋再徵爲御史以瘠不起成汭之鎮荆州辟爲掌書記踰時乃就天復中淮寇大舉圍夏口逼巴陵太祖患之飛命成汭率水軍十萬援于鄂珽入言曰今舳艫容介士千人載稻倍之緩急不可動吳人剽輕若爲所絆則武陵武安皆我之讎也將有後慮不如遣驍將屯巴陵大軍對岸一日不與戰則吳寇糧絕

而鄂州圍解矣汭性剛決不聽淮人果乘風縱火舟盡焚兵盡溺汭亦自沈于江朗人潭人遂入荊渚一如所料未幾襄帥趙匡凝復奏爲掌記入爲左補闕又明年太祖爲元帥以襄師貳于己率兵擊破之趙匡凝奔揚州太祖復署珽爲天平軍掌書記一日大會將佐指珽曰此真書記也滄州節度使劉守文拒命太祖引兵十餘萬圍之久而未下乃召珽草檄珽即就外次筆不停綴登時而成大爲太祖嗟賞受禪之歲宰臣除爲考功員外郎知制誥珽揣太祖未欲首以舊僚超拜清顯三上章固辭優詔褒允尋以本官監曹州事曹去京數舍吏民豪猾前後十餘政未有善罷者珽在任期歲衆庶以寧入爲兵部郎中崇政院學士未幾以許帥馮行襲疾甚出爲許州留後先是行襲有牙兵二千皆蔡人也太祖深爲憂乃遣珽馳往以伺察之珽至傳舍召將吏親加撫慰行襲欲使人代受詔珽曰東首加朝服禮也乃于臥內宣詔令善自補養茍有不諱子孫俱保後福行襲泣謝遂解二印以授珽代掌軍府事太祖覽奏曰予固知珽必辦吾事行襲門戶不朽矣乃以珽爲匡國軍留後尋徵爲左諫議大夫兼

宣徽副使從征至魏縣過內黃因侍立于行殿太祖顧曰此何故名內黃珽曰河南有外黃小黃故此有內黃又曰外黃小黃在何處對曰秦有外黃都尉理外黃有故墉今在雍丘小黃爲高齊所廢其故墉今在陳留太祖稱獎數四及庶人友珪簒位除右散騎常侍充侍講學士內討之日軍士大擾珽爲亂兵所傷其夕卒于洛陽珽性孝友與弟琪有敦睦之愛爲搢紳所稱案歐陽史有裴迪韋震傳今原文已佚無可采補

盧曾字孝伯其先范陽人也頗好書有所執守始爲齊州防禦使朱瓊從事瓊降預其謀與之皆來瓊沒太祖辟爲宣義幕職曾性忠狷好貢直又不能取容于衆每動府讌語稍洽曾率然糺正輒又忤旨左長直軍使劉捍委任方重曾亦不能平冀王友謙初定陝府命曾往議事有使院小將從行嗜酒荒逸過度曾復命欲發其罪致疏于袖中累日未果言小將恐事洩先誣告曾使酒幾敗軍事劉捍因證之由是罷職歸于齊之別墅俄而王師範起兵叛太祖促召曾謂之曰子能緩頰說青州使無背盟吾不負子矣曾持檄以往既至青師範囚

之送于淮南遇害後太祖暴師範之罪曰與我骨肉殺我賓僚遂族誅之因召會二子皆授以官

孫隲滑臺人嗜學知書微有辭筆唐光啓中魏博從事公乘億以女妻之因教以牋奏程式時中原多難文章之士縮影竄跡不自顯億既死魏帥以章表牋疏淹積兼月不能發一字或以隲爲言卽署本職主奏記事累遷職自支使掌記至節度判官奏官自校書御史郎官中丞檢校常侍至兵部尚書太祖御天下念潛龍時隲奉其主好問往來數十返甚錄之開平三年除右諫議大夫滿歲遷左散騎常侍隲雅好聚書有六經漢史洎百家之言凡數千卷皆簡翰精至披勘詳定得暇卽朝夕躭翫曾無少怠乾化二年春太祖將議北巡選朝士三千餘人扈從二月甲子車駕發自洛陽禺中次白馬頓召文武官就食以從臣未集駐蹕以俟之又命飛騎促于道而隲與諫議大夫張衍兵部郎中張儁等累刻方至太祖性本卞急因茲大怒並格殺于前墀

張儁字彥臣祖父咸有聞于時儁少孤自修飾善爲五言詩其警句頗爲人所

稱唐廣明中黃巢犯京師天子幸蜀士皆竄伏窟穴以保其生傳亦晦跡浮泛不失其道及僖宗還京師由校書郎西畿尉登朝爲御史補闕起居郎司勳員外萬年縣令以事黜官峽中將十年太祖卽位用宰臣薛貽矩爲鹽鐵使傳與貽矩同年登第甚知其才卽奏爲鹽鐵判官遷秩爲禮部郎中兼職如故乾化二年二月扈從後至與孫隲張衍同日遇禍于白馬頓

張衍字元用河南尹魏王宗奭之猶子也其父死于兵間衍樂讀書爲儒始以經學就舉不中選時諫議大夫鄭徽退居洛陽以女妻之遂令應辭科不數上登第唐昭宗東遷以宗奭勳力隆峻衍由校書郎拜左拾遺旋召爲翰林學士太祖卽位罷之特拜考功郎中俄遷右諫議大夫衍巧生業樂積聚太祖將北伐頗以扈從閒糜耗力用繫意屢干託宰執求免是行太祖微聞之又屬應召稽晚與孫隲等同日遇禍

杜荀鶴池州人辛文房唐才子傳荀鶴字彥之牧之微子也善爲詩辭句切理爲時所許既擢第復還舊山唐才子傳荀鶴嘗謁梁王朱全忠與之坐忽無雲而雨王以爲天泣不祥命作詩稱意王喜之荀鶴寒進連敗文場甚苦至是送春官大順二

年裴贄侍郎放第八人登科正月十日放榜正荀鶴生朝也王希羽獻詩曰金榜曉懸生世日玉書潛記上昇時九華山色高千尺未必高于第八枝又唐新纂云荀鶴舉進士及第東歸過夷門獻梁太祖詩句云四海九州空第一不同諸鎮府封王是則荀鶴之受知于梁祖舊矣不待田頵之箋問而始被遇也

時田頵在宣州甚重之頵將起兵乃陰令以箋問至太祖遇之頗厚及頵遇禍太祖以其才表之尋授翰林學士主客員外郎既而恃太祖之勢凡搢紳間已所不悅者日屈指怒數將謀盡殺之苞蓄未及洩丁重疾旬日而卒

羅隱唐才子傳隱字昭諫餘杭人詩名于天下尤長于詠史然多所譏諷以故不中第大爲唐宰相鄭畋李蔚所知隱雖負文稱然貌古而陋畋女幼有文性嘗覽隱詩卷諷誦不已畋疑其女有慕才之意一日隱至第鄭女垂簾而窺之自是絕不詠其詩唐廣明中因亂歸鄉里節度使錢鏐辟爲從事開平初太祖以右諫議大夫徵不至魏博節度使羅紹威密表推薦乃授給事中年八十餘終于錢塘潤泉日記云唐光啓三年吳越王表奏爲錢塘令遷著作郎辟掌書記天祐三年充判官梁開平二年授給事中三年遷發運使是年卒葬于定山鄉金部郎中沈崧銘其墓有文集數卷行于世唐才子傳云隱所著讒書讒本淮海寓言湘南應用集甲乙集外集啓事等並行于世五代史補羅隱在科場特才傲物尤爲公卿所惡故六舉不第時長安有羅尊師者深于相術隱以貌陋恐爲相術所棄每與尊師接談常自大以沮之及其累遭黜落

不得已始往問焉尊師笑曰貧道知之久矣但以吾子決在一第未可與語今日之事貧道敢有所隱乎且吾子之于一第也貧道觀之雖首冠羣英亦不過簿尉爾若能罷舉東歸霸國以求用則必富且貴矣兩途吾子宜自擇之隱憯然不知所措者數日隣居有賣飯媪見隱驚曰何辭色之沮喪如此莫有不決之事否隱謂知之因盡以尊師之言告之媪歎曰秀才何自迷甚焉且天下皆知羅隱何須一第然後爲得哉不如急取富貴則老婆之願也隱聞之釋然遂歸錢塘時錢鏐方得兩浙置之幕府使典軍中書檄其後官給事中初隱罷上中書之日費窘因抵魏謁鄴王羅紹威將入其境先貽書叙其家世鄴王爲姪幕府僚吏見其書皆怒曰羅隱一布衣爾而姪視大王其可乎紹威素重士且曰羅隱名振天下王公大人多爲所薄今惠然肯顧其何以勝得在姪行爲幸多矣敢不致恭諸公慎勿言于是擁旆郊迎一見即拜隱亦不讓及將行紹威贈以百萬他物稱是仍致書于鏐謂叔父鏐首用之

仇殷不知何郡人也開平中仕至欽天監明于象緯曆數藝術精密近無其比光化中太祖在滑密遣王友倫以兵三萬禦幽州之師十餘萬深慮其不敵召殷問曰陣可行乎曰其十四日遇禺中乎又問之曰賊敗塗地又曰既望當見捷書果如其言不失晷刻太祖之在長蘆也諸將請攻壁號令軍中人負藁二團寘千積俄而雲集殷曰何用或以所謀告之殷曰我占矣不見攻壁象無乃自退乎翼日有馳騎報丁會以潞州叛太祖令盡焚其藁而還不克攻開平中殷一日朝罷過崇政院使敬翔直閣翔問之曰月犯房次星其逼若綴是何祥

也曰常度耳殷欲不言既過數步自度不可默乃反言曰三兩日當有不順語至無或驟恐宜先白上知既二日陝府奏同州劉知俊閉關作叛初王景仁之出師也殷上言太陰虧不利深入太祖遽遣使止之已敗于柏鄉矣殷所見觸類如是不可備錄然而畏慎特甚居常寢默未嘗敢顯言縱言事跡惟其語音不可盡曉以故屢貽責罰後卒于官

段深不知何許人開平中以善醫待詔于翰林時太祖抱病久之其溲甚濁僧曉微侍藥有徵賜紫衣師號錫賚甚厚頃之疾發曉微剝服色去師號因召深問曰疾愈復作草藥不足恃也我左右粒石而效者衆矣服之如何深對曰臣嘗奉詔診切陛下積憂勤失調護脈代乳而心益虛臣以爲宜先治心心和平而溲變清當進飲劑而不當粒石也臣謹按太倉公傳曰中熱不溲者不可服石石性精悍有大毒凡餌毒藥如甲兵不得已而用之非有危殆不可服也太祖善之令進飲劑疾稍愈乃以幣帛賜之

舊五代史卷二十四考證

梁書列傳十四李珽傳河南有外黃小黃　小黃歐陽史作下黃考困學紀聞云五代通錄李珽曰河南有外黃小黃漢地理志陳留有外黃小黃縣五代史記改小黃爲下黃誤也當從通錄

秦有外黃都尉　都尉原本作郡尉今據漢書地理志及歐陽史改正

充侍講學士　案歐陽史作侍講

盧曾傳始爲齊州防禦使朱瓊從事　案新唐書通錄與是書梁紀皆稱朱瓊爲齊州刺史惟此傳作防禦使疑有舛誤

孫騭傳並格殺于前墀　案通鑑考異引梁實錄作賜死通鑑作撲殺于前墀

杜荀鶴傳旬日而卒　案唐才子傳荀鶴以天祐元年卒北夢瑣言作梁受禪後拜翰林學士五日而卒未知孰是

羅隱傳羅隱餘杭人　案澗泉日記作新城人

因亂歸鄉里節度使錢鏐辟爲從事　案唐新纂羅隱初爲吳令後以羅紹威

鷹爲錢鏐所辟據是書則隱自歸里卽爲鏐從事後復爲紹威鷹也與新纂異

仇殷傳殷上言太陰虧不利深入太祖遽遣使止之已敗于柏鄉矣　案北夢瑣言云柏鄉狠狽梁祖亦自咎曰違犯天道不取仇殷之言也此云太祖遽遣使止之與北夢瑣言異

舊五代史卷二十四考證

舊五代史卷二十五

宋門下侍郎參知政事監修國史薛居正等撰

唐書第一

武皇紀上

太祖武皇帝諱克用本姓朱耶氏其先隴右金城人也始祖拔野唐貞觀中爲墨離軍事從太宗討高麗薛延陁有功爲金方道副都護因家于瓜州太宗平薛延陁諸部于安西北庭置都護屬之分同羅僕骨之人置沙陁都督府蓋北庭有磧曰沙陁故因以爲名焉永徽中以拔野爲都督其後子孫五世相承曾祖盡忠貞元中繼爲沙陁府都督既而爲吐蕃所陷乃舉其族七千帳徙于甘州盡忠尋率部衆三萬東奔俄而吐蕃追兵大至盡忠戰歿祖執宜即盡忠之長子也收合餘衆至于靈州德宗命爲陰山府都督元和初入爲金吾將軍遷蔚州刺史代北行營招撫使新唐書沙陁傳元和三年盡忠款靈州塞詔處其部鹽州置陰山府以執宜爲府兵馬使朝長安授特進金吾衛將軍從攻鎮州進蔚州刺史破吳元濟授檢校刑部尚書長慶初破賊深州入朝留宿衛拜金吾衛將軍太和中授陰山府都督代北行營招撫

使
莊宗卽位追謚爲昭烈皇帝廟號懿祖烈考國昌本名赤心唐朔州刺史咸通中討龐勛有功入爲金吾上將軍賜姓李氏名國昌代州有唐故龍武軍統軍檢校司徒贈太保隴西李公神道碑云公諱國昌字德興仍係鄭王房出爲振武節度使尋爲吐渾所襲退保于神武川及武皇鎭太原表爲代北軍節度使中和三年薨莊宗卽位追謚爲文皇廟號獻祖武皇卽獻祖之第三子也母秦氏以大中十年丙子歲九月二十二日生于神武川之新城在姙十三月載誕之際母艱危者竟夕族人憂駭市藥于鴈門遇神叟告曰非巫醫所及可馳歸盡率部人被甲持旄擊鉦鼓躍馬大噪環所居三周而止族人如其教果無恙而生是時虹光燭室白氣充庭井水暴溢武皇始言喜軍中語齠齓善騎射與儕類馳騁嬉戲必出其右年十三見雙鳧翔于空射之連中衆皆臣伏新城北有毗沙天王祠祠前井一日沸溢武皇因持巵酒而奠曰予有尊主濟民之志無何井溢故未察其禍福惟天王若有神奇可與僕交談奠酒未已有神人被金甲持戈隱然出于壁間見者大驚走惟武皇從容而退繇是益自負獻祖之討龐勛也武皇年十五從征摧鋒陷陣

出諸將之右軍中目爲飛虎子賊平獻祖授振武節度使武皇爲雲中牙將嘗在雲中宿于別館擁妓醉寢有俠兒持刃欲害武皇及突入曲室但見烈火熾赫于帳中俠兒駭異而退又嘗與達靼部人角勝達靼指雙鵰于空曰公能一發中否武皇即彎弧發矢連貫雙鵰邊人拜伏及壯爲雲中守捉使事防禦使支謨與同列晨集廨舍因戲升郡閣踞謨之座謨亦不敢詰乾符三年朝廷以段文楚爲代北水陸發運雲州防禦使時歲薦饑文楚稍削軍食諸軍咸怨武皇爲雲中防邊督將部下爭訴以軍食不充邊校程懷素王行審蓋寓李存璋薛鐵山康君立等即擁武皇入雲州衆且萬人營于鬭雞臺城中械文楚出以應于外諸將列狀以聞請授武皇旄鉞朝廷不允徵諸道兵以討之乾符五年黃巢渡江其勢滋蔓天子乃悟其事以武皇爲大同軍節度使檢校工部尚書冬獻祖出師討党項吐渾赫連鐸乘虛陷振武舉族爲吐渾所擄武皇至定邊軍迎獻祖歸雲州雲州守將拒關不納武皇略蔚朔之地得三千人屯神武川之新城赫連鐸晝夜攻圍武皇昆弟三人四面應賊俄而獻祖自蔚州引軍至

吐渾退走自是軍勢復振天子以赫連鐸爲大同軍節度使仍命進軍以討武皇乾符六年春朝廷以昭義節度使李鈞充北面招討使將太原之師過石嶺關屯于代州與幽州李可舉會赫連鐸同攻蔚州獻祖以一軍禦之武皇以一軍南抵遮虜城以拒李鈞是冬大雪弓弩弦折南軍苦寒臨戰大敗奔歸代州李鈞中流矢而卒廣明元年春天子復命元帥李涿率兵數萬屯代州武皇令軍使傅文達起兵于蔚州朔州刺史高文集與薛葛安慶等部將縛文達送于李涿六月李涿引大軍攻蔚州獻祖戰不利乃率其族奔于達靼部居數月吐渾赫連鐸密遣人賂達靼以離間獻祖既而漸生猜阻武皇知之每召其豪右射獵于野或與之百步馳射馬鞭或以懸針樹葉爲的中之如神由是部人心伏不敢竊發俄而黄巢自江淮北渡武皇椎牛釃酒饗其酋首酒酣諭之曰予父子爲賊臣讒間報國無由今聞黄巢北犯江淮必爲中原之患一日天子赦宥有詔徵兵僕與公等向南而定天下是予心也人生世間光景幾何曷能終老沙堆中哉公等勉之達靼知無留意皆釋然無間是歲十一月黄巢寇潼關

天子令河東監軍陳景思爲代北起軍使收兵破賊十二月黃巢犯長安僖宗幸蜀陳景思與李友金發沙陁諸部五千騎南赴京師友金卽武皇之族父也通鑑友金初與高文集並降于李琢故得與陳景思南赴京師中和元年二月友金軍至絳州將渡河刺史瞿稹謂陳景思曰巢賊方盛不如且還代北徐圖利害四月友金旋軍鴈門瞿稹至代州半月之閒募兵三萬營于崞縣之西其軍皆北邊五部之衆不閑軍法瞿稹李友金不能制友金謂景思曰與大衆成大事當威名素著則可以伏人今軍雖數萬苟無善帥進亦無功吾兄李司徒父子去歲獲罪于國家今寄北部雄武之略爲衆所推若驃騎急奏召還代北之人一麾響應則妖賊不足平也景思然之促奏行在天子乃以武皇爲鴈門節度使仍令以本軍討賊新唐書王重榮傳重榮懼黃巢復振憂之與楊復光計復光曰我世與李克用共憂患其人忠不顧難死義如己若乞師焉事蔑不濟乃遣使者約連和李友金發五百騎齎詔召武皇于達靼武皇卽率達靼諸部萬人趨鴈門五月整兵二萬南嚮京師太原鄭從讜以兵守石嶺關武皇乃引軍出他道至太原城下會大雨班師于鴈門中和二年八月獻祖自達靼部率其族歸代州十月武皇率

忻代蔚朔達靼之軍三萬五千騎赴難于京師先移檄太原鄭從讜拒關不納武皇以兵擊之進軍至城下遣人齎幣馬遺從讜從讜亦遣人饋武皇貨幣饔餼軍器武皇南去自陰地趨晉絳十二月武皇至河中中和三年正月晉國公王鐸承制授武皇東北面行營都統武皇令其弟克修領前鋒五百騎渡河視賊黃巢遣將米重威齎重賂及僞詔以賜武皇武皇納其賂以給諸將燔其僞詔是時諸道勤王之師雲集京畿然以賊勢尚熾未敢爭鋒及武皇將至賊帥相謂曰鴉兒軍至當避其鋒武皇以兵自夏陽濟河二月營于乾坑店黃巢大將尚讓林言王璠趙璋等引軍十五萬屯于梁田坡翼日大軍合戰自午及晡巢賊大敗是夜賊衆遁據華州武皇進軍圍之巢弟黃鄴黃揆固守三月尚讓引大軍赴援武皇率兵萬餘逆戰于零口巢軍大敗武皇進軍渭橋翼日黃揆棄華州而遁王鐸承制授武皇鴈門節度使檢校尚書左僕射四月黃巢燔長安收其餘衆東走藍關武皇進收京師七月天子授武皇金紫光祿大夫檢校左僕射河東節度使舊唐書僖宗紀五月制以鴈門以北行營節度忻代蔚朔等州觀察處置等使檢校尚書左僕射代州刺史上柱國

食邑七百戶李克用檢校司空同平章事兼太原尹北京留守充河東節度管內觀察處置等使新唐書沙陀傳云收京師功第一進同中書門下平章事隴西郡公未幾以克用領河東節度

是時武皇既收長安軍勢甚雄諸侯之師皆畏之武皇一目微眇故其時號爲獨眼龍是月武皇仗節赴鎮遣使報鄭從讜請治裝歸朝武皇次于郊外因往赴鴈門寧覲獻祖八月自鴈門赴鎮河東時年二十有八十一月平潞州表其弟克修爲昭義節度使潞帥孟方立退保于邢州十二月許帥田從異汴帥朱温徐帥時溥陳州刺史趙犨各遣使來告以巢蔡合從凶鋒尚熾請武皇共力討賊中和四年春武皇率蕃漢之師五萬自澤潞將下天井關河陽節度使諸葛爽辭以河橋不完仍屯兵于萬善數日移軍自河中南渡趨汝洛四月武皇合徐汴之師破尚讓于太康斬獲萬計進攻賊于西華賊將黃鄴棄營而遁是夜大雨巢營中驚亂乃棄西華之壘退營陳州北故陽里五月癸亥大雨震電平地水深數尺賊營爲水所漂而潰戊辰武皇引軍營于中牟大破賊于王滿渡庚午巢賊大至濟汴而北是夜復大雨賊黨驚潰武皇營于鄭州賊衆分寇汴境武皇渡汴遇賊將渡而南半濟擊之大敗之臨陣斬賊

將李周王濟安陽景彪等是夜賊大敗殘衆保于胙縣寃句大軍躡之黄巢乃攜妻子兄弟千餘人東走武皇追賊至于巢州是月班師過汴汴帥迎勞于封禪寺請武皇休于府第乃以從官三百人及監軍使陳景思館于上源驛是夜張樂陳宴席汴帥自佐饗出珍幣侑勸武皇酒酣戲諸侍妓與汴帥握手敘破賊事以爲樂汴帥素忌武皇乃與其將楊彥洪密謀竊發彥洪于巷陌連車樹柵以扼奔竄之路時武皇之從官皆醉俄而伏兵竊發來攻傳舍武皇方大醉譟聲動地從官十餘人捍賊侍人郭景銖滅燭扶武皇以茵幕裹之匿于牀下以水洒面徐曰汴帥謀害司空武皇方張目而起引弓抗賊有頃煙火四合復大雨震電武皇得從者薛鐵山賀回鶻等數人而去雨水如澍不辨人物隨電光登尉氏門縋城而出得還本營監軍陳景思大將史敬思並遇害武皇既還營與劉夫人相向慟哭詰旦欲勒軍攻汴夫人曰司空比爲國家討賊赴東諸侯之急雖汴人謀害自有朝廷論列若反戈攻城則曲在我也人得以爲辭乃收軍而去馳檄于汴帥汴帥報曰竊發之夜非僕本心是朝廷遣天使與牙將

楊彥洪同謀也武皇自虎牢關西趨蒲陝而旋秋七月至太原武皇自以累立大功爲汴帥怨圖陷沒諸將乃上章申理及武皇表至朝廷大恐遣內臣宣諭尋加守太傅同平章事隴西郡王光啓元年三月幽州李可舉鎮州王景崇連兵寇定州節度使王處存求援于武皇武皇遣大將康君立安老薛可郭啜率兵赴之五月鎮人攻無極武皇親領兵救之鎮人退保新城武皇攻之斬首萬餘級獲馬千匹王處存亦敗燕軍于易州十一月河中王重榮遣使來乞師且言邠州朱玫鳳翔李符將加兵于己初武皇與汴人搆怨前後八表請削奪汴帥官爵自以本軍進討天子累遣內臣楊復恭宣旨令且全大體武皇不時奉詔天子頗右汴帥時觀軍容使田令孜君側擅權惡王重榮與武皇膠固將離其勢乃移重榮于定州重榮告于武皇武皇上章言李符朱玫挾邪忌正黨庇朱温臣已點檢蕃漢軍五萬取來年渡河先斬朱玫李符然後平盪朱温（新唐書王重榮傳詔克用將兵援河中重榮貽克用書且言奉密詔須公到使我圖公此令孜朱全忠朱玫之惑上也因示僞詔克用方與全忠有隙信之請討全忠及玫）天子覽表遣使譬喻百端軺傳相望既而朱玫引邠鳳之師攻河中王重榮

出師拒戰朱玫軍于沙苑對壘月餘十二月武皇引軍渡河與朱玫決戰玫大敗收軍夜遁入于京師時京城大駭天子幸鳳翔武皇退軍于河中光啓二年正月僖宗駐蹕于寶雞武皇自河中遣使上章請車駕還京且言大軍止誅凶黨時田令孜請僖宗南幸興元武皇遂班師朱玫于鳳翔立嗣襄王熅爲帝以僞詔賜武皇武皇燔之械其使馳檄諸方鎮遣來使奉表于行在九月武皇遣昭義節度使李克修討孟方立于邢州大敗方立之衆于焦岡斬首數千級以大將安金俊爲邢州刺史以撫其降人十月進攻邢州邢人出戰又敗之孟方立求援于鎮州鎮人出兵三萬以援方立克修班師光啓三年六月河中節度使王重榮爲部將常行儒所殺武皇表重榮兄重盈爲帥七月武皇以安金俊爲澤州刺史時張全義自河陽據澤州及李罕之收復河陽召全義令守洛陽全義乃棄澤州而去故以金俊守之文德元年二月僖宗自興元還京三月僖宗崩昭宗卽位以武皇爲開府儀同三司檢校太師兼侍中隴西郡王食邑七千戸食實封二百戸河南尹張全義潛兵夜襲李罕之于河陽城陷舉族爲全

義所擄罕之踰垣獲免遂來歸于武皇遣李存孝薛阿檀史儼兒安金俊安休休將七千騎送罕之至河陽汴將丁會牛存節葛從周將兵赴援李存孝率精騎逆戰于溫縣汴人旣扼大行之路存孝殿軍而退騎將安休休以戰不利奔于蔡武皇以罕之爲澤州刺史遙領河陽節度使十月邢州孟方立遣大將奚忠信將兵三萬寇遼州武皇大破之斬首萬級生擒奚忠信龍紀元年五月遣李罕之李存孝攻邢州六月下磁州邢將馬溉率兵數萬來拒戰罕之敗之于琉璃陂生擒馬溉徇于城下孟方立恚恨飲酖而死三軍立其姪遷爲留後使求援于汴汴將王虔裕率精甲數百入于邢州罕之等班師大順元年遣李存孝攻邢州孟遷以邢洺磁三州降執汴將王虔裕三百人以獻武皇徙孟遷于太原以安金俊爲邢洺團練使三月昭義軍節度使李克修卒以李克恭爲潞州節度使是月武皇攻雲州拔其東城赫連鐸求援于燕燕帥李匡威將兵三萬以赴之戰于城下燕軍大敗時徐州時溥爲汴軍所攻遣使來求援武皇命石君和由兗鄆以赴之五月潞州軍亂殺節度使李克恭州人推牙將安居受

爲留後南結汴將時潞之小將馮霸擁叛徒三千騎駐于沁水居受使人召之馮霸不至居受懼出奔至長子爲村胥所殺傳首于霸霸遂入潞州自爲留後武皇遣大將康君立李存孝等攻之汴將朱崇節葛從周率兵入潞州以固之是時幽州李匡威雲州赫連鐸與汴帥協謀連上表請加兵于太原宰相張濬孔緯贊成其事六月天子削奪武皇官爵以張濬爲招討使以京兆尹孫揆爲副華州韓建爲行營都虞候以汴帥爲河東南面招討使幽州李匡威爲河東北面招討使雲州赫連鐸爲副汴將朱友裕將兵屯晉絳時汴軍已據潞州又遣大將李讜等率軍數萬急攻澤州武皇遣李存孝自潞州將三千騎以援之汴將鄧季筠以一軍犯陣存孝追擊擒其都將十數人獲馬千餘匹是夜李讜收軍而退大軍掩擊至馬牢關斬首萬餘級追襲至懷州而還存孝復引軍攻潞州八月存孝擒新授昭義節度使孫揆初朝廷授揆節鉞以本軍取刀黃嶺路赴任存孝偵知之引騎三百伏于長子縣崖谷間揆建牙持節褒衣大蓋擁衆而行存孝突出谷口遂擒揆及中使韓歸範并將校五百人存孝械揆等以

組練繫之環于潞州遂獻于武皇武皇謂揆曰公縉紳之士安言徐步可至達官何用如是揆無以對令繫于晉陽獄武皇將用爲副使使人誘之揆言不遜遂殺之九月汴將葛從周棄潞州而遁武皇以康君立爲潞州節度使以李存孝爲汾州刺史十月張濬之師入晉州遊軍至汾隰武皇遣薛鐵山李承嗣將騎三千出陰地關營于洪洞遣李存孝將兵五千營于趙城華州韓建以壯士三百人冒犯存孝之營存孝追擊直壓晉州西門張濬之師出戰爲存孝所敗自是閉壁不出存孝引軍攻絳州十二月晉州刺史張行恭棄城而奔韓建張濬由含山路遁去大順二年春正月武皇上章申理其略曰臣今身無官爵名是罪人不敢歸陛下藩方且欲于河中寄寓進退行止伏候聖裁天子尋就加守中書令（歐陽史二月復拜克用河東節度使隴西郡王加檢校太師兼中書令）是月魏博爲汴將葛從周所寇節度使羅宏信遣使來求援武皇出師以赴之三月邢州節度使安知建叛奔青州天子以知建爲神武統軍自棣州泝河歸朝鄆州朱瑄邀斬于河上傳首晉陽以李存孝爲邢州節度使四月武皇大舉兵討赫連鐸于雲州遣騎將薛

阿檀率前軍以進攻武皇設伏兵于御河之上大破之因塹守其城七月武皇進軍柳會赫連鐸力屈食盡奔于吐渾部遂歸幽州雲州平武皇表石善友爲大同軍防禦使邢州節度使李存孝以鎮州王鎔託附汴人謀亂河朔北連燕寇請乘雲代之捷平定燕趙武皇然之八月大蒐于晉陽遂南巡澤潞略地懷孟河陽趙克裕望風送款請修隣好九月蒐于邢州十月李存孝董前軍攻臨城鎮人五萬營于臨城西北龍尾岡武皇令李存審李存賢以步軍攻之鎮人大敗殺獲萬計拔臨城進攻元氏幽州李匡威以步騎五萬營于鄗邑以援鎮州武皇分兵大掠旋軍邢州

舊五代史卷二十五考證

唐武皇紀上中和三年薨　案新唐書沙陀傳作光啓三年國昌卒與是書異

以武皇爲大同軍節度使　案歐陽史作拜克用爲大同防禦使新唐書作以國昌爲大同軍防禦使通鑑作以國昌爲大同節度使俱與是書異

天子復命元帥李涿　案歐陽史作招討使李琢通鑑亦作琢俱與是書異

與薛葛安慶等部將　案新唐書作薩葛首領米海萬安慶

天子乃以武皇爲鴈門節度使　案新唐書表中和二年以河東忻代二州隸鴈門節度更大同節度爲鴈門節度治代州是中和二年以前鴈門非鎮名也據舊唐書初赦克用拜代州刺史忻代兵馬留後二年擢鴈門節度神策天寧軍鎮遏忻代觀察使是克用爲鴈門節度實在二年是書作元年疑誤

十一月平潞州表其弟克修爲昭義節度使　案通鑑克用表克修爲昭義軍節度使在四年八月與是書異

汴帥素忌武皇　案梁紀作李克用乘醉任氣帝不平之考新唐書沙陀傳亦

作全忠忌克用桀驁難制與此紀合蓋全忠攻上源驛實忌其威名而欲害之非徒以其乘醉任氣也

鎮州王景崇　王景崇舊唐書作王鎔考藩鎮傳景崇以中和二年卒子鎔繼立是光啓初寇定州者當爲王鎔也通鑑從舊唐書

光啓元年三月節度使王處存求援于武皇武皇遣大將康君立安老薛可郭啜率兵赴之五月鎮人攻無極武皇親領兵救之　案曲陽天安廟李克用題名碑云李克用以幽鎮侵擾中山領蕃漢步騎五十萬親來救援時中和五年二月二十一日也至三月十七日以幽州請就和斷遂卻班師考舊唐書中和五年三月丙辰朔丁卯駕至京師己巳御宣正殿大赦改元是三月之十四日已改光啓曲陽去京師遠故未知耳又克用親援處存與通鑑遣將康君立異今考是書武皇先遣康君立等與通鑑合繼乃親領兵救之與題名碑合惟是書作五月碑作三月微有互異耳

乃移重榮于定州　案歐陽史作徙重榮于兗州考新唐書王重榮傳亦云令

致從重榮兗海節度使與是書異

武皇上章言李符朱玫挾邪忌正　李符歐陽史作李昌符蓋唐實錄避獻祖

諱故去昌字

孟方立恚恨飲酖而死三軍立其姪遷爲留後　案舊唐書昭宗紀歐陽史莊

宗紀皆以孟遷爲方立之弟新唐書孟方立傳作方立之從弟此紀又作方

立之姪未詳孰是

六月天子削奪武皇官爵　六月新唐書作五月

以張濬爲招討使　案新唐書本紀作張濬爲行營都招討宣慰使張濬傳作

河東行營兵馬招討制置使歐陽史作太原四面行營兵馬都統

華州韓建爲行營都虞候　案歐陽史作韓建爲副使新唐書張濬傳作韓建

爲供軍使

八月存孝擒新授昭義節度使孫揆　案新唐書作七月戊申李克用執昭義

節度使孫揆通鑑從是書作八月

張濬之師出戰爲存孝所敗　案新唐書帝紀作十一月張濬及李克用戰于陰地敗績歐陽史亦作十一月與是書先後互異

舊五代史卷二十五考證

舊五代史卷二十六

宋門下侍郎參知政事監修國史薛居正等撰

唐書第二

武皇紀下

景福元年正月鎮州王鎔恃燕人之援率兵十餘萬攻邢州之堯山武皇遣李存信將兵應援李存孝素與存信不協遞相猜貳留兵不進武皇又遣李嗣勳李存審將兵援之大破燕趙之衆斬首三萬收其軍實三月武皇進軍渡滹沱攻欒城下鼓城藁城四月燕軍寇雲代武皇班師八月赫連鐸誘幽州李匡威之衆八萬寇天成軍遂攻雲州營于州北連亘數里武皇潛軍入于雲州詰旦出騎軍以擊之斬獲數萬李匡威燒營而遁十月邢州李存孝叛納款于梁李存信搆之也景福二年春大舉以伐王鎔以其通好于李存孝也二月攻天長鎮旬日不下王鎔出師三萬來援武皇逆戰于叱日嶺下鎮人敗斬首萬餘級時歲饑軍乏食脯尸肉而食之進軍下井陘李存孝將兵夜入鎮州鎮人乞師

于汴汴帥方攻時溥不暇應之乃求援于幽州李匡威率兵赴之武皇乃班師七月武皇討李存孝于邢州遂攻平山渡滹水攻鎮州王鎔懼以帛五十萬犒軍請修舊好仍以鎮冀之師助擊存孝許之武皇進圍邢州十二月武皇狩于近郊獲白兎有角長三寸乾寧元年三月邢州李存孝出城首罪縶歸太原轘于市邢洺磁三州平武皇表馬師素爲邢州節度使五月鄆州節度使朱瑄爲汴軍所攻遣使來乞師武皇遣騎將安福順安福應安福遷督精騎五百假道于魏州以應之九月潞州節度使康君立以酖死十月武皇自晉陽率師伐幽州初李匡儔奪據兄位燕人多不義之安塞軍戍將劉仁恭挈族歸于武皇武皇遇之甚厚仁恭數進畫于蓋寓言幽州可取之狀願得兵一萬指期平定武皇方討李存孝于邢州輟兵數千欲納仁恭不利而還匡儔由是驕怠數犯邊境武皇怒故率軍以討之是時雲州吐渾赫連鐸白義誠並來歸命皆笞而釋之十一月進攻武州甲寅攻新州十二月李匡儔命大將率步騎六萬救新州武皇選精甲逆戰燕軍大敗斬首萬餘級生獲將領百餘人曳練徇于新州城

下是夜新州降辛亥進攻嬀州壬子燕兵復合于居庸關拒戰武皇命精騎以疲之令步將李存審由他道擊之自午至晡燕軍復敗甲寅李匡儔攜其族棄城而遁將之滄州隨行輜車臧獲妓妾甚衆滄帥盧彥威利其貨以兵攻匡儔于景城殺之盡擄其衆丙辰進軍幽州其守城大將請降武皇令李存審與劉仁恭入城撫勞居人如故市不改肆封府庫以迎武皇乾寧二年正月武皇在幽州命李存審劉仁恭徇諸屬郡二月以仁恭爲權幽州留後從燕人之請也留腹心燕留德等十餘人分典軍政武皇遂班師凡駐幽州四十日六月武皇率蕃漢之師自晉陽趨三輔討鳳翔李茂貞邠州王行瑜華州韓建之亂先是三帥稱兵向闕同弱王室殺害宰輔時河中節度使王重盈卒重榮之子珂即武皇之子壻也權典軍政其兄珙爲陝州節度使瑤爲絳州刺史與珂爭河中遂訴于岐邠華三鎮言珂本蒼頭不當襲位珂亦訴于武皇武皇上表保薦珂乞授河中旄鉞詔可之三帥遂以兵入覲大掠京師請授王珙同州節度使王瑤河中節度使天子亦許之武皇遂舉兵表三帥之罪復移檄三鎮三鎮大懼

是月次絳州刺史王瑤登陴拒命武皇攻之旬日而拔斬王瑤于軍門誅其黨千餘人七月次河中王珂迎謁于路己未同州節度使王行約棄城奔京師與左軍兵士劫掠西市都民大擾行約卽行瑜弟也庚申樞密使駱全瓘以武皇之軍將至請天子幸右軍指揮使李繼鵬茂貞假子也本姓閻名珪與全瓘謀劫天子幸鳳翔左軍指揮使王行實亦行瑜之弟也與劉景宣欲劫天子幸邠州兩軍相攻縱火燒內門烟火蔽天天子急詔鹽州六都兵士令追殺亂兵左右軍退走王行瑜李茂貞聲言自來迎駕天子懼出幸南山駐蹕于莎城是夜熒惑犯心壬戌武皇進收同州聞天子幸石門遣判官王瓌奉表奔問天子遣使賜詔令與王珂同討邠鳳時武皇方攻華州俄聞李茂貞領兵士三萬至盩厔王行瑜領兵至興平欲往石門迎駕乃解華州之圍進營渭橋天子遣延王戒丕丹王允齎詔促武皇兵直抵邠鳳八月乙酉供奉官張承業齎詔告諭涇帥張鐇已領步騎三萬于京西北扼邠岐之路武皇進營渭北遣史儼將三千騎往石門扈駕遣李存信李存審會鄜延之兵攻行瑜之梨園寨天子削奪行

瑜官爵以武皇爲天下兵馬都招討使以鄜州李思孝爲北面招討使以涇州張鐇爲西南面招討使天子又遣延王丹王賜武皇御衣及大將茶酒弓矢命二王兄事武皇延王傳天子密旨云日昨非卿至此已爲賊庭行酒之人矣所慮者二凶締合卒難翦除且欲姑息茂貞令與卿修好俟梟斬行瑜更與卿商量武皇上表請鸞還京令李存節領二千騎于京西北以防邠賊奔突辛亥天子還宮加武皇守太師中書令邠寧四面行營都統時王行瑜弟兄固守梨園寨我師攻之甚急李茂貞遣兵萬餘來援行瑜營于龍泉鎮茂貞自率兵三萬迫咸陽武皇奏請詔茂貞罷兵兼請削奪茂貞官爵詔曰茂貞勤兵蓋備非常尋已發遣歸鎮又言茂貞已誅李繼鵬李繼晸卿可切戒兵甲無犯土疆武皇請賜河中王珂旌節三表許之又表李罕之爲副都統十月丙戌李存信于梨園寨北遇賊軍斬首千餘級自是賊閉壁不出戊子天子賜武皇內弟子四人又降朱書御札賜魏國夫人陳氏是月王行瑜因敗衂之後閉壁自固武皇令李罕之晝夜急攻賊軍乏食拔營而去李存信與罕之等先伏軍于阨路俟賊

軍之至縱兵擊之殺戮萬計是日收梨園等三寨生擒行瑜之子知進並母邱氏大將李元福等二百人送赴闕庭庚寅王行約王行實燒劫寧州遁走寧州守將徐景乞降武皇表蘇文建爲邠州節度使且于寧州爲治所十一月丁巳收龍泉寨時行瑜以精甲五千守之李茂貞出兵來援爲李罕之所敗邠賊遂棄龍泉寨而去行瑜復入邠州大軍進逼其城行瑜登城號哭曰行瑜無罪昨殺南北司大臣是岐帥將兵脅制主上請治岐州行瑜乞束身歸朝武皇報曰王尙父何恭之甚耶僕受命討三賊臣公其一也如能束身歸闕老夫未敢專命爲公奏取進止行瑜懼棄城而遁武皇收其城封府庫遽以捷聞既而慶州奏王行瑜將家屬五百人到州界爲部下所殺傳首闕下武皇既平行瑜還軍渭北十二月武皇營于雲陽侯討鳳翔進止乙未天子賜武皇爲忠貞平難功臣進封晉王加實封二百戶武皇復上表請討李茂貞天子不允武皇私謂詔使曰觀主上意疑僕別有他腸復何言哉但禍不去胎憂患未已又奏臣統領大軍不敢逕赴朝覲遂班師乾寧三年正月汴人大舉以攻兖鄆朱瑄朱瑾再

乞師于武皇假道于魏州羅宏信許之乃令都指揮使李存信將步騎三萬與李承嗣史儼會軍以拒汴人存信軍于莘與朱瑾合勢頻挫汴軍汴帥患之乃間魏人存信御兵無法稍侵魏之芻牧者宏信乃與汴帥通出師三萬攻存信軍存信揭營而退保于洺州三月武皇大掠相魏諸邑攻李固洹水殺魏兵萬餘人進攻魏州五月汴將葛從周氏叔琮引兵赴援六月李茂貞舉兵犯京師七月車駕幸華州是月武皇與汴軍戰于洹水之上鐵林指揮使落落被擒落落武皇之長子也既戰馬踣于坎武皇馳騎以救之其馬亦踣汴之追兵將及武皇背射一發而斃乃退九月李存信攻魏之臨清汴將葛從周等引軍來援大敗于宗城北存信進攻魏州十月武皇敗魏軍于白龍潭追擊至觀音門汴軍救至乃退十一月武皇徵兵于幽鎮定三州將迎駕于華下幽州劉仁恭託以契丹入寇俟敵退聽命乾寧四年正月汴軍陷兗鄆騎將李承嗣史儼與朱瑾同奔于淮南三月陝帥王珙攻河中王珂來告難武皇遣李嗣昭率二千騎赴之破陝軍于猗氏乃解河中之圍至是天子遣延王戒丕至晉陽傳宣旨于

武皇朕不取卿言以及于此苟非英賢竭力朕何由再謁廟廷在卿表率予所望也七月武皇復徵兵于幽州劉仁恭辭旨不遜武皇以書讓之仁恭捧書謾罵抵之于地仍囚武皇之行人八月大舉以伐仁恭九月師次蔚州戊寅晨霧晦暝占者云不利深入辛巳攻安塞俄報燕將單可及領騎軍至矣武皇方置酒高會前鋒又報賊至矣武皇曰仁恭何在曰但見可及輩武皇張目怒曰可及輩何足爲敵仍促令出師燕軍已擊武皇軍寨武皇乘醉擊賊燕軍披靡時步兵望賊而退爲燕軍所乘大敗于木瓜澗俄而大風雨震雷燕軍解去武皇方醒甲午師次代州劉仁恭遣使謝罪于武皇武皇亦以書報之自此有檄十餘返光化元年春正月鳳翔李茂貞華州韓建皆致書于武皇乞修和好同獎王室兼乞助丁匠修繕秦宮武皇許之四月汴將葛從周寇邢洺磁等州旬日之内三州連陷汴人以葛從周爲邢州節度使大將李存信收軍自馬嶺而旋八月壬戌天子自華還宮是時車駕初復而欲諸侯輯睦賜武皇詔令與汴帥通好武皇不欲先下汴帥乃致書于鎮州王鎔令導其意明年汴帥遣使奉書

幣來修好武皇亦報之自是使車交馳朝野相賀九月武皇遣周德威李嗣昭率兵三萬出青山口以迫邢洺十月遇汴將葛從周于張公橋既戰我軍大敗是月河中王珂來告急言王珙引汴軍來寇武皇遣李嗣昭將兵三千以援之屯于胡壁堡汴軍萬餘人來拒戰嗣昭擊退之十二月潞州節度使薛志勤卒澤州刺史李罕之以本軍夜入潞州據城以叛罕之報武皇曰薛鐵山新死潞民無主慮軍城有變輒專命鎮撫武皇令人讓之罕之乃歸于汴武皇遣李嗣昭將兵討之下澤州收罕之家屬拘送晉陽光化二年春正月李罕之陷沁州三月汴將葛從周氏叔琮自土門陷承天軍又陷遼州進軍榆次武皇令周德威擊之敗汴軍于洞渦驛叔琮棄營而遁德威追擊出石會關殺千餘人汴人復陷澤州五月武皇令都指揮使李君慶將兵收澤潞爲汴軍所敗而還以李嗣昭爲都指揮使進攻潞州八月嗣昭營于潞州城下前鋒下澤州時汴將賀德倫張歸厚等守潞州是月德倫等棄城而遁潞州平九月武皇表汾州刺史孟遷爲潞州節度使光化三年汴軍大寇河朔幽州劉仁恭乞師武皇遣周德

威帥五千騎以援之七月李嗣昭攻堯山至內邱敗汴軍于沙河進攻洛州下
之九月汴帥自將兵三萬圍洛州嗣昭棄城而歸葛從周設伏于青山口嗣昭
之軍不利十月汴人乘勝寇鎮定鎮定懼皆納賄于汴是時周德威與燕軍劉
守光敗汴人二萬于望都聞定州王郜來奔乃班師是月天子加武皇實封一
百戶遣李嗣昭率步騎三萬攻懷州下之進攻河陽汴將閻寶率軍來援嗣昭
退保懷州天復元年正月汴將張存敬攻陷晉絳二州以兵二萬屯絳州以扼
援路二月張存敬迫河中王珂告急于武皇使者相望于路珂妻邠國夫人武
皇愛女也亦以書至懇切求援武皇報曰賊阻道路衆寡不敵救爾即與爾兩
亡可與王郎棄城歸朝珂遂送款于張存敬三月汴帥自大梁至河中王珂遂
出迎尋徙于汴天子以汴帥兼鎮河中武皇自是不復能援京師霸業由是中
否四月汴將氏叔琮率兵五萬自太行路寇澤潞魏博大將張文恭領軍自新
口入葛從周領兗鄆之衆自土門入張歸厚以邢洺之衆自馬嶺入定州王處
直之衆自飛狐入侯言以晉絳之兵自陰地入氏叔琮康懷英營于澤州之昂

車武皇令李嗣昭將三千騎赴澤州援李存璋而歸賀德倫氏叔琮軍至潞州孟遷開門迎沁州刺史蔡訓亦以城降于汴氏叔琮悉其衆趨石會關是時偏將李審建先統兵三千在潞州亦與孟遷降于汴及叔琮之入寇也審建為其鄉導汴人營于洞渦別將白奉國與鎮州大將石公立自井陘入陷承天軍及攻壽陽遼州刺史張鄂以城降于汴都人大恐時霖雨積旬汴軍屯聚既衆芻糧不給復多痢瘧師人多死時大將李嗣昭李嗣源每夜率驍騎突營掩殺敵衆恐懼五月汴軍皆退氏叔琮軍出石會周德威李嗣昭以精騎五千躡之殺戮萬計初汴軍之將入寇也汾州刺史李瑭據城叛以連汴人至是武皇令李嗣昭李存審將兵討之是歲幷汾饑粟暴貴人多附瑭為亂嗣昭悉力攻城三日而拔擒李瑭等斬于晉陽市氏叔琮既旋軍過潞州擄孟遷以歸汴帥以丁會為潞州節度使六月遣李嗣昭周德威將兵出陰地攻慈隰二郡隰州刺史唐禮慈州刺史張瓌並以城來降武皇以汴寇方盛難以兵服佯降心以緩其謀乃遣牙將張特持幣馬書檄以諭之陳當時利害請復舊好十一月壬子汴

帥營于渭濱甲寅天子出幸鳳翔（新唐書帝如鳳翔李茂貞韓全誨請召克用入衛克用間道遣使者奔問並詒書全忠勸還汴全忠不答）武皇遣李嗣昭率兵三千自沁州趨平陽遇汴軍于晉州北斬首五百級天復二年二月李嗣昭周德威領大軍自慈隰進攻晉絳營于蒲縣乙未汴將朱友寧氏叔琮將兵十萬營于蒲縣之南乙巳汴帥自領軍至晉州德威之軍大恐三月丁巳有虹貫德威之營戊午氏叔琮率軍來戰德威逆擊爲汴人所敗兵仗輜車委棄殆盡朱友寧長驅至汾州慈隰二州復爲汴人所據辛酉汴軍營于晉陽之西北攻城西門周德威李嗣昭緣山保其餘衆而旋武皇驅丁壯登陴拒守汴軍攻城日急武皇召李嗣昭周德威等謀將出奔雲州嗣昭以爲不可李存信堅請且入北蕃續圖進取嗣昭等固爭之太妃劉氏亦極言于內乃止居數日亡散之士復集軍城稍安李嗣昭與李嗣源夜入汴軍斬將搴旗敵人扞禦不暇自相驚擾丁卯朱友寧燒營而遁周德威追至白壁關俘斬萬計因收復慈隰汾等三州天復三年正月天子自鳳翔歸京五月雲州都將王敬暉殺刺史劉再立以城歸于劉仁恭武皇遣李嗣昭討之仁恭遣將以

兵五萬來援雲州嗣昭退保樂安燕人擄蔚暉棄城而去武皇怒笞嗣昭及李存審而削其官是時親軍萬衆皆邊部人動違紀律人甚苦之左右或以爲言武皇曰此輩膽略過人數十年從吾征伐比年以來國藏空竭諸軍之家賣馬自給今四方諸侯皆懸重賞以募勇士吾若束之以法急則棄吾吾安能獨保此乎俟時開運泰吾固自能處置矣天祐元年閏四月汴帥迫天子遷都于洛陽新唐書帝東遷詔至太原克用泣謂其下曰乘輿不復西矣遣使者奔問行在五月乙丑天子制授武皇叶盟同力功臣加食邑三千戶實封三百戶八月汴帥遣朱友恭弒昭宗于洛陽宮輝王即位告哀使至晉陽武皇南向慟哭三軍縞素天祐二年春契丹安巴堅始盛武皇召之安巴堅領其部族凡三十萬人至雲州與武皇會于雲州之東握手甚歡因結爲兄弟旬日而去留馬千匹牛羊萬計期以冬初大舉渡河天祐三年正月魏博既殺牙軍魏將史仁遇據高唐以叛遣人乞師于武皇武皇遣李嗣昭率三千騎攻邢州以應之遇汴將牛存節張筠于青山口嗣昭不利而還九月汴帥親率兵攻滄州幽州劉仁恭遣使來乞師武皇乃徵兵于仁恭將攻

潞州以解滄州之圍仁恭遣掌書記馬郁都指揮使李溥等將兵三萬會于晉陽武皇遣周德威李嗣昭合燕軍以攻澤潞十二月潞州節度使丁會開門迎降命李嗣昭爲潞州節度使以丁會歸于晉陽天祐四年正月甲申汴帥聞潞州失守自滄州燒營而遁四月天子禪位于汴帥奉天子爲濟陰王改元爲開平國號大梁是歲四川王建遣使至勸武皇各王一方俟破賊之後訪唐朝宗室以嗣帝位然後各歸藩守武皇不從以書報之曰竊念本朝屯否巨業淪胥攀鼎駕以長違撫彤弓而自咎默默終占悠悠彼蒼生此厲階永爲痛毒視橫流而莫救徒誓檝以興言別捧函題過垂獎諭省覽周旣駭惕異常淚下霑衿倍鬱申胥之素汗流浹背如聞蔣濟之言僕經事兩朝受恩三代位叨將相籍係宗枝賜鈇鉞以專征徵苞茅而問罪鑿兵校戰二十餘年竟未能斬新莽之頭顱斷蚩尤之肩髀以至廟朝顛覆豺虎縱橫且授任分憂叨策冒寵龜玉毀櫝誰之咎歟俯閱指陳不勝慙恧然則君臣無常位陵谷有變遷或箠塞長河泥封函谷時移事改理有萬殊卽如周末虎爭魏初鼎據孫權父子不顯授于

漢恩劉備君臣自微興于涿郡得之不謝于家世失之無損于功名適當逐鹿之秋何惜華蟲之服惟僕累朝席寵奕世輸忠忝佩訓詞粗存家法善博奕者惟先守道治蹊田者不可奪牛誓于此生靡敢失節仰憑廟勝早殄寇讎如其事與願違則共臧洪遊于地下亦無恨矣惟公社稷元勳嵩衡降祉鎮九州之上地負一代之鴻才合于此時自求多福所承良訊非僕深心天下其謂我何有國非吾節也悽悽孤懇此不盡陳五月梁祖遣其將康懷英率兵十萬圍潞州懷英驅率士衆築壘環城城中音信斷絕武皇遣周德威將兵赴援德威軍于余吾率先鋒挑戰日有俘獲懷英不敢即戰梁祖以懷英無功乃以李思安代之思安引軍將營于潞城周德威以五千騎搏之梁軍大敗斬首千餘級思安退保堅壁别築外壘謂之夾寨以抗我之援軍梁祖調發山東之民以供饋運德威日以輕騎掩之運路艱阻衆心益恐李思安乃自東南山口築夾道連接夾寨以通饋運自是梁軍堅保夾寨冬十月武皇有疾是時晉陽城無故自壞占者惡之天祐五年正月戊子朔武皇疾革辛卯崩于晉陽年五十三遺令

薄葬發喪後二十七日除服莊宗即位追諡武皇帝廟號太祖陵在鴈門 五代史補

太祖武皇本朱耶赤心之後沙陀部人也其先生于雕窠中酋長以其異生諸族傳養之遂以諸爺為氏言非一父所養也其後言訛以諸為朱以爺為耶至太祖生眇一目長而驍勇善騎射所向無敵時謂之獨眼龍大為部落所疾太祖恐禍及遂舉族歸唐授雲州刺史賜姓李名克用黃巢犯長安自北引兵赴難功成遂拜太原節度使封晉王武皇之有河東也威聲大振淮南楊行密常恨不識其狀貌因使畫工詐為商賈往河東寫之畫工到未幾人有知其謀者擒之武皇初甚怒既而親謂曰且吾素眇一目試召畫使寫之觀其所為如何及至武皇按膝厲聲曰淮南使汝來寫吾真必畫工之尤也寫吾不及十分即階下便是死汝之所矣畫工再拜下筆時方盛暑武皇執八角扇因寫扇角半遮其面武皇曰汝諂吾也遽使別寫之又應聲下筆畫其臂弓撚箭之狀仍微合一目以觀箭之曲直武皇大喜因厚賂金帛遣之 五代史闕文世傳武皇臨薨以三矢付莊宗曰一矢討劉仁恭汝不先下幽州河南未可圖也一矢擊契丹且曰安巴堅與吾把臂而盟結為兄弟誓復唐家社稷今背約附賊汝必伐之一矢滅朱温汝能成吾志死無憾矣莊宗藏三矢于武皇廟庭及討劉仁恭命幕吏以少牢告廟請一矢盛以錦囊使親將負之以為前驅凱旋之日隨俘馘納矢于太廟伐契丹滅朱氏亦如之又武皇眇一目謂之獨眼龍性喜殺左右有小過失必寘于死初諱眇人無敢犯者嘗令寫真畫工即為撚箭之狀微瞑一目圖成而進武皇大悅賜予甚厚

史臣曰武皇肇跡陰山赴難唐室逐豺狼于魏闕殄氛祲于秦川賜姓受封奄有汾晉可謂有功矣然雖茂勤王之績而非無震主之威及朱旗屯渭曲之師俾翠輦有石門之幸比夫桓文之輔周室無乃有所愧乎洎失援于蒲絳久垂

翅于并汾若非嗣子之英才豈有興王之茂業矧累功積德未比于周文創業
開基尚虧于魏祖追謚爲武斯亦幸焉

舊五代史卷二十六

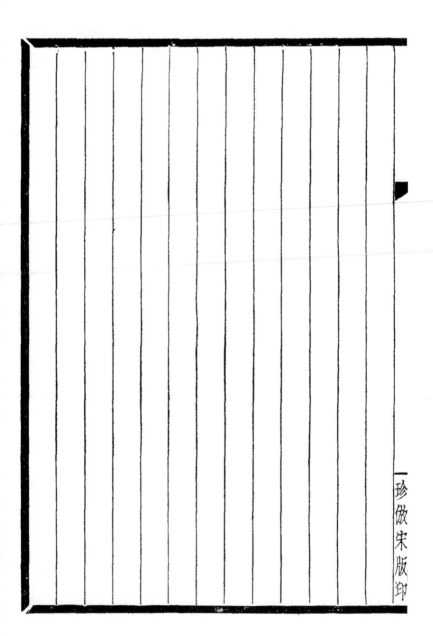

舊五代史卷二十六考證

唐書武皇紀下景福元年正月鎭州王鎔恃燕人之援率兵十餘萬攻邢州之堯山　案舊唐書作大順二年王鎔援邢州屯于堯山考此時邢州未叛於晉不得有王鎔之援師蓋卽景福元年事誤移于前一年耳歐陽史及通鑑俱與是書同

三月武皇進軍渡滹沱攻欒城下鼓城藁城四月燕軍寇雲代武皇班師　案舊唐書作景福元年二月庚寅太原易定之兵合勢攻鎭州三月克用處存斂軍而退是與師以二月至三月始旋師也通鑑云三月克用王處存合兵攻王鎔癸丑拔天長鎭戊午鎔與戰于新市大破之辛酉克用退屯欒城是進師退師皆在三月也是書作三月進軍四月班師與諸書異

十月邢州李存孝叛納款于梁李存信搆之也　案舊唐書大順元年十一月癸丑朔太原將邢州刺史李存孝自恃擒孫揆功合爲昭義帥怨克用授康君立存孝自晉州率行營兵歸邢州據城上表歸朝仍致書張濬王鎔求援

今考是書大順二年存孝始爲邢州節度無由于元年冬得據邢州也新唐
書歐陽史通鑑並從是書作景福元年十月
武皇表馬師素爲邢州節度使　案舊唐書作克用以大將馬師素權知邢洺
團練事與是書異
是時雲州吐渾赫連鐸白義誠並來歸　案舊唐書昭宗紀作六月壬辰克用
攻陷雲州執赫連鐸新唐書昭宗紀作六月赫連鐸與李克用戰于雲州死
之通鑑從新唐書作克用大破吐谷渾殺赫連鐸擒白義誠俱與是書異考
雲州諸部因討李匡儔而來歸自當在十月而諸書皆作六月恐未足據
甲寅攻新州　案甲寅字誤下文十二月有辛亥壬子甲寅則十一月不得有
甲寅也據通鑑考異蓋薛史仍紀年錄之誤
二月以仁恭爲權幽州留後　案舊唐書作乾寧元年十二月以李匡威故將
劉仁恭爲幽州兵馬留後歐陽史亦作元年冬事皆因平幽州而終言之未
嘗核其年月也通鑑從是書作二年二月

八月乙酉供奉官張承業齎詔告諭　案舊唐書作七月丁卯上遣內官張承業傳詔克用軍與是書日月互異考通鑑作壬午遣張承業詣克用軍蓋壬午遣使乙酉始至軍耳

武皇上表請駕還京　案舊唐書作壬寅李克用遣子存貞奉表行在請車駕還京考當時奉表者即後唐莊宗也莊宗未嘗名存貞舊唐書誤

十一月丁巳　案舊唐書作十一月癸未朔疑不當有丁巳據是書上文十月有丙戌戊子則十一月斷非癸未朔也通鑑所定日月皆從是書

還軍渭北十二月武皇營于雲陽　案歐陽史作晉軍渭北遇雨六十日考通鑑十二月乙酉李克用軍于雲陽辛亥引兵東歸無緣得有六十日也歐陽史誤

天祐二年春契丹安巴堅領部族三十萬至雲州與武皇會于雲州之東　案武皇會契丹于雲州通鑑作開平元年新唐書作天祐元年與是書異歐陽史與是書同又契丹國志作晉王李存勗與契丹連和會于東城殊誤

梁祖以懷英無功乃以李思安代之　案李思安之代懷英通鑑作七月事與

是書繫五月異

安巴堅舊作阿保機今改

舊五代史卷二十六考證

舊五代史卷二十七

宋門下侍郎參知政事監修國史薛居正等撰

唐書第三

莊宗紀一

莊宗光聖神閔孝皇帝諱存勗武皇帝之長子也母曰貞簡皇后曹氏以唐光啓元年歲在乙巳冬十月二十二日癸亥生帝于晉陽宮妊時曹后嘗夢神人黑衣擁扇夾侍左右載誕之辰紫氣出于窗戶及爲嬰兒體貌奇特沈厚不羣武皇特所鍾愛及武皇之討王行瑜帝時年十一從行初令入覲獻捷迎駕還宮昭宗一見駭之曰此兒有奇表因撫其背曰兒將來之國棟也勿忘忠孝于予家因賜鸂鶒酒卮翡翠盤（北夢瑣言云昭宗曰此子可亞其父時人號曰亞子）賊平授檢校司空隰州刺史改汾晉二郡皆遙領之帝洞曉音律常令歌舞于前十三習春秋手自繕寫略通大義及壯便射騎膽略絕人其心豁如也武皇起義雲中部下皆北邊勁兵及破賊迎鑾功居第一由是稍優寵士伍因多不法或陵侮官吏豪奪士

民白晝剽攘酒博喧競武皇綏于禁制惟帝不平之因從容啓于武皇武皇依
違之及安塞不利之後時事多難梁將氏叔琮康懷英頻犯郊圻土疆日蹙城
門之外鞠爲戰場武皇憂形于色帝因啓曰夫盛衰有常理禍福繫神道家世
三代盡忠王室勢窮力屈無所愧心物不極則不反惡不極則不亡今朱氏攻
逼乘輿窺伺神器陷害良善誣誑神祇以臣觀之殆其極矣大人當遵養時晦
以待其衰何事輕爲沮喪太祖釋然因奉觴作樂而罷及滄州劉守文爲梁朝
所攻其父仁恭遣使乞師武皇恨其翻覆不時許之帝白曰此吾復振之道也
不得以嫌怨介懷且九分天下朱氏今有六七趙魏中山在他廡下賊所憚者
惟我與仁恭爾我之興衰繫此一舉不可失也太祖乃徵兵于燕攻取潞州既
而丁會果以城來降天祐五年春正月武皇疾篤召監軍張承業大將吳珙謂
曰吾常愛此子志氣遠大可付後事惟卿等所教及武皇厭代帝乃嗣王位于
晉陽時年二十有四汴人方寇潞州周德威宿兵于亂柳以軍城易帥竊議恟
恟訛言播于行路帝方居喪將吏不得謁見監軍使張承業排闥至廬所言曰

夫孝在不墜家業不同匹夫之孝且君父厭世嗣主未立竊慮兇猾不逞之徒有懷覬望又汴寇壓境利我凶衰苟或搖動則倍張賊勢訛言不息懼有變生請依顧命墨縗聽政保家安親此惟大孝帝于是始聽斷大事時振武節度使克寧卽帝之季父也爲管內蕃漢馬步都知兵馬使典握兵柄帝以軍府事讓季父曰兒年幼稚未通庶政雖承遺命恐未能彈壓季父勳德俱高衆情推伏且請制置軍府俟兒有立聽季父處分克寧曰亡兄遺命屬在我兒孰敢異議因率先拜賀初武皇獎勵戎功多畜庶孽衣服禮秩如嫡者六七輩比之嗣王年齒又長部下各綰強兵朝夕聚議欲謀爲亂及帝紹統或強項不拜鬱鬱憤惋託疾廢事會李存顥以陰計干克寧曰兄亡弟立古今舊事季父拜姪理所未安克寧妻素剛狠因激怒克寧陰圖禍亂存顥欲于克寧之第謀害張承業李存璋等以幷汾九州歸附于梁送貞簡太后爲質克寧意將激發乃擅殺大將李存質請授己雲州節度使割蔚朔應三州爲屬郡帝悉俞允然知其陰禍有日矣克寧俟帝過其第則圖竊發時幸臣史敬鎔者亦爲克寧所誘盡得其

情乃來告帝帝謂張承業曰季父所爲如此無猶子之情骨肉不可自相魚肉
予當避路則禍亂不作矣承業曰臣受命先王言猶在耳存顥輩欲以太原降
賊王欲何路求生不即誅除亡無日矣因召吳珙李存璋李存敬朱守殷諭其
謀衆咸憤怒二月壬戌命存璋伏甲以誅克寧遂靖其難是月唐少帝崩于曹
州梁祖使人酖之也帝聞之舉哀號慟三月周德威尚在亂柳梁將李思安屢
爲德威所敗閉壁不出是時梁祖自將兵至澤州以劉知俊爲招討使以代思
安以范君實劉重霸爲先鋒牛存節爲撫遏統大軍營于長子四月帝召德威
軍歸晉陽汴人旣見班師知我國禍以爲潞州必取援軍無俟再舉遂停斥候
梁祖亦自澤州歸洛帝知其無備乃謂諸將曰汴人聞我有喪必謂不能與師
人以我少年嗣位未習戎事必有驕怠之心若簡練兵甲倍道兼行出其不意
以吾憤激之衆擊彼驕惰之師拉朽摧枯未云其易解圍定霸在此一役甲子
軍發自太原己巳至潞州北黃碾下營五月辛未朔晨霧晦暝帝率親軍伏三
垂岡下詰旦天復昏霧進軍直抵夾城時李嗣源總帳下親軍攻東北隅李存

璋王霸率丁夫燒寨斸夾城爲二道周德威李存審各分道進攻軍士鼓譟三道齊進李嗣源壞夾城東北隅率先掩擊梁軍大恐南向而奔投戈委甲噎塞行路斬萬餘級獲其將副招討使符道昭洎大將三百人芻粟百萬梁招討使康懷英得百餘騎出天井關而遁梁祖聞其敗也既懼而歎曰生子當如是李氏不亡矣吾家諸子乃豚犬爾初唐龍紀元年帝纔五歲從武皇校獵于三垂岡岡上有明皇原廟在焉武皇于祠前置酒樂作伶人奏百年歌者陳其衰老之狀聲調悽苦武皇引滿捋鬚指帝曰老夫壯心未已二十年後此子必戰于此及是役也果符其言焉是月周德威乘勝攻澤州刺史王班登城拒守梁將劉知俊自晉絳將兵赴援德威退保高平帝遂班師于晉陽告廟飲至賞勞有差乃下令于國中禁盜賊恤孤寡徵隱逸止貪暴峻隄防寬獄訟期月之間其俗丕變帝每出于路遇饑寒者必駐馬而臨問之由是人情大悅王霸之業自茲而基矣六月鳳翔李茂貞邠州楊崇本合四川王建之師五萬以攻長安遣使會兵于帝帝遣張承業率師赴之九月邠岐蜀三鎮復大舉攻長安遣李嗣

昭周德威將兵三萬攻晉州以應之德威與梁將尹皓戰于神山北梁人大敗是時晉之騎將夏侯敬受以一軍奔于梁德威乃退保隰州天祐六年秋七月邠岐二帥及梁之叛將劉知俊俱遣使來告將大舉以伐靈夏兼收關輔請出兵晉絳以張兵勢八月帝御軍南征先遣周德威李存審丁會統大軍出陰地關攻晉州爲地道壞城二十餘步城中血戰拒守梁祖遣楊師厚領兵赴援德威乃收軍而退（通鑑引莊宗實錄云汴軍至蒙阬周德威逆戰敗之斬首三百級師厚退保絳州是役也小將蕭萬通戰歿師厚進營平陽德威收軍而退）天祐七年秋七月鳳翔李茂貞邠州楊崇本皆遣師來會兵同討靈夏且言劉知俊三敗汴軍于寧州靈夏危蹙岐隴之師大舉決取河西帝令周德威將兵萬人西渡河以應之是役也劉知俊爲岐人所搆乃自退九月德威班師冬十月梁祖遣大將李思安楊師厚率師營于澤州以攻上黨十一月鎮州王鎔遣使來求援是時梁祖以羅紹威初卒全有魏博之地因欲兼并鎮定遣供奉官杜廷隱丁延徽督魏軍三千人入于深冀鎮人懼故來告難帝集軍吏議之咸欲按甲治兵徐觀勝負惟帝獨斷堅欲救之乃遣周德威率軍屯于趙

州是月行營都招討使丁會卒十二月丁巳朔梁祖聞帝軍屯趙州命寧國軍節度使王景仁爲北面行營招討使韓勍爲副相州刺史李思安爲前鋒會魏州之兵以討王鎔又令閻寶王彥章率二千騎會景仁于邢洺丁丑景仁營于柏鄉帝遂親征自贊皇縣東下辛巳至趙州與周德威兵合帝令史建塘以輕騎嘗寇獲芻牧者二百人問其兵數精兵七萬是日帝觀兵于石橋南詰旦進軍距柏鄉一舍周德威史建瑭率蕃落勁騎以挑戰四面馳射梁軍閉壁不出乃退翼日進軍距柏鄉五里遣騎軍逼其營梁將韓勍李思安率步騎三萬鎧甲炫曜其勢甚盛分道以薄帝軍德威且戰且退距河而止既而德威偵知梁人造浮橋乃退保高邑乙酉致師于柏鄉帝禱戰于光武廟柏鄉無芻粟之備梁軍以樵采爲給爲帝之游軍所獲由是堅壁不出剉屋茅坐席以秣其馬衆心益恐天祐八年正月丁亥周德威史建瑭帥三千騎致師于柏鄉設伏于村塢間遣三百騎直壓其營梁將怒悉其軍結陣而來德威與之轉戰至高邑南梁軍列陣橫亙六七里時帝軍未成列李存璋引諸軍陣于野河之上梁軍以

五百人爭橋鎮定之師與血戰梁軍敗而復整者數四帝與張承業登高觀望
梁人戈矛如束申令之後囂聲若雷王師進退有序步騎嚴整寂然無聲帝臨
陣誓衆人百其勇短兵既接無不奮力梁有龍驤神威拱宸等軍皆武勇之士
也每一人鎧仗費數十萬裝以組繡飾以金銀人望而畏之自巳及午騎軍接
戰至晡梁軍欲抽退塵埃漲天德威周麾而呼曰汴人走矣帝軍齊譟以進魏
人收軍漸退李嗣源率親軍與史建瑭安金全兼北部吐渾諸軍衝陣夾攻梁
軍大敗棄鎧投仗之聲震動天地龍驤神威神捷諸軍殺戮殆盡自陣至柏鄉
數十里殭尸枕籍敗旗折戟所在蔽地夜漏一鼓帝軍入柏鄉梁軍輜重帳幄
資財奴僕皆為帝軍所有梁將王景仁韓勍李思安等以數十騎夜遁是役也
斬首二萬級獲馬三千匹鎧甲兵仗七萬輜車鍋幕不可勝計擒梁將陳思權
以下二百八十五人帝號令收軍于趙州既而梁人棄深冀二州而遁初杜廷
隱之襲深冀也聲言分兵就食時王鎔將石公立戍深州欲杜關不納鎔遽令
啟關命公立移軍于外廷隱遂據其城公立既出指城闉而言曰開門納盜後

悔何追此城數萬生靈生爲俘馘矣因投刃泣下數日廷隱閉城殺鎮兵數千人遂登陴拒守王鎔方命公立攻之卽有備矣及柏鄉之敗兩州之人悉爲奴擄老弱者皆坑之己亥遣史建瑭周德威徇地于邢魏先馳檄以諭之冊府元龜載晉王諭邢洺魏博衞滑諸郡縣檄天祐八年正月周德威等破賊徇地邢洺先馳檄諭邢洺魏博衞滑諸郡縣曰王室遇屯七廟被陵夷之酷昊天不弔萬民罹塗炭之災必有英主奮庸忠臣仗順斬長鯨而清四海靖祅祲以泰三靈予位忝維城任當分閫念茲顛覆詎可宴安故仗桓文輔合之規問羿浞凶狂之罪逆温碭山庸隸巢孽餘凶當僖宗奔播之初我太祖掃平之際束身泥首請命牙門苞藏姦詐之心惟示婦人之態我太祖俯憐窮鳥曲爲開懷特發表章請帥梁汴纔出萑蒲之澤便居茅社之尊殊不感恩遽行猜忍我國家祚隆周漢迹盛伊唐二十聖之鐵基三百年之文物外則五侯九伯內則百辟千官或代襲簪纓或門傳忠孝皆遭陷害永抱沈冤且鎮定兩藩國家巨鎮冀安民而保族咸屈節以稱藩逆温唯伏陰謀專行不義欲全吞噬先據屬州趙州特發使車來求援助予情惟邊寇義切親仁躬率賦輿赴茲盟約賊將王景仁將兵十萬屯據柏鄉遂驅三鎮之師授以七擒之略鸛鵝纔列梟獍大奔易如走坂之丸勢若燎原之火僵尸仆地流血成川組甲雕戈皆投草莽謀夫猛將盡作俘囚羣凶既快于天誅大憝須垂于鬼錄今則選蒐兵甲簡練車徒乘勝長驅翦除元惡凡爾魏博邢洺之衆感恩懷義之人乃祖乃孫爲聖唐赤子豈徇虎狼之黨遂忘覆載之恩蓋以封豕長蛇憑陵薦食無方逃難遂被脅從空嘗膽以銜冤竟無門而雪憤既聞告捷想所慰懷今義旅徂征止于招撫昔耿純焚廬而向順蕭何舉族以從軍皆審料興亡能圖富貴殊勳茂業翼子貽孫轉禍見幾決在今日若能詣轅門而效順開城堡以迎降長官則改補官資百姓則優加賞賜所經詿誤更不推窮三鎮諸軍已申嚴令不得焚燒廬舍剽掠馬牛但

仰所在生靈各安耕織予恭行天罰罪止元凶已外歸明一切不問凡爾士衆咸諒予懷帝御親軍南征庚子至洛州梁祖令其將徐仁浦將兵五百夜入邢州張承業李存璋以三鎮步兵攻邢州遣周德威史建瑭將三千騎長驅至澶魏帝與李嗣源率親軍繼進二月戊午師次洹水周德威進至臨河己未魏帥羅周翰出兵五千塞石灰窰口周德威以騎掩擊迫入觀音門是日王師迫魏州帝舍于狄公祠西周翰閉壁自固帝軍攻之其城幾陷帝歎曰予爲兒童時從先王渡河今其忘矣方春桃花水滿思一觀之誰從予者癸亥帝觀河于黎陽是時梁祖發兵萬餘將渡河聞王師至棄舟而退黎陽都將張從楚曹儒以部下兵三千人來降立其軍爲左右匡霸使乙丑周德威自臨清徇地貝郡攻博州下東武朝城時澶州刺史張可臻棄城而遁遂攻黎陽下臨河淇門庚午梁祖在洛聞王師將攻河陽率親軍屯白馬坡壬申帝下令班師帝至趙州王鎔迎謁翼日大饗諸軍壬午帝發趙州歸晉陽留周德威戍趙州三月己丑鎮定州各遣使言幽州劉守光凶僭之狀請推爲尚父以稔其惡乙未帝至晉陽宮召監軍張承業諸將等議幽州之事乃遣

牙將戴漢超齎墨制幷六鎮書推劉守光爲尚書令尚父守光由是凶熾日甚

遂邀六鎮奉冊五月六鎮使至幽州梁使亦集通鑑考異引莊宗實錄云三月己丑鎮州遣押衙劉光業至言劉守光凶淫縱毒欲自尊大請稔其惡以咎之推爲尚父乙未上至晉陽宮召張承業諸將等議討燕之謀諸將亦云宜稔其惡上令押衙戴漢超持墨制及六鎮書如幽州其辭曰天祐八年三月二十七日天德軍節度使宋瑤振武節度使周德威昭義節度使李嗣昭易定節度使王處直鎮州節度使王鎔河東節度使尚書令晉王謹奉冊進盧龍橫海等軍節度檢校太尉中書令燕王爲尚書令尚父五月六鎮使至汴使亦集六月守光令有司定尚父採訪使議

是月梁祖遣都招討使楊師厚將兵三萬屯邢州帝令李嗣昭出師掠相衞而還秋七月帝會王鎔于承天軍鎔武皇之友也帝奉之盡敬捧巵酒爲壽鎔亦捧酒醻帝鎔幼子昭誨從行因許爲婚八月甲子幽州劉守光僭稱大燕皇帝年號應天九月庚子梁祖將親軍自洛渡河而北至相州聞帝軍未出乃止十月幽州劉守光殺帝之行人李承勳怨其不行朝禮也十一月辛丑燕人侵易定王處直來告難十二月甲子帝遣周德威劉光濬李嗣源及諸將率蕃漢之兵發晉陽伐劉守光于幽州

唐莊宗紀一及武皇之討王行瑜帝時年十一　案歐陽史從是書作十一吳縝纂誤據徐無黨注莊宗年四十三逆推之當以甲辰年生乾寧二年破王行瑜時當云年十二今考五代會要莊宗以光啓元年生年四十二北夢瑣言載莊宗獻王行瑜捷年十一薛歐二史俱同徐注作年四十三誤

汴將氏叔琮康懷英　案懷英本名懷貞後因避梁末帝諱始改名懷英是書前後統作懷英今仍其舊

周德威宿兵于亂柳　亂柳原本作亂楊考歐陽史作亂柳胡三省通鑑注云亂柳在潞州屯留縣界今改正

以幷汾九州歸附于梁　案幷汾九州通鑑作河東九州胡三省注云河東領幷遼沁汾石忻代嵐憲九州附識于此

承業曰臣受命先王　案先王原本作先帝考晉王嗣位之初武皇尚未追稱爲帝今改正

二月壬戌　壬戌原本作丙戌今據通鑑改正
至潞州北黃碾下營　黃碾原本作黃碾通鑑作黃碾胡三省注云黃碾村在
潞州潞城縣今改正
初唐龍紀元年帝纔五歲　案歐陽史克用破孟方立于邢州還軍上黨置酒
三垂岡時莊宗在側方五歲考克用邢州之役在文德元年今以莊宗生年
計之當從是書作龍紀元年
周德威乘勝攻澤州刺史王班登城拒守　案通鑑考異引莊宗實錄云李存
璋進攻澤州刺史王班棄城而去與是書異
德威乃退保隰州　案通鑑作周德威等聞梁帝將至乙未退保隰州是德威
之退師因梁祖之親至也是書不載
距柏鄉五里　五里原本作七里今據歐陽史及通鑑改正
梁軍以五百人爭橋　案通鑑作梁軍橫亙數里競前奪橋鎮定步兵禦之勢
不能支與此微異

率親軍屯白馬坡　白馬坡通鑑作白馬阪

並六鎮書　六鎮原本作大鎮今據通鑑改正

十一月辛丑燕人侵易定　案通鑑作戊申燕主守光將兵二萬寇易定是書作辛丑與通鑑異

舊五代史卷二十七考證

舊五代史卷二十八

宋門下侍郎參知政事監修國史薛居正等撰

唐書第四

莊宗紀二

天祐九年春正月庚辰朔周德威等自飛狐東下丙戌會鎭定之師進營祁溝庚子次涿州刺史劉知温以城歸順德威進迫幽州守光出兵拒戰燕將王行方等以部下四百人來奔二月庚戌朔梁祖大舉河南之衆以援守光以陝州節度使楊師厚爲招討使河南李周彝爲副青州賀德倫爲應接使鄆州袁象先爲副甲子梁祖自洛陽趨魏州遣楊師厚李周彝攻鎭州之棗強命賀德倫攻蓨縣三月壬午梁祖自督軍攻棗強甲申城陷屠之時李存審與史建瑭以三千騎屯趙州相與謀曰梁軍若不攻蓨城必西攻深冀吾王方北伐以南鄙之事付我輩豈可坐觀其弊乃以八百騎趨冀州扼下博橋令史建瑭李都督分道擒生翼日諸軍皆至獲芻牧者數百人盡殺之縱數人逸去且告晉王至

矣建瑭與李都督各領百餘騎旗幟軍號類梁軍與芻牧者雜行暮及賀德倫營門殺守門者縱火大呼俘斬而旋又執芻牧者斷其手令迴梁軍乃夜遁蓚人持鉏耰白挺追擊之悉獲其輜重通鑑後梁紀云帝燒營夜遁迷失道委曲行百五十里戊子旦乃至冀州蓚之耕者皆荷鉏奮梃逐之委棄軍資器械不可勝計梁祖聞之大駭自棗強馳歸貝州殺其將張正言許從實朱彥柔以其亡師于蓚也梁祖先抱痼疾因是愈甚辛丑滄州都將張萬進殺留後劉繼威自爲滄帥遣人送款于梁亦乞降于帝戊申周德威遣李存暉攻瓦橋關下之四月丁巳梁祖自魏南歸疾篤故也戊申李嗣源攻瀛州拔之五月乙卯朔周德威大破燕軍于羊頭岡擒大將單廷珪斬首五千餘級德威自涿州進軍于幽州營于城下閏月己酉攻其西門燕人出戰敗之六月戊寅梁祖爲其子友珪所弑友珪僭卽帝位于洛陽秋八月朱友珪遣其將韓勍康懷英牛存節率兵五萬急攻河中朱友謙遣使來求援帝命李存審率師救之十月癸未帝自澤州路赴河中遇梁將康懷英于平陽破之斬首千餘級追至白徑嶺朱友謙會帝于猗氏梁軍解圍而去庚申周德威報劉守光三遣使乞

和不報丁卯燕將趙行實來奔天祐十年春正月丁巳周德威攻下順州獲刺史王在思二月甲戌朔攻下安遠軍獲燕將一十八人庚寅梁朱友珪爲其將袁象先所殺均王友貞卽位于汴州丙申周德威報檀州刺史陳確以城降三月甲辰朔收盧臺軍乙丑收古北口時居庸關使胡令珪等與諸戍將相繼挈族來奔丙寅武州刺史高行珪遣使乞降時劉守光遣愛將元行欽牧馬于山北聞行珪有變率戍兵攻行珪行珪遣其弟行温爲質且乞應援周德威遣李嗣源李嗣本安金全率兵救武州降元行欽以歸四月甲申燕將李暉等二十餘人舉族來奔德威攻幽州南門壬辰劉守光遣使王遵化致書哀祈于德威德威戲遵化曰大燕皇帝尚未郊天何怯劣如是耶守光再遣哀祈德威乃以狀聞己亥劉光濬攻下平州獲刺史張在吉五月壬寅朔光濬進迫營州刺史楊靖以城降乙巳梁將楊師厚會劉守奇率大軍侵鎮州時帝之先鋒將史建瑭自趙州率五百騎入真定師厚大掠鎮冀之屬邑王鎔告急于周德威德威分兵赴援師厚移軍寇滄州張萬進懼遂降于梁六月壬申朔帝遣監軍張承

業至幽州與周德威會議軍事秋七月承業與德威率千騎至幽州西守光遣人持信箭一隻乞修和好承業曰燕帥當令子弟一人爲質則可是日燕將司全爽等十一人並舉族來奔辛亥德威進攻諸城門壬子賊將楊師貴等五十人來降甲子五院軍使李信攻下莫州時守光繼遣人乞降將緩帝軍陰令其將孟修阮通謀于滄州節度使劉守奇及求援于楊師厚帝之游騎擒其使以獻是月帝會王鎔于天長九月劉守光率衆夜出遂陷順州冬十月己巳朔守光率七百騎步軍五千夜入檀州庚午周德威自涿州將兵躡之壬申守光自檀州南山而遁德威追及大敗之獲大將李劉張景紹及將吏八百五十人馬一百五十匹守光得百餘騎遁入山谷德威急馳扼其城門守光惟與親將李小喜等七騎奔入燕城己丑守光遣牙將劉化修周遵業等以書幣哀祈德威庚寅守光乘城以病告復令人獻自乘馬玉鞍勒易德威所乘馬而去俄而劉光濬擒送守光僞殿直二十五人于軍門守光又乘城謂德威曰予俟晉王至卽泥首俟命祈德威卽馳驛以聞十一月己亥朔帝下令親征幽州甲辰發晉

陽己未至范陽辛酉守光奉禮幣歸款于帝帝單騎臨城邀守光辭以他日蓋爲其親將李小喜所扼也是夕小喜來奔帝下令諸軍詰旦攻城壬戌梯衝並進軍士畢登帝登燕丹冢以觀之有頃擒劉仁恭以獻癸亥帝入燕城諸將畢賀十二月庚午墨制授周德威幽州節度使癸酉檀州燕樂縣人執劉守光幷妻李氏祝氏子繼祚以獻己卯帝下令班師自雲代而旋時鎮州王鎔定州王處直遣使請帝由井陘而西許之庚辰帝發幽州擄仁恭父子以行甲申次定州舍于關城翼日次曲陽與王處直謁北嶽祠是日次衡唐鎮州王鎔迎謁于路天祐十一年春正月戊戌朔王鎔以履新之日與其子昭祚昭誨奉觴上壽置宴鎔啓曰燕王劉太師頃爲鄰國今欲挹其風儀可乎帝卽命主者破械引仁恭守光至與之同宴鎔饋以衣被飲食己亥帝發鎮州因與王鎔畋于衡唐之西壬子至晉陽以組練繫仁恭守光號令而入是日誅守光遣大將李存霸拘送仁恭于代州刺其心血奠告于武皇陵然後斬之是月鎮州王鎔定州王處直遣使推帝爲尚書令初王鎔稱藩于梁梁以鎔爲尚書令至是鎮定以帝

南破梁軍北定幽薊乃共推崇焉使三至帝讓乃從之遂選日受冊開霸府建行臺如武德故事秋七月帝親將自黃沙嶺東下會鎮人進軍邢洺梁將楊師厚軍于漳東帝軍次張公橋既而裨將曹進金奔于梁帝軍不利而退八月還晉陽天祐十二年三月梁魏博節度使賀德倫遣使奉幣乞盟時楊師厚卒于魏州梁王乃割相衛澶三州別爲一鎮以德倫爲魏博節度使以張筠爲相州節度使魏人不從是月二十九日夜魏軍作亂因德倫于牙署三軍大掠軍士有張彥者素實凶暴爲亂軍之首迫德倫上章請卻復六州之地梁主不從遂迫德倫歸于帝且乞師爲援帝命馬步副總管李存審自趙州帥師屯臨清帝自晉陽東下與存審會（通鑑晉王引大軍自黃澤嶺東下與存審會于臨清猶疑魏人之詐按兵不進）賀德倫遣從事司空頲至軍密啓張彥狂勃之狀且曰若不翦此亂階恐貽後悔帝默然遂進軍永濟張彥謁見以銀槍効節五百人從皆被甲持兵以自衛帝登樓諭之曰汝等在城濫殺平人奪其妻女數日以來迎訴者甚衆當斬汝等以謝鄴人遽令斬彥及同惡者七人軍士股慄帝親加慰撫而退翼日帝輕裘緩策而進令

張彥部下軍士被甲持兵環馬而從命爲帳前銀槍軍衆心大服梁將劉鄩聞帝至以精兵萬人自洹水趣魏縣帝命李存審帥師禦之帝率親軍于魏縣西北夾河爲柵六月庚寅朔帝入魏州賀德倫上符印請帝兼領魏州帝從之墨制授德倫大同軍節度令取便路赴任帝下令撫諭鄴人軍城畏肅民心大服是時以貝州張源德據壘拒命南通劉鄩又與滄州首尾相應聞德州無備遣別將襲之遂拔其城命遼州牙將馬通爲德州刺史以扼滄貝之路秋七月梁澶州刺史王彥章棄城而遁畏帝軍之逼也以故將李巖爲澶州刺史帝至魏縣因率百餘騎覘梁軍之營是日陰晦劉鄩伏兵五千于河南叢木閒帝至伏兵忽起大譟而來圍帝數十重帝以百騎馳突奮擊梁軍辟易決圍而出有頃援軍至乃解帝顧謂軍士曰幾爲賊所笑是月劉鄩潛師由黃澤西趣晉陽至樂平而還遂軍于宗城初鄩在洹水數日不出寂無聲迹帝遣騎覘之無斥候者城中亦無煙火之狀但有鳥止于壘上時見旗幟循堞往來帝曰我聞劉鄩用兵一步百變必以詭計誤我使視城中乃縛旗于芻偶之上使驢負之循堞

而行得城中羸老者詰之云軍去已二日矣既而有人自鄩軍至者言兵已趣黃澤帝遽發騎追之時霖雨積旬鄩軍倍道兼行皆腹疾足腫加以山路險阻崖谷泥滑緣蘿引葛方得少進顛墜巖坂陷于泥淖而死者十二三前軍至樂平糗糒將竭聞帝軍追躡于後太原之衆在前羣情大駭鄩收合其衆還自邢州陳宋口渡漳水而東駐于宗城時魏之軍儲已乏臨清積粟所在鄩引軍據之周德威初聞鄩軍之西自幽州率千騎至土門及鄩軍東下急趨南宮知鄩軍在宗城遣十餘騎迫其營擒斥候者斷其腕令還德威至臨清鄩起軍駐貝州帝率親騎次博州鄩軍于堂邑周德威自臨清率五百騎躡之是日鄩軍于莘縣帝營于莘西一舍城壘相望日夕交鬬八月梁將賀瓌襲取澶州帝遣李存審率兵五千攻貝州因塹而圍之冬十月有軍士自鄩軍來奔帝善待之乃劉鄩密令齎酖賂帝膳夫欲寘毒于食中會有告者索其黨誅之天祐十三年春二月帝知劉鄩將謀速戰乃聲言歸晉陽以誘之實勞軍于貝州也令李存審守其營鄩謂帝已臨晉陽將乘虛襲鄴遣其將楊延直自澶州率兵萬人會

于城下夜半至于南門之外城中潛出壯士五百人突入延直之軍譟聲動地梁軍自亂遲明鄩自莘引軍至城東與延直兵會鄩之來也李存審率兵踵其後李嗣源自魏城出戰俄而帝自貝州至鄩卒見帝驚曰晉王耶因引軍漸卻至故元城西李存審大軍已成列矣軍前後爲方陣梁軍于其間爲圓陣四面受敵兩軍初合梁軍稍卻再合鄩引騎軍突西南而走帝以騎軍追擊之梁步兵合戰短兵既接帝軍鼓譟圍之數重埃塵漲天李嗣源以千騎突入其間衆皆披靡相躪如積帝軍四面斬擊棄甲之聲聞數十里衆既奔潰帝之騎軍追及于河上十百爲羣赴水而死梁步兵七萬殲亡殆盡劉鄩自黎陽濟奔滑州是月梁主遣別將王檀率兵五萬自陰地關趨晉陽急攻其城昭義李嗣昭遣將石嘉才率騎三百赴援時安金全張承業堅守于內嘉才救援于外檀懼乃燒營而遁追擊至陰地關時劉鄩敗于莘縣王檀遁于晉陽梁主聞之曰吾事去矣三月乙卯朔分兵以攻衞州壬戌刺史米昭以城降夏四月攻洺州下之五月帝還晉陽六月命偏師攻閻寶于邢州梁主遣捉生都將張温率步騎五

百爲援至內黃温率衆來奔秋七月甲寅朔帝自晉陽至魏州八月大閱師徒進攻邢州相州節度使張筠棄城遁去以袁建豐爲相州刺史依舊隸魏州邢州節度使閻寶請以城降以忻州刺史蕃漢副總管李存審爲邢州節度使以閻寶爲西南面招討使遙領天平軍節度使是月契丹入蔚州振武節度使李嗣本陷于契丹九月帝還晉陽梁滄州節度使戴思遠棄城遁去舊將毛璋入據其城李嗣源帥師招撫璋以城降乃以李存審爲滄州節度使以李嗣源爲邢州節度使時契丹犯塞帝領親軍北征至代州北聞蔚州陷乃班師遼史太祖紀十一月攻蔚新武嬀儒五州自代北至河曲踰陰山盡有其地其圍蔚州敵樓無故自壞衆軍大譟乘之不踰時而破是月貝州平以向任滄州降將毛璋爲貝州刺史自是河朔悉爲帝所有帝自晉陽復至于魏州天祐十四年二月帝聞劉鄩復收殘兵保守黎陽遂率師以攻之不克而還是月甲午新州將盧文進殺節度使李存矩叛入契丹遂引契丹之衆寇新州存矩帝之諸弟也治民失政御下無恩故及于禍帝以契丹主安巴堅與武皇屢盟于雲中既又約爲兄弟急難相救至是容納叛將違盟犯塞乃馳書以讓之契

丹攻新州甚急刺史安金全棄城而遁契丹以文進部將劉殷爲刺史帝命周德威率兵三萬攻之營于城東俄而文進引契丹大至德威拔營而歸因爲契丹追躡師徒多喪契丹乘勝寇幽州是時言契丹者或云五十萬或云百萬漁陽以北山谷之間氈車毳幕羊馬彌漫盧文進招誘幽州亡命之人教契丹爲攻城之具飛梯衝車之類畢陳于城下鑿地道起土山四面攻城半月之閒機變百端城中隨機以應之僅得保全軍民困弊上下恐懼德威閒道馳使以聞帝憂形于色召諸將會議時李存審請急救燕薊且曰我若猶豫未行但恐城中生事李嗣源曰願假臣突騎五千以破契丹閻寶曰但當蒐選銳兵控制山險強弓勁弩設伏待之帝曰吾有三將無復憂矣夏四月命李嗣源率師赴援次于淶水又遣閻寶率師夜過祁溝俘擒而還周德威遣人告李嗣源曰契丹三十萬馬牛不知其數近日所食羊馬過半安巴堅責讓盧文進深悔其來契丹勝兵散布射獵安巴堅帳前不滿萬人宜夜出奇兵掩其不備嗣源具事以聞【遼史太祖紀四月圍幽州不克六月乙巳望城中有氣如煙火狀上曰未可攻也以大暑霖潦班師留盧國用守之是契丹主已于六月退師矣】秋

七月辛未帝遣李存審領軍與嗣源會于易州步騎凡七萬于是三將同謀銜枚東甲尋澗谷而行直抵幽州八月甲午自易州北循山而行李嗣源率三千騎爲前鋒庚子循大房嶺而東距幽州六十里契丹萬騎遽至存審嗣源極力以拒之契丹大敗委棄毳幕氈廬弓矢羊馬不可勝紀進軍追討俘斬萬計辛丑大軍入幽州德威見諸將握手流涕翼日獻捷于鄴九月班師帝授存審檢校太傅嗣源檢校太保閻寶加同平章事十月帝自魏州還晉陽十一月復至魏州十二月帝觀兵于河上時梁人據楊劉城列柵相望帝率軍履河冰而渡盡平諸柵進攻楊劉城城中守兵三千人帝率騎軍環城馳射又令步兵持斧斬其鹿角負葭葦以堙塹帝自負一圍而進諸軍鼓譟而登遂拔其壘獲守將安彥之是夕帝宿楊劉天祐十五年春正月帝軍徇地至鄆濮時梁主在洛將修郊禮聞楊劉失守狼狽而還二月梁將謝彥章帥衆數萬來迫楊劉築壘以自固又決河水瀰漫數里以限帝軍六月壬戌帝自魏州復至楊劉甲子率諸軍涉水而進梁人臨水拒戰帝軍小卻俄而鼓譟復進梁軍漸退因乘勢而擊

之交鬬于中流梁軍大敗殺傷甚衆河水如絳謝彥章僅得免去是月淮南楊溥遣使來會兵將致討于梁也秋八月辛丑朔大閱于魏郊河東魏博幽滄鎮定邢洺麟勝雲朔十鎮之師及奚契丹室韋吐渾之衆十餘萬部陣嚴肅旌甲照曜師旅之盛近代爲最己酉梁兗州節度使張萬進遣使歸款帝自魏州率師次于楊劉略地至鄆濮而還遂營于麻家渡諸陣列營十數梁將賀瓌謝彥章以軍屯濮州行臺村結壘相持百餘日帝嘗以數百騎摩壘求戰謝彥章率精兵五千伏于隄下帝以十餘騎登堤伏兵發圍帝十數重俄而帝之騎軍繼至攻于圍外帝于圍中躍馬奮擊決圍而出李存審兵至梁軍方退是時帝銳于接戰每馳騎出營存審必叩馬進諫帝伺存審有間卽策馬而出顧左右曰老子妨吾戲耳至是幾危方以存審之言爲忠也十二月庚子朔帝進軍距梁軍柵十里而止時梁將賀瓌殺騎將謝彥章于軍帝聞之曰賊帥自相魚肉安得不亡戊午下令軍中老幼令歸魏州悉兵以趣汴庚申大軍毀營而進辛酉次于臨濮梁軍捨營踵于後癸亥次胡柳陂遲明梁軍亦至帝率親軍出視諸

軍從之梁軍已成陣橫亙數十里帝亦以橫陣抗之時帝與李存審總河東魏博之衆居其中周德威以幽薊之師當其西鎮定之師當其東梁將賀瓌王彥章全軍接戰帝以銀槍軍突入梁軍陣中斬擊十餘里賀瓌王彥章單騎走濮陽帝軍輜重在陣西望見梁軍旗幟皆驚走因自相蹈籍不能禁止帝一軍先敗周德威戰沒是時陂中有土山梁軍數萬先據之帝帥中軍至山下梁軍嚴整不動旗幟甚盛帝呼諸軍曰今日之戰得山者勝賊已據山吾與爾等各馳一騎以奪之帝率軍先登銀槍步兵繼進遂奪其山梁軍紛紜而下復于土山西結陣數里時日已晡矣或曰諸軍未齊不如還營詰朝可圖再戰閻寶進曰深入賊境逢其大敵期于盡銳以決雌雄況賊帥奔亡衆心方恐今乘高擊下勢如破竹矣銀槍都將王建及被甲橫槊進曰賊將先已奔亡王之騎軍一無所損賊衆晡晚大半思歸擊之必破王但登山縱觀責臣以破賊之效于是李嗣昭領騎軍自土山北以逼梁軍王建及呼士衆曰今日所失輜重並在山下乃大呼以奮擊諸軍繼之梁將大敗時元城令吳瓊貴鄉令胡裝各部役徒萬

人于山下曳柴揚塵鼓譟助其勢梁軍不之測自相騰籍棄甲山積甲子命行

戰場收獲鎧仗不知其數時帝之軍士有先入大梁問其次舍者梁人大恐驅

市人以守其殘衆奔歸汴者不滿千人帝軍遂拔濮陽

舊五代史卷二十八

舊五代史卷二十八考證

唐莊宗紀二梁祖自督軍攻棗强甲申城陷屠之　甲申通鑑作丙戌

周德威大破燕軍于羊頭岡　案通鑑作龍頭岡考異引莊宗實錄作羊頭岡

十一月己亥朔帝下令親征幽州　案歐陽史作十月劉守光請降王如幽州

是日誅守光　案遼史太祖紀七年正月晉王李存勗拔幽州擒劉守光考遼史太祖七年卽天祐十年莊宗以天祐十年冬始拔幽州十一年正月乃凱旋也遼史誤以次年事先一年書之

遣使推帝爲尚書令　案通鑑考異引唐實錄云天祐八年晉王已稱尚書令是書作天祐十一年與唐實錄異

是月二十九日夜　案通鑑考異引莊宗實錄作二十七日今考是書賀德倫傳作二十九日與此紀合

以故將李巖爲澶州刺史　李巖通鑑考異引莊宗實錄作李嚴

決圍而出　案通鑑作自午至申乃得出亡其七騎

遣將石嘉才　嘉才梁紀作家才唐列傳作家財

以袁建豐爲相州刺史依舊隸魏州　案通鑑作四月　晉人拔洺州以魏州都巡檢使袁建豐爲洺州刺史八月晉人復以相州隸天雄軍以李嗣源爲刺史與是書異

是月契丹入蔚州振武節度使李嗣本陷于契丹　案歐陽史及通鑑俱從是書作蔚州遼史太祖紀作神冊元年八月拔朔州擒節度使李嗣本與是書異

是月淮南楊溥遣使來會兵將致討于梁也　案十國春秋吳世家作七月晉王李存勗遣間使持帛書會兵伐梁王辭以虔州之難與是書異

安巴堅舊作阿保機今改

舊五代史卷二十八考證

舊五代史卷二十九

宋門下侍郎參知政事監修國史薛居正等撰

唐書第五

莊宗紀三

天祐十六年春正月李存審城德勝夾河爲柵帝還魏州命昭義軍節度使李嗣昭權知幽州軍府事三月帝兼領幽州遣近臣李紹宏提舉府事夏四月梁將賀瓌圍德勝南城百道攻擊復以艨艟扼斷津度帝馳而往陣于北岸南城守將氏延賞告急且言矢石將盡帝以重賄召募能破賊艦者于是獻技者數十或言能吐火焚舟或言能禁呪兵刃悉命試之無驗帝憂形于色親從都將王建及進曰臣請効命乃以巨索連舟十艘選効節勇士三百人持斧被鎧鼓棹而進至中流梁樓船三層蒙以牛革懸板爲楯建及率持斧者入艨艟間斬其竹笮破其懸楯又于上流取甕數百用竹笮維之積薪于上灌以脂膏火發亙空又以巨艦載甲士令乘煙鼓譟梁之樓船斷紲而下沈溺者殆半軍既得

渡梁軍乃退命騎軍追襲至濮陽俘斬千計賀瓌由此飲氣遘疾而卒秋七月帝歸晉陽八月梁將王瓚帥衆數萬自黎陽渡河營于楊村造舟爲梁以通津路冬十月帝自晉陽至魏州發徒數萬以廣德勝北城自是日與梁軍接戰十二月戊戌帝軍于河南夜伏兵于潘張村梁軍寨下以騎軍掠其餉運擒其斥候梁王瓚結陣以待帝軍以鐵騎突之諸軍繼進梁軍大奔赴水死者甚衆瓚走保北城天祐十七年春幽州民于田中得金印文曰關中龜印李紹宏獻于行臺秋七月梁將劉鄩尹皓寇同州先是河中節度使朱友謙取同州以其子令德主留務請梁主降節梁主怒不與遂請旄節于帝梁主乃遣劉鄩與華州節度使尹皓帥兵圍同州友謙來告難帝遣蕃漢總管李存審昭義節度使李嗣昭代州刺史王建及率師赴援九月師至河中朝至夕濟梁人不意王師之至望之大駭明日約戰與朱友謙謀遲明進軍拒梁壘梁人悉衆以出蒲師在南王師在北騎軍既接蒲人小卻李嗣昭以輕騎抗之梁軍奔潰追斬二千餘級是夜劉鄩收餘衆保營自是閉壁不出數日鄩遂宵遁王師追及于渭河所

棄兵仗輜重不可勝計劉鄩尹晧單騎獲免未幾鄩憂恚發病而卒王師略地
至奉先嗣昭因謁唐帝諸陵而還天祐十八年春正月魏州開元寺僧傳真獲
傳國寶獻于行臺驗其文即受命于天子孫寶之八字也羣僚稱賀傳真師于
廣明中遇京師喪亂得之祕藏已四十年矣篆文古體人不之識至是獻之時
淮南楊溥四川王衍皆遣使致書勸帝嗣唐帝位帝不從二月代州刺史王建
及卒是月鎮州大將張文禮殺其帥王鎔時帝方與諸將宴酒酣樂作聞鎔遇
弑遽投觶而泣曰趙王與吾把臂同盟分如金石何負于人覆宗絕祀冤哉先
是滹沱暴漲漂關城之半溺死者千計是歲天西北有赤祲如血占者言趙分
之災至是果驗時張文禮遣使請旄節于帝帝曰文禮之罪期于無赦敢邀予
旄節左右曰方今事繁不欲與人生事帝不得已而從之乃承制授文禮鎮州
兵馬留後三月河中節度使朱友謙昭義節度使李嗣昭滄州節度使李存審
定州節度使王處直邢州節度使李嗣源成德軍兵馬留後張文禮遙領天平
軍節度使閻寶大同軍節度使李存璋新州節度使王郁振武節度使李存進

同州節度使朱令德各遣使勸進請帝紹唐帝位帝報書不允自是諸鎮凡三上章勸進各獻貨幣數十萬以助即位之費帝左右亦勸帝早副人望帝撝挹久之九國志趙季良傳季良嘗夢手扶御座自謂輔佐之象由是頻述天時人事以諷莊宗深納其言秋七月河東節度副使盧汝弼卒八月庚申令天平節度使閻寶成德兵馬留後符習率兵討張文禮于鎮州初王鎔令偏將符習以本部兵從帝屯于德勝文禮既行弒逆忌鎔故將多被誅戮因遣使聞于帝欲以他兵代習歸鎮習等懼請留帝令傳旨于習及別將趙仁貞烏震等明正文禮弒逆之罪且言爾等荷戟從征蓋君父之故銜冤報恩誰人無心吾當給爾資糧助爾兵甲爾試思之于是習等率諸將三十餘人慟哭于牙門請討文禮帝因授習成德軍兵馬留後以部下鎮冀兵致討于文禮又遣閻寶以助之以史建瑭為前鋒甲子攻趙州刺史王鋋送符印以迎閻寶遂引軍至鎮州城下營于西北隅是月張文禮病疽而卒其子處瑾代掌軍事九月前鋒將史建瑭與鎮人戰于城下為流矢所中而卒冬十月己未梁將戴思遠攻德勝北城帝命李嗣源設伏于戚城令騎軍挑戰梁軍大至

帝御中軍以禦之時李從珂僞爲梁幟奔入梁壘斧其眺樓持級而還梁軍愈恐步兵漸至李嗣源以鐵騎三千乘之梁軍大敗俘斬二萬計辛酉閻寶上言定州節度使王處直爲其子都幽于別室都自稱留後歐陽史王處直叛附于契丹其子都幽處直以來附十一月帝至鎮州城下張處瑾遣弟處琪幕客齊儉等候帝乞降言猶不遜帝命因之時王師築土山以攻其壘城中亦起土山以拒之旬日之間機巧百變張處瑾令韓正時以千騎夜突圍將入定州與王處直議事爲我游軍追擊破之餘衆保衡唐賊將彭贇斬正時以降十二月辛未王郁誘契丹安巴堅寇幽州契丹國志王處直在定州以鎮定爲唇齒恐鎮亡而定孤乃潛使人語其子王郁使賂契丹令犯塞以救鎮州之圍王郁說太祖曰鎮州美女如雲金帛似山天皇速往則皆爲己物也不然則爲晉王所有矣太祖以爲然率衆而南遂引軍涿州陷之又寇定州王都遣使告急帝自鎮州率五千騎赴之天祐十九年春正月甲午帝至新城契丹前鋒三千騎至新樂是時梁將戴思遠乘虛以寇魏州軍至魏店李嗣源自領兵馳入魏州梁人知其有備乃西渡洹水陷成安而去時契丹渡沙河而諸將相顧失色又聞梁人內侵鄴城危急皆請旋師唯帝謂不可乃率親騎至新城契

丹萬餘騎遽見帝軍惶駭而退帝分軍爲二廣追躡數十里獲安巴堅之子時沙河水薄橋梁隘狹敵爭踐而過陷溺者甚衆安巴堅方在定州聞前軍敗退保望都帝至定州王都迎謁是夜宿于開元寺翼日引軍至望都契丹逆戰帝身先士伍馳擊數四敵退而結陣帝之徒兵亦陣于水次李嗣昭躍馬奮擊敵衆大潰俘斬數千追擊至易州獲氈裘毳幕羊馬不可勝紀時歲且北至大雪平地五尺敵乏芻糧人馬斃踣道路纍纍不絕帝乘勝追襲至幽州契丹國志晉王趨望都爲契丹所圍力戰出入數四不解李嗣昭引三百騎橫擊之晉王始得出因縱兵奮擊太祖兵敗遂北至易州會大雪彌旬平地數尺人馬死者相屬太祖乃歸是月梁將戴思遠寇德勝北城築壘穿塹地道雲梯晝夜攻擊李存審極力拒守城中危急帝自幽州聞之倍道兼行以赴梁人聞帝至燒營而遁三月丙午王師敗于鎮州城下閻寶退保趙州時鎮州累月受圍城中艱食王師築壘環之又決滹沱水以絕城中出路是日城中軍出攻其長圍皆奮力死戰王師不能拒引師而退鎮人壞其營壘取其芻糧者累日帝聞失律即以昭義節度使李嗣昭爲北面招討使進攻鎮州夏四月嗣昭爲流矢所中卒于師己卯天

平節度使閻寶卒以振武節度使李存進爲北面招討使是月大同軍節度使李存璋卒五月乙酉李存進圍鎮州營于東渡八月梁將段凝陷衞州刺史李存儒被擒存儒本俳優也帝以其有膂力故用爲衞州刺史既而誅斂無度人皆怨之故爲梁人所襲（九國志趙季良傳莊宗入鄴時兵革屢興屬邑租賦逋久一日莊宗召季良切責之季良對曰殿下何時平河南莊宗正色曰爾掌輿賦而稽緩安問我勝負乎季良曰殿下方謀攻守復務急徵一旦衆心有變恐河南非殿下所有莊宗斂容前席曰微君之言幾失吾大計）梁將戴思遠又陷其城新鄉等邑自是澶淵之西相州之南皆爲梁人所據九月戊寅朔張處球悉城中兵奄至東垣渡急攻我之壘門時騎軍已臨賊城不覺其出李存進惶駭引十餘人鬭于橋上賊退我之騎軍前後夾擊之賊衆大敗步卒數千殆無還者是役也李存進戰歿于師以蕃漢馬步總管李存審爲北面招討使以攻鎮州丙午夜趙將李再豐之子冲投縋以接王師諸軍登城遲明畢入鎮州平獲處球處瑾處琪并其母及同惡高濛李翥齊儉等皆折足送行臺鎮人請臨而食之發張文禮尸磔于市帝以符習爲鎮州節度使烏震爲趙州刺史趙仁貞爲深州刺史李再豐爲冀州刺史鎮人請帝兼領本鎮

從之乃以符習遙領天平軍節度使十一月河東監軍張承業卒十二月以魏
州觀察判官張憲權知鎮州軍州事
同光元年春正月丙子五臺山僧獻銅鼎三言于山中石崖間得之二月新州
團練使李嗣肱卒是時以諸藩鎮相繼上牋勸進乃命有司制置百官省寺仗
衞法物期以四月行即位之禮以河東節度判官盧質爲大禮使三月己卯以
橫海軍節度使內外蕃漢馬步總管李存審爲幽州節度使潞州留後李繼韜
叛送款于梁是月築即位壇于魏州牙城之南夏四月己巳帝昇壇祭告昊天
上帝遂即皇帝位文武臣寮稱賀禮畢御應天門宣制改天祐二十年爲同光
元年大赦天下自四月二十五日昧爽以前除十惡五逆放火行刦持杖殺人
官典犯贓屠牛鑄錢合造毒藥外罪無輕重咸赦除之應蕃漢馬步將校並賜
功臣名號超授檢校官已高者與一子六品正員官兵士並賜等第優給其戰
歿功臣各加追贈仍賜謚號民年八十已上與免一子役內外文武職官並可
直言極諫無有隱諱貢選二司宜令有司速商量施行雲應蔚朔易定幽燕及

山後八軍秋夏稅率量與蠲減民有三世已上不分居者與免雜徭諸道應有祥瑞不用聞奏赦書有所未該委所司條奏以聞云是歲自正月不雨人心憂恐宣赦之日澍雨溥降初唐咸通中金水土火四星聚于畢昴太史奏畢昴趙魏之分其下將有王者懿宗乃詔令鎮州王景崇被衮冕攝朝三日遣臣下備儀注軍府稱臣以厭之其後四十九年帝破梁軍于柏鄉平定趙魏至是卽位于鄴宮是月以行臺左丞相豆盧革爲門下侍郞同中書門下平章事太淸宮使以行臺右丞相盧澄爲中書侍郞平章事監修國史以前定州掌書記李德休爲御史中丞以河東節度判官盧質爲兵部尙書充翰林學士承旨以河東掌書記馮道爲戶部侍郞充翰林學士以魏博鎭冀觀察判官張憲爲工部侍郞充租庸使以中門使郭崇韜昭義監軍使張居翰並爲樞密使以權知幽州軍府事李紹宏爲宣徽使以魏博節度判官王正言爲禮部尙書行興唐尹以河東軍城都虞候孟知祥爲太原尹充西京副留守以澤潞節度判官任圜爲工部尙書兼眞定尹充北京副留守詔升魏州爲東京興唐府改元城縣爲與

唐縣貴鄉縣爲廣晉縣以太原爲西京以鎮州爲北都是時所管節度一十三州五十閏月丁丑以李嗣源爲檢校侍中依前橫海軍節度使內外蕃漢副總管以幽州節度使李存審爲檢校太師兼中書令依前蕃漢馬步總管以河東節度使朱友謙爲檢校太師兼尚書令安國軍節度使符習加同平章事定州節度使王都加檢校侍中是月追尊曾祖蔚州太保爲昭烈皇帝廟號懿祖夫人崔氏曰昭烈皇后追尊皇祖代州太保爲文景皇帝廟號獻祖夫人秦氏曰文景皇后追尊皇考河東節度使太師中書令晉王爲武皇帝廟號太祖詔于晉陽立宗廟以高祖神堯皇帝太宗文皇帝懿宗昭聖皇帝昭宗聖穆皇帝及懿祖以下爲七廟甲午契丹寇幽州至易定而還時有自鄆來者言節度使戴思遠領兵在河上州城無守兵可襲而取之帝召李嗣源謀曰昭義阻命梁將董璋攻迫澤州梁志在澤潞不虞別有事生汶陽無備不可失也嗣源以爲然壬寅命嗣源率步騎五千銜枚自河趨鄆是夜陰雨我師至城下鄆人不覺遂乘城而入鄆州平制以李嗣源爲天平軍節度使梁主聞鄆州陷大恐乃遣王

彥章代戴思遠總兵以來拒時朱守殷守德勝南城帝懼彥章奔衝遂幸澶州五月辛酉彥章夜率舟師自楊村浮河而下斷德勝之浮橋攻南城陷之帝命中書焦彥賓馳至楊劉固守其城命朱守殷撤德勝北城屋木攻具浮河而下以助楊劉是時德勝軍食芻茭薪炭數十萬計至是令人輦負入澶州事既倉猝耗失殆半朱守殷以所毀屋木編栰置步軍于其上王彥章以舟師沿流而下各行一岸每遇轉灘水匯卽中流交鬬流矢雨集或全舟覆沒一彼一此終日百戰比及楊劉殆亡其半己巳王彥章段凝率大軍攻楊劉南城焦彥賓與城守將李周極力固守梁軍晝夜攻擊百道齊進竟不能下遂結營于楊劉之南東西延袤數十柵六月己亥帝親御軍至楊劉登城望見梁軍重壕複壘以絕其路帝乃選勇士持短兵出戰梁軍于城門外連延屈曲穿掘小壕伏甲兵于中候帝軍至則弓弩齊發師人多傷兵不得進帝患之問計于郭崇韜崇韜請于下流據河築壘以救鄆州又請帝日令勇士挑戰旬日之內寇若不至營壘必成帝善之卽令崇韜與毛璋率數千人中夜往博州濟河東晝夜督役居

六日營壘將成戊子梁將王彥章杜晏球領徒數萬晨壓帝之新壘時板築雖
畢牆仞低庳戰具未備沙城散惡王彥章列騎環城虐用其人使步軍堙壕登
堞又于上流下巨艦十餘艘扼斷濟路自旦至午攻擊百端城中危急帝自楊
劉引軍陣于西岸城中望之大呼帝艤舟將渡梁軍遂解圍退保鄒家口秋七
月丁未帝御軍沿河而南梁軍棄鄒家口夜遁委棄鍋甲芻糧千計戊午遣騎
將李紹貽直抵梁軍壘梁益恐又聞李嗣源自鄆州引大軍將至己未夜梁軍
拔營而遁復保于楊村帝軍屯于德勝甲子帝幸楊劉城巡視梁軍故壘八月
壬申朔帝遣李紹斌以甲士五千援澤州初李繼韜之叛也潞之舊將裴約以
兵戍澤州不徇繼韜之逆既而梁遣董璋率衆攻其城約拒守久之告急于帝
故遣紹斌救之未至而城已陷裴約被害帝聞之嗟痛不已甲戌帝自楊劉歸
鄴梁以段凝代王彥章爲帥戊子凝帥衆五萬結營于王村自高陵渡河帝軍
遇之生擒梁前鋒軍士二百人戮于都市庚寅帝御軍至朝城戊戌梁左右先
鋒指揮使康延孝領百騎來奔帝虛懷引見賜御衣玉帶屏人問之對曰臣竊

觀汴人兵衆不少論其君臣將校則終見敗亡趙巖趙鵠張漢傑居中專政締
結宮掖賄賂公行段凝素無武略一朝便見大用霍彥威王彥章皆宿將有名
翻出其下自彥章獲德勝南城梁主亦稍獎使彥章立性剛暴不耐凌制梁主
每一發軍卽令近臣監護進止可否悉取監軍處分彥章悒悒形于顏色自河
津失利段凝彥章又獻謀欲數道舉軍合董璋以陝虢澤潞之衆趨石會關以
寇太原霍彥威統關西汝洛之衆自相衞以寇鎭定段凝杜晏球領大軍以當
陛下令王彥章張漢傑統禁軍以攻鄆州決取十月內大舉又自滑州南決破
河堤使水東注曹濮之間至于汶陽瀰漫不絕以陷北軍臣在軍側聞此議臣
惟汴人兵力聚則不少分則無餘陛下但待分兵領鐵騎五千自鄆州兼程直
抵于汴不旬日天下事定矣帝懌然壯之九月壬寅朔帝在朝城凝兵至臨河
與南帝之騎軍接戰是時澤潞叛衞州黎陽爲梁人所據州以西相以南寇鈔
日至編戶流亡計其軍賦不支半年又王郁盧文進召契丹南侵瀛涿及聞梁
人將圖大舉帝深憂之召將吏謀其大計或曰自我得汶陽以來須大將固守

城門之外元是賊疆細而料之得不如失今若馳檄告諭梁人却衞州黎陽以爲鄆州指河爲界約且休兵我國力稍集則議改圖帝曰嘻行此謀則無葬地矣時郭崇韜勸帝親御六軍直趨汴州半月之間天下可定帝曰正合朕意大丈夫得則爲王失則爲寇予行計決矣又問司天監對曰今歲時不利深入必無成功帝弗聽戊辰梁將王彥章率衆至汶河李嗣源遣騎軍偵視至遞公鎭梁軍來挑戰嗣源以精騎擊而敗之生擒梁將任釗田章等三百人俘斬二百級彥章引衆保于中都嗣源飛騎告捷帝置酒大悅曰是當決行渡河之策已巳下令軍中將士家屬並令歸鄴

舊五代史卷二十九

舊五代史卷二十九考證

唐莊宗紀三末幾鄴憂恚發病卒　案梁書劉鄩傳作遇酖而卒

鎮州大將張文禮殺其帥王鎔　案歐陽史作正月趙將張文禮弑其君鎔五

代春秋作三月趙人張文禮殺其君鎔與是書繫二月前後互異

遂引軍涿州陷之　案契丹陷涿州在天祐十八年李嗣弼傳作天祐十九年

紀傳互異

行臺右丞相盧澄　盧澄歐陽史作盧程考北夢瑣言亦作澄今仍其舊

帝令中書焦彥賓馳至楊劉固守其城　案通鑑作帝令宦者焦延賓急趨楊

劉與鎮使李周固守其城

六月己亥帝親御軍至楊劉　案己亥通鑑作乙亥

帝艤舟將渡梁軍遂解圍　案歐陽史作六月及王彥章戰于新壘敗之據是

書則王彥章因救至而解圍未嘗敗績也

遣騎將李紹貽　李紹貽通鑑作李紹榮

至遞公鎭　遞公鎭通鑑從莊宗實錄作遞坊鎭考是書明宗紀亦作遞坊惟
通鑑考異所引薛史作遞公今姑仍其舊
安巴堅舊作阿保機今改
舊五代史卷二十九考證

舊五代史卷三十

宋門下侍郞參知政事監修國史薛居正等撰

唐書第六

莊宗紀四

同光元年冬十月辛未朔日有食之是日皇后劉氏皇子繼岌歸鄴宮帝送于離亭歔欷而別詔宣徽使李紹宏宰相豆盧革租庸使張憲與唐尹王正言同守鄴城壬申帝御大軍自楊劉濟河癸酉至鄆州是夜三鼓渡汶時王彥章守中都甲戌帝攻之中都素無城守師既雲合梁衆自潰是日擒梁將王彥章及都監張漢傑趙廷隱劉嗣彬李知節康文通王山興等將吏二百餘人斬馘二萬奪馬千匹時既獲中都之捷帝召諸將謀其所向或言且徇兗州徐圖進取唯李嗣源曰宜急趨汴州段凝方領大軍駐于河上假如便來赴援直路又阻決河須自滑州濟渡十萬之衆舟檝焉能卒辦此去汴城咫尺若晝夜兼程信宿卽至段凝未起河壖夷門已爲我有矣臣請以千騎前驅陛下御軍徐進鮮

不克矣帝嘉之是夜嗣源率前軍先進翼日車駕卽路丁丑次曹州郡將出降
己卯遲明前軍至汴城嗣源令左右捉生攻封邱門梁開封尹王瓚請以城降
俄而帝與大軍繼至王瓚迎帝自大梁門入梁朝文武官屬于馬前謁見陳敘
世代唐臣陷在僞廷今日再覩中興雖死無恨帝諭之曰朕二十年血戰蓋爲
卿等家門無足憂矣各復乃位時梁末帝朱鍠已爲其將皇甫麟所殺獲其首
函之以獻是日賜樂工周匝幣帛周匝者帝之寵伶也胡柳之役陷于梁帝每
思之至是謁見欣然慰接周匝因言梁教坊使陳俊保庇之恩垂泣推薦請除
郡守帝亦許之庚辰帝御元德殿梁百官于朝堂待罪詔釋之壬午段凝所部
馬步軍五萬解甲于封邱凝等率大將先至請死詔各賜錦袍御馬金幣帝幸
北郊撫勞降軍各令還本營丙戌詔曰懲惡勸善務振紀綱激濁揚清須明真
僞蓋前王之令典爲歷代之通規必按舊章以令多士而有志萌僭竊位忝崇
高累世官而皆受唐恩貪爵祿而但從僞命或居台鉉或處權衡或列近職而
預機謀或當峻秩而掌刑憲事分逆順理合去留僞宰相鄭珏等一十一人皆

本朝簪組儒苑品流雖博識多聞備明今古而修身慎行頗負祖先昧忠貞而不度安危專利祿而全虧名節合當大辟無恕近親朕以纘嗣丕基初平巨慝方務好生之道在行含垢之恩湯網垂仁既務全族舜刑投裔兼貸一身爾宜自新我全大體其爲顯列不並庶寮餘外應在周行悉仍舊貫凡居中外咸體朕懷乃貶梁宰相鄭珏爲萊州司戶蕭頃爲登州司戶翰林學士劉岳爲均州司馬任贊房州司馬姚顗復州司馬封翹唐州司馬李懌懷州司馬竇夢徵沂州司馬崇政院學士劉光素密州司戶陸崇安州司戶御史中丞王權隨州司戶並員外置同正員是日以梁將段凝上疏奏梁朝權臣趙巖等並助成虐政結怨于人聖政惟新宜誅首惡乃下詔曰朕既殄僞庭顯平國患好生之令含宏雖切于予懷懲惡之規決斷難違于衆請況趙巖趙鵠等自朕收城數日布惠四方尚匿迹以潛形罔悛心而革面須行赤族以謝衆心其張漢傑昨于中都與王彥章同時俘獲此際未詳行止偶示哀矜今既上將陳詞羣情激怒往日既彰于僭濫此時難漏于網羅宜寘國刑以塞羣論除妻兒骨肉外其他疏

屬僕使並從釋放敬翔李振首佐朱温共傾唐祚屠害宗屬殺戮朝臣旣寰宇以皆知在人神而共怒敬翔雖聞自盡未豁幽冤宜與李振並族于市疎屬僕使並從原宥朱珪素聞狡蠹唯務讒邪鬭惑人情枉害良善將清內外須切去除況衆狀指陳亦宜誅戮契丹實喇鄂博旣棄其母又背其兄朕比重懷來厚加恩渥眷同骨肉錫以姓名兼分符竹之榮疊被頒宣之渥而乃輒辜重惠復背朝廷罔顧欺違竄歸僞室旣同梟獍難貸刑章可幷妻子同戮于市其朱氏近親趙鵠正身趙巖家屬仰嚴加擒捕其餘文武職員將校一切不問是日趙巖張希逸張漢傑張漢倫張漢融朱珪敬翔李振及契丹實喇鄂博等幷其妻孥皆斬于汴橋下又詔除毀朱氏宗廟神主僞梁二主幷降爲庶人天下官名府號及寺觀門額曾經改易者並復舊名時帝欲發梁祖之墓斲棺燔柩河南尹張全義上章申理乞存聖恩通鑑張全義上言朱温雖國之深讎然其人已死刑無可加屠滅其家足以爲報乞免焚斲以存聖恩帝乃止令剗去闕室而已丁亥梁百官以誅凶族于崇元殿立班待罪詔各復其位洛陽縉紳舊聞記載張全義表云伏念臣誤棲惡木曾飲盜泉實有瑕疵未蒙昭雪因下詔雪之以樞密使檢校太

保守兵部尚書郭崇韜權行中書事己丑御崇元殿制曰仗順討逆少康所以誅有窮纘業承基光武所以滅新莽咸以中興景命再造王猷經綸于草昧之中式遏于亂略之際朕以欽承大寶顯荷鴻休雖繼前修固慚涼德誓平元惡期復本朝屬四海之阽危允萬邦之推戴近者親提組練徑掃氛祅振已墮之皇綱殄偷安之寇孽國讐方雪帝道爰開拯編甿覆溺之艱救率土倒懸之苦粤自朱溫構逆友貞嗣凶篡殺二君隳殘九廟虺毒久傷于宇宙狼貪肆噬于華夷剝喪元良凌辱神主帝里動黍離之嘆朝廷多棟橈之危棄德崇奸窮兵黷武戰士疲勞于力役烝民耗竭其膏腴言念于斯軫傷彌切今則已梟逆豎大豁羣情覩歷數之有歸賓神靈之匪昧得不臨深表誡馭朽爲懷將宏濟于艱難宜特行于赦宥應僞命流貶責授官等已經量移者並可復資徒流人放歸鄉里京畿及諸道見禁囚徒大辟罪降從流流已下咸赦除之其鄭珏等一十一人未在移復之限應扈從征討將校及諸官員職掌節級馬步兵士及河北諸處屯駐守戍兵士等皆情堅破敵業茂平淮副予戡定之謀顯爾忠勤之

節並據等第續議獎酬其有歿于王事未經追贈者各與贈官如有子孫堪任使者並量材錄任應僞庭節度觀察防禦團練等使及刺史監押行營將校等並頒恩詔不議改更仍許且稱舊銜當俟別加新命理國之道莫若安民勸課之規宜從薄賦庶遂息肩之望冀諧鼓腹之謠應諸道戶口並宜罷其差役各務營農所係殘欠賦稅及諸務懸欠積年課利及公私債負等其汴州城內自收復日已前並不在徵理之限其諸道自壬午年十二月已前並放北京及河北先以祆祲未平配買征馬如有未請却官本錢及買馬不迨者可放免應有
本朝宗屬及內外文武臣寮被朱氏無辜屠害者並可追贈如有子孫及本身逃難于諸處漂寓者並令所在尋訪津置赴闕義夫節婦孝子順孫旌表門閭量加賑給或鰥寡惸獨無所告者仰所在各議拯救民年過八十者免一子從征其有先投過僞庭將校官吏等一切不問云甲午以樞密使檢校太保守兵部尚書太原縣男郭崇韜爲開府儀同三司守侍中監修國史兼真定尹成德軍節度使依前樞密使太原郡侯仍賜鐵劵乙未詔宰相豆盧革權判吏部上

銓御史中丞李德休權判東西銓事丙申滑州留後檢校太保段凝可依前滑州留後仍賜姓名紹欽以金紫光祿大夫檢校司空守輝州刺史杜晏球爲檢校司徒依前輝州刺史仍賜姓名紹虔詔處斬隨駕兵馬都監夏彥朗于和景門外時宦官怙寵廣侵占居人第舍郭崇韜奏其事乃斬彥朗以徇丁酉賜百官絹二千匹錢二百萬職事絹一千匹錢百萬戊戌以竭忠啓運匡國功臣天平軍節度使開府儀同三司檢校太傅兼侍中蕃漢馬步總管副使隴西郡侯李嗣源爲依前檢校太傅兼中書令天平軍節度使特進封開國公加食邑實封餘如故以開府儀同三司檢校太傅北都留守與聖宮使判六軍諸衞事李繼岌爲檢校太尉同平章事充東京留守詔御史臺班行內有欲求外職或要分司各許于中書投狀奏聞己亥宴勳臣于崇元殿梁室故將咸預焉帝酒酣謂李嗣源曰今日宴客皆吾前日之勍敵一旦同會皆卿前鋒之力也梁將霍彥威戴思遠等皆伏陛叩頭帝因賜御衣酒器盡歡而罷齊州刺史孟璆上章請死詔原之璆初事帝爲騎將天祐十三年帝與劉鄩莘縣對壘璆領七百騎

奔梁至是來請罪帝報之曰爾當吾急引七百騎投賊何面目相見璆惶恐請死帝恕之未幾移貝州刺史庚子帝畋于汴水之陽十一月辛丑朔有司奏河南州縣見使僞印望追毀改鑄從之以光祿大夫檢校太傅左金吾上將軍兼領左龍武軍事汾州刺史李存渥爲滑州節度使加特進同平章事以雜指揮散員都部署特進檢校太傅忻州刺史李紹榮爲徐州節度使以滑州兵馬留後檢校太保李紹欽爲兗州節度使壬寅鳳翔節度使秦王李茂貞遣使賀收復天下癸卯河中節度使西平王朱友謙來朝乙巳賜友謙姓改名繼麟帝令皇子繼岌兄事之以捧日都指揮使博州刺史康延孝爲鄭州防禦使檢校太保賜姓名繼璟以宋州節度使檢校太尉平章事袁象先依前爲宋州節度使仍賜姓名紹安以許州匡國軍節度使檢校太尉同平章事溫韜依前許州節度使仍賜姓名紹冲丁未日南至帝不受朝賀戊申中書門下上言以朝廷兵革雖寧支費猶闕應諸寺監各請置卿少卿監祭酒司業各一員博士二員餘官並停唯太常寺事關大禮大理寺事關刑法除太常博士外許更置丞一員

其王府及東宮官司天五官正奉御之屬凡關不急司存並請未議除授其諸司郎中員外應有雙曹者且置一員左右常侍諫議大夫給事中起居郎起居舍人補闕拾遺各置一半三院御史仍委御史中丞條理申奏其停罷朝官仍各錄名銜具罷任時日留在中書候見任官滿二十五箇月並據資品却與除官其西班上將軍已下仍望宣示樞密院斟酌施行從之時議者以中興之朝事宜恢廓驟茲自弱頓失物情己酉詔應隨處官吏務局員寮諸軍將校等如聞前例各有進獻直貢章奏不唯褻黷于朝廷實且傍滋于誅斂並宜止絕以肅化風又詔左降均州司馬劉岳有母年踰八十近聞身故準故事許歸候三年喪服闋如未量移即却赴貶州壬子詔取今月二十四日幸洛京以十二月二十三日朝獻太微宮二十四日朝獻太廟二十五日有事于南郊癸未中書門下奏應隨駕及在京有帶兼官者並望落下只守本官從之乙卯以特進檢校太傅開封尹判六軍諸衛事充功德使王瓚爲宣武軍節度副使權知軍州事丁巳以銀青光祿大夫尚書左丞趙光允爲中書侍郎平章事集賢殿大學

士以朝散大夫禮部侍郎韋說守本官同平章事以吏部侍郎史館修撰判館事盧文度爲兵部侍郎充翰林學士以右散騎常侍充宏文館學士判館事馮錫嘉爲戸部侍郎知制誥充翰林學士以翰林學士守尚書膳部員外郎劉昫爲比部郎中知制誥依前充職以扈鑾書制學士行尚書倉部員外郎趙鳳爲倉部郎中知制誥充翰林學士以左拾遺于嶠守本官充翰林學士戊午以中書侍郎平章事豆盧革判租庸使兼諸道鹽鐵轉運等使新羅王金朴英遣使貢方物己未以洛京留守判六軍諸衞事守太尉兼中書令河南尹魏王張全義爲檢校太師守中書令餘如故以荊南節度使檢校太師守中書令渤海王高季興依前檢校太師守中書令餘如故庚申以工部尚書眞定尹北都副留守知留守事任圜爲檢校吏部尚書兼御史大夫充成德軍節度使行軍司馬知軍府事安義軍節度使李繼韜入見待罪詔釋之辛酉以宣化軍留後檢校太傅戴思遠權知青州軍州事檢校司空左監門上將軍安崇阮並檢校舊官却復本任以鎭國軍留後檢校太傅霍彦威爲保義軍節度留後以權知威化

軍留後檢校司徒高允貞權知鎮國軍留後以權知河陽留後檢校太保張繼業依前權知河陽留後以鄜延兩鎮節度使檢校太師兼中書令西平王高萬興依前鄜延節度使仍封北平王襄州節度使檢校太傅平章事孔勍依前襄州節度使餘如故以永平軍節度使行大安尹檢校太保張筠爲西都留守行京兆尹以晉州節度使檢校太保劉玘邠州節度使檢校太保韓恭安州節度使檢校太保朱漢賓並檢校舊官却復本任壬戌以左金吾衛大將軍史敬鎔爲左街使右金吾衛大將軍李存確爲右街使甲子車駕發汴州十二月庚午朔車駕至西京是日有司自石橋具儀仗法物迎引入于大內辛未以百官初到放三日朝參壬申以租庸使刑部侍郎太清宮副使張憲爲檢校吏部尙書充北京副留守知留守事太原尹詔改取來年二月一日行郊禮戊寅詔德勝寨莘縣楊劉口通津鎮胡柳陂皆戰陣之所宜令逐處差人收掩戰士骸骨量備祭奠以慰勞魂詔改僞梁永平軍大安府復爲西京京兆府改宋州宣武軍爲歸德軍汴州開封府復爲宣武軍華州感化軍爲鎮國軍許州匡國軍復爲

忠武軍華州宣義軍復爲義成軍陝府鎭國軍復爲保義軍耀州靜勝軍復爲順義軍潞州匡義軍復爲安義軍朗州武順軍復爲武貞軍延州爲彰武軍鄧州爲威勝軍晉州爲建雄軍安州爲安遠軍淮南楊溥遣使賀登極稱大吳國主書上大唐皇帝（十國春秋吳世家云唐以滅梁來告始稱詔我國不受唐主隨易書用敵國禮曰大唐皇帝致書于吳國主王遣司農卿盧蘋獻金器二百兩銀器三千兩羅錦一千二百疋龍腦香五斤龍鳳絲轡一百事于唐又遣使張景報聘稱大吳國主上書大唐皇帝辭禮如牋表）己卯禁屠牛馬庚辰御史臺上言請行用本朝律令格式今訪聞唯定州有本朝法書望下本州寫副本進納從之辛巳詔貶安義軍節度使李繼韜爲登州長史尋斬于天津橋下再謀叛故也甲申淮南楊溥奚首領李紹威並遣使朝貢乙酉以翰林學士承旨盧質權知汴州軍府事以禮部尚書崔沂爲尚書左丞判吏部尚書銓事以兵部侍郎崔協爲吏部侍郎以刑部侍郎充集賢殿學士判院事盧文紀爲尚書兵部侍郎依前充集賢殿學士判院事丁亥澤州刺史董璋上言潞州軍變李繼達領兵出城自刎而死節度副使李繼珂已安撫軍城己丑有司上言上辛祈穀于上帝請奉高祖神堯皇帝配孟夏雩祀請奉太

宗文皇帝配季秋大享于明堂請奉太祖武皇帝配冬至日祀圜丘請奉獻祖文皇帝配孟冬祭神州地祇請奉懿祖昭聖皇帝配從之辛卯亳州太清宮道士上言聖祖殿前古檜萎瘁已久再生一枝畫圖以進詔曰當聖祖舊殿生枯檜新枝應皇家再造之期顯大國中興之運同上林仆柳祥既叶于漢宣比南頓嘉禾瑞更超于光武宜標史冊以示寰瀛云五代會要唐高祖神堯皇帝武德二年枯檜重華至安祿山僭號萎瘁明皇自蜀歸京枝葉復盛至是再生一枝長二尺餘壬辰幸伊闕己巳以中書舍人崔居儉爲刑部侍郎充史館修撰判館事甲午以租庸副使光祿大夫檢校司徒守衞尉卿孔謙爲鹽鐵轉運副使

舊五代史卷三十

舊五代史卷三十考證

唐莊宗紀四以趙光允爲中書侍郎平章事集賢殿大學士　案歐陽史作趙光允爲中書侍郎不載大學士銜與是書詳略異

甲子車駕發汴州十二月庚午朔車駕至西京　案歐陽史作甲子如洛京庚午至自汴州是書作西京蓋其時未改永平軍爲西京故尚仍梁制稱洛陽爲西京也又通鑑考異云諸書但謂之洛京未嘗詔改西京爲洛京至同光三年始詔依舊以洛京爲東都或者以永平爲西京時卽改梁西京爲洛京而史脫其文也歐陽史於元年冬卽書洛京未審所據

詔改僞梁永平軍大安府復爲西京京兆府　案歐陽史作十一月辛酉復永平軍爲西都與是書日月互異

賽喇鄂博舊作撒剌阿撥今改

舊五代史卷三十一

宋門下侍郎參知政事監修國史薛居正等撰

唐書第七

莊宗紀五

同光二年春正月庚子朔帝御明堂殿受朝賀仗衛如式壬寅南郊禮儀使太常卿李燕進太廟登歌酌獻樂舞名懿祖室曰昭德之舞獻祖室曰文明之舞太祖室曰應天之舞昭宗室曰永平之舞甲辰幽州上言契丹入寇至瓦橋（契丹國志時契丹日益强盛遣使就唐求幽州以處盧文進）以天平軍節度使李嗣源爲北面行營都招討使陝州留後霍彥威爲副率軍援幽州己巳故宣武軍節度副使權知軍州事檢校太傅王瓚贈太子太師丁未詔改朝元殿復爲明堂殿又改崇勳殿爲中興殿戊申以振武軍節度使檢校太傅同平章事李存霸權知潞州留後以知保大軍軍州事高允韜爲檢校太保庚戌以涇原節度使充秦王府諸道行軍司馬開府儀同三司檢校太尉兼侍中李曮爲檢校太尉兼中書令依前涇原軍

節度使充秦王府諸道行軍司馬詔改應順門爲永曜門太平門爲萬春門通
政門爲廣政門鳳明門爲韶和門萬春門爲中興門解卸殿爲端明殿是日詔
曰皇綱已正紫禁方嚴凡事內官不合更居外地詔諸道應有內官不計高低
並仰逐處幷家口發遣赴闕不得輒有停滯帝龍潛時寺人數已及五百至是
合諸道赴闕者約千餘人皆給賜優贍服玩華侈委之事務付以腹心唐時宦
官爲內諸司使務諸鎭監軍出納王命造作威福昭宗以此亡國及帝奄有天
下當知戒彼前車以爲殷鑒一朝復與茲弊議者惜之新羅王金朴英遣使朝
貢辛亥中書門下奏準本朝故事諸王內命婦宰臣學士中書舍人諸道節度
防禦團練使留後官告即中書帖官告院索綾紙褾軸下所司書寫印署畢進
入宣賜其文武兩班及諸道官員並奏薦將校並合于所司送納朱膠綾紙價
錢伏自僞梁不分輕重並從官給今後如非前件事例請官中不給告勅其內
司大官侍衞將校轉官即不在此限從之壬子蜀主王衍致書于帝稱有詐爲
天使馳報收復汴州者詔捕之不獲癸丑有司奏郊祀前二日迎祔高祖太宗

懿祖獻祖太祖神主于太廟議者以中興唐祚不宜以追封之祖雜有國之君以爲昭穆自懿祖已下宜別立廟于代州如後漢南陽故事可也幽州北面軍前奏契丹還塞詔李嗣源班師鳳翔節度使秦王李茂貞上表請行藩臣之禮帝優報之甲寅帝于中興殿面賜郭崇韜鐵券有司上言皇太后到闕皇帝合于銀臺門內奉迎詔親至懷州奉迎中書奏自二十三日後散齋內車駕不合遠出詔改至河陽奉迎以禮部尚書與唐尹王正言依前禮部尚書充租庸使乙卯渤海國遣使貢方物幽州奏嬀州山後十三寨百姓却復新州戊午以前太子少師薛廷珪爲檢校戶部尚書太子少師致仕以前太子賓客封舜卿爲太子少保致仕以前太子賓客李文規爲戶部侍郎致仕詔鹽鐵度支戶部並委租庸使管轄庚申四方館上言請今後除隨駕將校及外方進奉專使文武班三品已上官可以內殿對見其餘並詣正衙以申常禮從之車駕幸河陽奉迎皇太后辛酉帝侍皇太后至文武百寮迎于上東門是日河中府上言稷山縣割隸絳州以太僕卿李紓爲宗正卿以衞尉卿楊遘爲太僕卿西京昭應縣

華清宮道士張冲虛上言天尊院枯檜重生枝葉乙丑有司上言南郊朝享太
廟舊例親王充亞獻終獻行事乃以皇子繼岌爲亞獻皇弟存紀爲終獻丙寅
帝赴明堂殿致齋丁卯朝饗于太微宮戊辰饗太廟是日赴南郊二月己巳朔
親祀昊天上帝于圜丘禮畢宰臣率百官就次稱賀還御五鳳樓宣制大赦天
下應同光二年二月一日昧爽已前所犯罪無輕重常赦所不原者咸赦除之
十惡五逆屠牛鑄錢故殺人合造毒藥持杖行刼官典犯贓不在此限應自來
立功將校各與轉官仍加賞給文武常參官節度觀察防禦刺史軍主都虞候
指揮使父母亡殁者並與追贈在者各與加爵增封諸藩鎮各賜一子出身仍
封功臣名號留後刺史官高者加階爵一級官卑者加官一資應本朝内外臣
寮被朱氏殺害者特與追贈應諸州府不得令富室分外收貯見錢禁工人鎔
錢爲銅器勿令商人載錢出境近年已來婦女服飾異常寬博倍費縑綾有力
之家不計卑賤悉衣錦繡宜令所在糾察應有百姓婦女曾經俘擄他處爲婢
妾者一任骨肉認識男子曾被刺面者給與憑據放逐營生召天下有能以書

籍進納者各等第酬奬仰有司速檢勘天下戶口正額墾田實數待憑條理以息煩苛是日風景和暢人胥悅服議者云五十年來無此盛禮然自此權臣愎戾伶官用事吏人孔謙酷加賦斂赦文之所原放謙復刻剝不行大失人心始于此矣庚午租庸使孔謙奏諸道綱運客旅多于私路苟免商稅請令所在關防嚴加捉搦從之癸酉宰臣豆盧革率百官上尊號曰昭文睿武至德光孝皇帝凡三上表從之甲戌詔曰汴州元管開封浚儀封邱雍邱尉氏陳留六縣僞庭割許州鄢陵扶溝陳州太康鄭州陽武中牟曹州考城等縣屬焉其陽武匡城扶溝考城四縣宜令且隸汴州餘還本部丙子以隨駕參謀耿瑗爲司天監丁丑以光祿大夫檢校司徒李筠爲右騎衛上將軍戊寅幸李嗣源第作樂盡歡而罷己卯以河中節度使冀王李繼麟兼安邑解縣兩池榷鹽使辛巳以檢校太師守尙書令河南尹判六軍諸衛事魏王張全義爲守太尉兼中書令河陽節度使河南尹改封齊王以開府儀同三司守尙書令秦王李茂貞依前封秦王餘如故仍賜不拜不名五代會要太常禮院奏李茂貞封冊之命宜準故襄州節度使趙匡凝之例施行秦王受冊自備革

輅一乘載冊犢車一乘并本品鹵簿鼓吹如儀從之是日帝幸左龍武軍癸未宰臣豆盧革率百官上表請立中宮制以魏國夫人劉氏爲皇后仍令所司擇日備禮冊命丁亥以天平軍節度使蕃漢總管副使開府儀同三司校檢太傅兼中書令李嗣源爲檢校太尉依前天平軍節度使加實封百戶並賜鐵券以前安國軍節度副使檢校太保左衛上將軍李存乂爲晉州節度使檢校太傅以北京皇城留守檢校太保左威衛上將軍李存紀爲邢州節度使加檢校太傅以蕃漢馬步都虞候兼東京馬步軍都指揮使檢校太保朱守殷爲振武節度使加檢校太傅戊子以前右龍武軍都虞候守左龍武大將軍李紹奇爲鄭州防禦使以楚州防禦使張繼孫爲汝州防禦使己丑以振武軍節度使權安義留後檢校太傅平章事李存霸爲潞州節度使以捧日都指揮使鄭州防禦使李紹琛爲陝州節度使以成德軍馬步軍都指揮使右監門衛大將軍毛璋爲華州節度使壬辰樞密使郭崇韜再上表請退樞密之職優詔不允癸巳詔曰皇太后母儀天下子視羣生當別建宮闈顯標名號冀因稱謂益表尊嚴宜以長壽宮爲名樞密使郭

崇韜奏時務利便一十五件優詔褒美甲午奚王李紹威吐渾李紹魯皆貢駞馬丁酉以武安軍衙內馬步軍都指揮使昭州刺史馬希範爲永州刺史檢校太保癸卯以光祿大夫檢校左僕射行太常卿李燕爲特進檢校司空依前太常卿以御史中丞李德休爲兵部侍郎以吏部侍郎崔協爲御史中丞三月甲辰故河陽節度使王師範贈太尉乙巳以滄州節度使檢校太傅同平章事符習爲青州節度使以北京衙內馬步軍都指揮使右領軍衞大將軍李紹斌爲滄州節度使鎭州奏契丹犯塞詔李嗣源率師屯邢州丙午以荆南節度使守中書令渤海王高季興依前檢校太師兼尙書令封南平王以幽州節度行軍司馬李存賢依前檢校太保爲幽州節度使中書門下上言近以諸州奏薦令錄頗亂規程請今後節度使管三州已上每年許奏管內官三人如管三州已下只奏兩人仍須課績尤異方得上聞防禦使止許奏一人刺史無奏薦之例從之己酉以太子少保李琪爲刑部尙書庚戌幽州奏契丹寇新城是日詔諸軍將校自檢校司空已下宜賜叶謀定亂匡國功臣自檢校僕射尙書常侍及

諫議大夫並賜忠果拱衛功臣初帶憲銜者並賜忠烈功臣節級長行並賜匡
躍功臣中書門下上言州縣官在任考滿即具關申送吏部格式本道不得差
攝官替正官從之五代會要同光二年中書門下奏刺史縣令有政績尤異爲衆所知或招復戶口能增加賦稅者或辨雪冤獄能拯人命者或去害物之積弊立利世之新規有益時政爲衆所推者即仰本處逐件分明聞奏當議獎擢或在任貪猥誅戮生靈公事不治爲政怠惰亦加懲罰其州縣官任滿三考即具關申送吏部格式候敕除銓注其本道不得差攝官替正授者從之有司上言皇帝四月一日御文明
殿受冊徽號合服袞冕御殿前一日散齋于內殿從之是日李嗣源上表乞退
兵權詔不允是時伶人景進用事閹官競進故重臣憂懼拜章請退癸丑左諫
議大夫竇專上言請廢租庸使名目事歸三司疏奏不報唐州奏本連理詔先
省員官除已別授官外其左散騎常侍李文矩等三十人却復舊官太子詹事
石戩等五人宜以本官致仕將作少監岑保嗣等十四人續敕處分丙辰責授
萊州司戶鄭珏等一十一人並量移近地尚書戶部侍郎知貢舉趙頎卒以中
書舍人裴皥權知貢舉禁用鉛錫錢丁巳中書門下奏懿祖陵請以永興爲名
獻祖陵請以長寧爲名太祖陵請以建極爲名從之淮南楊溥遣使貢賀郊天

禮物十國春秋吳世家王遣右衛上將軍許確進賀郊天銀二千兩錦綺羅一千二百疋細茶五百斤象牙四株犀角十株于唐戊午詔應南郊行事官並付三銓磨勘優與處分己未以大理卿張紹珪充制置安邑解縣兩池榷鹽使幸左龍武軍以皇子繼岌代張全義判六軍諸衞事故也癸亥以彰武保大等軍節度使北平王高萬興可依前延州鄜州節度使檢校太保兼中書令北平王甲子幸東宅夏四月己巳朔帝御文明殿具袞冕受冊尊號曰昭文睿武至德光孝皇帝壬申以成德軍節度行軍司馬權知府事任圜爲檢校右僕射權北面水陸轉運制置使甲戌以順義軍留後華温琪依前檢校太保充留後乙亥以天策上將軍武安等軍節度使守太師中書令楚王馬殷可依前守太師兼尚書令詔在京諸道節度使刺史令各歸本任丁丑以前幽州節度使內外蕃漢馬步總管檢校太師兼中書令李存審爲宣武軍節度使餘如故己卯帝御文明殿冊魏國夫人劉氏爲皇后庚辰賜郭彥威姓名曰紹真癸未以宋州節度使李繼安依前檢校太尉同平章事宋州節度使以許州節度使李繼沖依前檢校太尉同平章事許州節度使以襄州節度使孔勍依

前檢校太傅同平章事襄州節度使甲午以樞密副使通議大夫行內侍省內侍宋唐玉爲左監門衛將軍同正依前樞密副使以內客省使通議大夫行內侍省內侍楊希朗爲右監門衛將軍同正依前內客省使並賜推忠匡佐功臣車駕幸龍門丙戌回鶻遣使貢方物己丑以夏州節度使李仁福依前檢校太師兼中書令夏州節度使封朔方王以朔方河西等軍節度使韓洙依前檢校太傅兼侍中充朔方河西等軍節度使靈鹽威警雄涼甘肅等州觀察使辛卯以宣徽南院使判內侍省兼內局特進左監門將軍同正李紹宏爲右領軍衛上將軍癸巳以靜江軍節度使扶風郡王馬賨爲檢校太師兼中書令依前靜江軍節度使以朗州節度使馬希振爲檢校太傅兼侍中依前朗州節度使鳳翔節度使秦王李茂貞薨丙申潞州小校楊立據城叛以李嗣源爲招討使陝州留後李紹真爲副率師以討之

舊五代史卷三十一考證

唐莊宗紀五開府儀同三司守尚書令秦王李茂貞　秦王通鑑作岐王

鎮州奏契丹犯塞詔李嗣源率師屯邢州　案通鑑詔橫海節度使李紹斌北京指揮使李從珂帥騎兵分道備之與是書異

靈鹽威警雄京甘肅等州觀察使　案威警疑當作威涇攷通鑑注云警州在涇原西今仍其舊

舊五代史卷三十一考證

舊五代史卷三十二

宋門下侍郎參知政事監修國史薛居正等撰

唐書第八

莊宗紀六

同光二年夏五月己亥帝御文明殿冊齊王張全義爲太尉禮畢全義赴尚書省領事左諫議大夫竇專不降階爲御史所劾專援引舊典宰相不能詰寢而不行庚子太常卿李燕卒壬寅以教坊使陳俊爲景州刺史內園使儲德源爲憲州刺史皆梁之伶人也初帝平梁俊與德源皆爲寵伶周匝所薦帝因許除郡郭崇韜以爲不可伶官言之者衆帝密召崇韜謂之曰予已許除郡經年未行我慚見二人卿當屈意行之故有是命（清異錄同光既即位猶襲故態身預俳優尚方進御巾裹名品日新今伶人所頂尚有傳其遺製者）甲辰以兗州節度使李紹欽依前檢校太保兗州節度使進封開國侯以邠州節度使韓恭依前檢校太保邠州節度使進封開國伯丙午以福建節度使閩王王審知依前檢校太師守中書令福建節度使戊申幸郭崇韜

第己酉詔天下收拆防城之具不得修濬池隍以西都留守京兆尹張筠依前
檢校太保充西都留守甲寅以滄州節度使李紹斌充東北面招討使以兗州
節度李紹欽爲副招討使以宣徽使李紹宏爲招討都監率大軍渡河而北時
幽州上言契丹將寇河朔故也乙卯潞州叛將楊立遣使肄步奉表乞行赦宥
帝令樞密副使宋唐玉賫勅書招撫幽州上言契丹營于州東南丙辰渤海國
王大諲譔遣使貢方物以澶州刺史李審益爲幽州行軍司馬蕃漢內外都知
兵馬使辛酉故澤潞節度使丁會贈太師詔割復州爲荊南屬郡壬戌以權知
鳳翔軍府事涇州節度使李曮爲起復雲麾將軍右金吾大將軍同正依前檢
校太尉兼中書令充鳳翔節度使乙丑以權知歸義軍留後曹義金爲歸義軍
節度使沙州刺史檢校司空丙寅李嗣源奏收復潞州幽州上言新授宣武軍
節度使李存審卒六月甲戌中書侍郎兼吏部尚書平章事宏文館大學士豆
盧革加右僕射餘如故侍中監修國史兼樞密使鎮州節度使郭崇韜進爵邑
加功臣號中書侍郎平章事集賢殿大學士趙光允加兼戶部尚書禮部侍郎

平章事韋說加中書侍郎宋州奏節度使李紹安卒丙子李嗣源遣使部送潞州叛將楊立等到闕並磔于市潞州城峻而隍深至是帝命剗平之因詔諸方鎮撤防城之備焉丁丑有司上言洛陽已建宗廟其北京太廟請停從之甲申以衞國夫人韓氏爲淑妃燕國夫人伊氏爲德妃仍令所司擇日冊命故河東節度副使守左諫議大夫李襲吉贈禮部尚書故河東節度副使禮部尚書蘇循贈左僕射故河東觀察判官檢校右僕射司馬揆贈司空故河東留守判官工部尚書李敬義贈右僕射丙戌以順義軍節度使李令錫爲許州節度使以前保義軍留後李紹真爲徐州節度使以徐州節度使李紹榮爲宋州節度使戊子汝州防禦使張繼孫賜死于本郡繼孫卽齊王張全義之假子也本姓郝氏爲兄繼業等訟其陰事故誅之冊府元龜載張繼業爲河陽兩使留後莊宗同光二年六月繼業上疏稱弟繼孫本姓郝有母尙在父全義養爲假子令管衙內兵士自皇帝到京繼孫私藏兵甲招置部曲欲圖不軌兼私家淫縱無別無義臣若不自陳恐累家族勅曰有善必賞所以勸忠孝之方有惡必誅所以絕姦邪之迹其或罪狀騰于衆口醜行布于近親須舉朝章冀明國法汝州防禦使張繼孫本非張氏子孫自小丐養以至成立備極顯榮而不酬撫育之恩履謙恭之道擅行威福常恣姦兇侵奪父權惑亂家事縱鳥獸之行畜梟獍之心有識者所不忍言無賴者實爲其黨而又

橫征暴斂虐法峻刑藏兵器于私家殺平人于廣陌罔思悛改難議矜容宜竄逐于遐方仍還歸于姓氏俾我勳賢之族永除汚穢之風凡百臣僚宜體朕命可貶房州司戶參軍同正兼勒復本姓尋賜自盡仍籍沒資產己丑以回鶻可汗仁美爲英義可汗詔改輝州
爲單州庚寅故左僕射裴樞右僕射裴贄崔遠並贈司徒故靜海軍節度使獨
孤損贈司空故吏部尚書陸扆贈右僕射故工部尚書王溥贈右僕射裴節等
六人皆前朝宰輔爲梁祖所害于白馬驛至是追贈焉壬辰以天平軍節度使
蕃漢總管副使開府儀同三司檢校太尉兼中書令李嗣源爲宣武軍節樞使
蕃漢馬步總管餘如故甲午以樞密使特進左領軍衛上將軍知內侍省事張
居翰爲驃騎大將軍守左驍衛上將軍進封開國伯賜功臣號秋七月戊戌朔
故宣武軍節度使李存審男彥超進其父牙兵八千七百人己亥中書門下奏
每年南郊壇四祠祭太微宮五薦獻並宰臣攝太尉行事惟太廟遣庶僚行事
此後太廟祠祭亦望差宰臣行事從之乙巳汴州雍邱縣大風拔木傷稼曹州
大雨平地水三尺丙午以襄州節度使孔勍爲潞州節度使李存霸爲鄆州節
度使乙酉幸龍門之雷山祭天神從北俗之舊事也辛亥以鄆州副使李紹珙

爲襄州留後以前澤州刺史董璋爲邠州留後戊午西川王衍遣僞署戶部侍郎歐陽彬來朝貢稱大蜀皇帝上書大唐皇帝庚申以應州爲雲州屬郡升新州爲威塞軍節度使以嬀儒武等州爲屬郡壬戌皇子繼岌妻王氏封魏國夫人幽州奏契丹安巴堅東攻渤海八月己巳詔洛京應有隙地任人請射修造有主者限半年令本主自修蓋如過限不見屋宇許他人占射五代會要載此詔云藩方侯伯內外臣僚于京邑之中無安居之所亦可請射各自修營辛未北京副留守太原尹孟知祥加檢校太傅增邑賜功臣號帝畋于西苑癸酉以租庸副使守衞尉卿孔謙爲租庸使以右威衞上將軍孔循爲租庸副使甲戌以權知汴州軍州事翰林學士承旨戶部尙書盧質爲兵部尙書依前翰林學士承旨仍賜論思匡佐功臣丙子以雲州刺史鴈門以北都知兵馬使安元信爲大同軍節度留後以隰州刺史張廷裕爲新州威塞軍節度留後丁丑樞密使郭崇韜上表請退不允戊寅租庸使守禮部尙書王正言罷使守本官辛巳詔諸道節度觀察防禦團練使刺史並于洛陽修宅一區中書門下上言請今後諸道除節度副使兩使判官外其餘職員

幷諸州軍事判官各任本處奏辟從之五代會要同光二年八月八日中書門下奏諸道除節度使及兩使判官除授外其餘職員幷軍事判官伏以翹車著詠戔帛垂文式重弓旌以光尊俎由是副已知之薦成接士之榮必當備悉行藏習知才行允奉幕中之畫以稱席上之珍爰自僞梁頗乖斯義皆從除授以佐藩宣因緣多事之秋慮爽得人之選將之期推擇式示更張今後諸道除節度副使判官兩使除授外其餘職員幷諸州軍事判官等並任本道本州各當辟舉其軍事判官仍不在奏官之限汴州奏大水損稼癸未租庸使孔謙進封會稽縣男仍賜豐財贍國功臣淮南楊溥遣使貢方物宋州大水鄆曹等州大風雨損稼丁亥中書門下侍郞奏請差左丞崔沂吏部侍郞崔貽孫給事中鄭韜光李光序吏部員外郞盧損等同詳定選司長定格循資格十道圖從之五代會要同光二年八月中書門下奏吏部三銓下省南曹廢置甲庫格式流外銓等司公事並繫長定格循資格十道圖等前件格文本朝創立檢制姦濫倫敘官資頗謂精詳久同遵守自亂離之後巧僞滋多兼同光二年八月車駕在東京權判工部員外郞盧重本司起請一卷並以興復之始務切懷來凡有條流多失根本以至冬集赴選人並南郊行事官及陪位宗子共一千三百餘人銓曹檢勘之時互有援引去留之際不絕爭論若又依違必長訛濫望差權判尚書省銓左丞崔沂吏部侍郞崔貽孫給事中鄭韜光李光序吏部員外郞盧損等同詳定舊長定格循資格十道圖務令簡要可久施行從之癸巳放朝參三日以霖雨故也陝州奏河水溢岸乙未中書門下上言諸陵臺令丞請停以本縣令知陵臺事從之九月癸卯畋于西北郊幽州上言契丹安巴堅自

渤海國迴軍內園新殿成名曰長春殿戊申以中書舍人權知貢舉裴皞爲禮部侍郎以前鄭州防禦副使姜宏道爲太僕卿侍中郭崇韜奏應三銓注授官員等內有自無出身入仕買覓鬼名告敕令將骨肉文書揩改姓名或歷任不足妄稱失墜或假人蔭緒託形勢論屬安排參選所司隨例注官如有人陳告特議超獎其所犯人檢格處分若同保人內有僞濫者並當駮放應有人身死之處今後並須申報本州于告身上批書身死月日分明付子孫今後銓司公事至春末並須了畢從之銓綜之司僞濫日久及崇韜條奏之後澄汰甚嚴放棄者十有七八衆情亦怨之己酉司天臺請禁私歷日從之庚戌有司自契丹至者言女真回鶻黃頭室韋合勢侵契丹壬子有司上言八月二十二日夜熒惑犯星二度星周分也請依法禳之于京城四門懸東流水一罌兼令都市嚴備盜火止絕夜行從之甲寅幸郭崇韜第置酒作樂乙卯以前振武節度使安北都護馬存可依前檢校太尉兼侍中充寧遠軍節度容管觀察使存湖南馬殷之弟也丙辰黑水國遣使朝貢契丹寇幽州戊午宣宰臣于中書磨勘吏部

選人諺謚者焚毀告勑冬十月戊辰帝畋于西北郊己巳故安義節度使贈太
尉隴西郡王李嗣昭贈太師庚午正衙命使冊淑妃韓氏德妃伊氏以宰臣豆
盧革韋說充冊使辛未詔今後支郡公事須申本道騰狀奏聞租庸使各有徵
催秖牒觀察使責全理體契丹寇易定北鄙壬申故大同軍防禦使李存璋贈
太尉鄆州奏清河泛溢壞廬舍癸未畋于石橋甲戌河南尹張全義上言萬壽
節日請于嵩山開瑠璃戒壇度僧百人從之乙亥故守太師尚書令秦王李茂
貞追封秦王賜謚曰忠敬丁丑皇后差使賜兗州節度使李紹欽湯藥時皇太
后行誥命皇后劉氏行教命互遣使人宣達藩后紊亂之弊人不敢言己卯汴
鄆二州奏大水庚辰以前太僕卿楊遘為大理卿黨項進白驢奚王李紹威進
駞馬幽州奏契丹入寇至近郊辛巳故天雄軍節度副使王緘贈司空壬午以
天下兵馬都元帥尚父守尚書令吳越國王錢鏐可依前天下兵馬都元帥尚
父守尚書令封吳越國王癸未幸小馬坊閱馬甲申以兩浙兵馬留後清海軍
節度嶺南東道觀察等使守太尉兼侍中廣州刺史錢元瓘為檢校太師兼中

書令充兩浙節度觀察留後餘如故以鎮東軍節度副大使江南管內都招討使建武軍節度嶺南西道觀察等使檢校太傅守侍中知蘇州中吳軍軍州事行邕州刺史錢元璙爲檢校太尉兼中書令餘如故辛卯天平軍監軍使柴重厚可特進右領衛將軍同正充鳳翔監軍使甲午以宣武軍節度押牙李從溫李從璋李從榮李從厚李從璨並銀青光祿大夫檢校右散騎常侍兼御史大夫宣武軍節度押牙李從臻可檢校國子祭酒兼御史中丞自從溫而下皆李嗣源諸子也十一月丙申靈武奏甘州回鶻可汗仁美卒其弟狄銀權主國事吐渾白都督族帳移于代州東南己亥幸六宅宴諸弟壬寅尚書左丞判吏部尚書銓事崔沂貶麟州司馬吏部侍郎崔貽孫貶朔州司馬給事中鄭韜光貶寧州司馬吏部員外盧損貶府州司戶時有選人吳延皓取亡叔告身故舊名求仕事發延皓付河南府處死崔沂已下貶官宰相豆盧革趙光允韋說詣閣門待罪詔釋之癸卯帝畋于伊闕侍衛金槍馬萬餘騎從帝一發中大鹿是日命從官拜梁祖之陵物議非之其夕宿于張全義之別墅甲辰宿伊闕縣乙巳

宿樵磵時騎士圍山會夜顛墜崖谷死傷甚衆丙午復命衛兵分獵殺獲萬計是夜方歸京城六街火炬如晝丁未賜羣臣鹿肉有差庚戌制改節將一十一人功臣號辛亥以兵部侍郎李德休爲吏部侍郎壬子日南至百官拜表稱賀以昭儀侯氏爲汧國夫人昭容夏氏爲虢國夫人昭媛白氏爲沛國夫人出使美宣鄧氏爲魏國夫人御正楚真張氏爲涼國夫人司簿德美周氏爲宋國夫人侍真吳氏爲渤海郡夫人其餘並封郡夫人丁巳河中節度使守太師兼尚書令西平王李繼麟可依前守太師兼尚書令河中護國軍節度使西平王仍賜鐵券戊午幸李嗣源李紹榮之第縱酒作樂是日鎮州地震契丹寇蔚州十二月戊辰幸西苑校獵己巳詔汴州節度使李嗣源歸鎮通鑑云己巳命宣武節度使李嗣源將宿衛兵三萬七千人赴汴州遂如幽州禦契丹庚午帝與皇后劉氏幸張全義第酒酣帝命皇后拜全義爲養父全義惶恐致謝復出珍貨貢獻翼日皇后傳制命學士草謝全義書學士趙鳳密疏陳國后無拜人臣爲父之禮帝雖嘉之竟不能已其事壬申以教坊使王承顏爲興州刺史丙子詔取來年正月七日幸魏州庚辰畋于近郊

至夕還宮壬午契丹寇嵐州黨項遣使貢方物乙酉幸龍門佛寺祈雪丙戌以徐州節度使李紹真爲北面行營副招討使戊子李嗣源奏部署大軍自宣武軍北征淮南楊溥遣使貢獻己丑幸龍門庚寅詔河南尹張全義爲洛京留守判在京諸軍事是日日傍有背氣凡十二

同光三年春正月甲午朔帝御明堂殿受朝賀仗衞如式丙申詔以昭宗少帝山陵未備宜令有司别選園陵改葬尋以年饑財匱而止契丹寇幽州戊戌詔起今後特恩授官及侍衞諸軍將校內諸司等官其告身官給舊例朱膠錢臺省禮錢並停其餘合徵臺省禮錢比舊數五分中許徵一分特恩者不徵兵吏部兩司逐月各支錢四十貫文充吏人食直少府監鑄錢造印文今後不得徵納銅炭價直其料物官給庚子車駕發京師幸鄴以前許州節度使李紹沖爲太子少保以前邠州節度使韓恭爲右金吾大將軍充兩街使以前安州節度使朱漢賓爲左龍武統軍庚戌車駕至鄴命青州節度使符習修酸棗河隄先是梁末帝決河隄引水東注至鄆濮以限我軍至是方修之丙辰幽州上言節

度使李存賢卒二月甲子朔詔與唐府管內有百姓隨絲鹽錢每兩與減五十文逐年所俵蠶鹽每斗與減五十文小菉豆稅每畝與減放三升都城內所徵稅絲永與除放丙寅定州節度使王都來朝丁卯畋于近郊己巳召從臣擊毬于鞠場辛未許州上言襄城葉縣準勅割隸汝州其扶溝等縣請卻隸當州從之甲戌以滄州節度使李紹斌爲幽州節度使依前檢校太保以大同軍留後安元信爲滄州節度使乙亥幸王莽河射鴈丙子李嗣源奏涿州東南殺敗契丹生擒首領三十人符習奏修隄役夫遇雪寒逃散樞密使郭崇韜上表辭兼鎮時帝命李紹斌鎮幽州以其時望未重欲以李嗣源爲鎮帥且爲紹斌聲援移郭崇韜兼領汴州召崇韜議之崇韜奏以爲當因懇辭兼領庚辰以宣武軍節度使李嗣源爲鎮州節度使辛巳以皇子繼潼繼嵩繼蟾繼嶢並檢校司徒皆冲幼未出閤突厥渤海國皆遣使貢方物帝幸近郊射鴈甲申以樞密使郭崇韜爲依前守侍中監修國史兼樞密使加食邑實封廣南劉巖遣使奉書于帝稱大漢國王致書上大唐皇帝乙酉帝射鴨子郭泊丙戌定州節度使檢校

太尉兼侍中王都進封開國公加食邑實封戊子幸近郊射鴈工部尚書崔梲卒贈右僕射三月癸巳朔賜扈從諸軍將士優給自二十千至一千甲午振武軍節度使洛京內外蕃漢馬步使朱守殷奏昨修月陂隄至德宮南獲玉璽一紐獻之詔示百官驗其文曰皇帝行寶四字方圓八寸厚二寸背紐交龍先瑩精妙守殷又于役所得古文錢四百六十六內二十六文曰得一元寶四百四十曰順天元寶上之龐元英文昌雜錄云同光三年洛京積善坊得古文錢曰得一元寶順天元寶史不載何代鑄錢近見錢氏錢譜云史思明再陷洛陽鑄得一錢賊黨以爲得一非佳號乃改順天蓋史思明所鑄錢也丙子寒食節帝與皇后出近郊遙饗代州親廟庚子詔取三月十七日車駕歸洛京壬寅符習奏修河隄畢功戊申帝召郭崇韜謂曰朕思在德勝寨時霍彥威段凝皆予之勍敵終日格鬭戰聲相聞安知二年之間在吾廡下吾無少康光武之才一旦重興基構者良由二三勳德同心輔翼故也朕有時夢寢如在戚城思念曩時挑戰鏖兵勞則勞矣然而揚旌伐鼓差慰人心殘壘荒溝依然在目予欲按德勝故寨與卿再陳舊事崇韜曰此去澶州不遠陛下再觀戰地益知王業之艱難豈不韙哉己酉車

駕發鄴宮辛亥至德勝城登城四望指戰陣之處以諭宰臣渡河南觀廢柵舊阯至楊村寨沿河至戚城置酒作樂而罷壬子淮南楊溥遣使朝貢東京副留守張憲奏諸營家口一千二百人逃亡以艱食故也時官苑使王允平伶人景進爲帝廣采宮人不擇良家委巷殆千餘人車駕不給載以牛車纍纍于路焉庚辰車駕至自鄴辛酉詔本朝以雍州爲西京洛州爲東都幷州爲北都近以魏州爲東京宜依舊以洛京爲東都魏州改爲鄴都與北都並爲次府夏四月癸亥朔日有食之以租庸副使孔循權知汴州軍州事丙寅淮南楊溥遣使貢方物壬申幸甘泉亭癸酉詔翰林學士承旨盧質覆試新及第進士五代會要時以新及第進士符蒙正等尚干浮議故命盧質覆試租庸使奏時雨久愆請下諸道州府依法祈禱從之乙亥帝與皇后幸郭崇韜第又幸左龍武統軍朱漢賓之第戊寅以耀州爲團練州其順義軍額宜停庚辰帝侍皇太后幸會節園遂幸李紹榮之第辛巳以旱甚詔河南府徙市造五方龍集巫禱祭癸未以兗州節度使李紹欽爲鄧州節度使丁亥以鎮州節度使李嗣源兼北面水陸轉運使以徐州節度使李紹真

爲副禮部貢院新及第進士四人其王澈改爲第一桑維翰第二符蒙正第三成僚第四禮部侍郎裴皥既無黜落特議寬容今後新及第人候過堂日委中書門下精加詳覆陝州奏木連理庚寅中書侍郎兼工部尚書平章事趙光允卒廢朝三日五月壬辰朔淮南楊溥貢端午節物丁酉皇太妃劉氏薨于晉陽廢朝五日帝于興安殿行服時皇太后欲奔喪于晉陽百官上表請留乃止戊戌以鎮州行軍司馬知軍府事任圜爲工部尚書戊申幸龍門廣化寺祈雨己酉黑水女真二國皆遣使朝貢戊午以鳳州衙內馬步軍都指揮使李繼衵爲涇州節度使檢校太傅己未詔天下見禁罪人如無大過者速令疎放幸太清宮禱雨六月癸亥雲州上言去年契丹從磧北歸帳達靼因相掩擊其首領裕悅族帳自磧北以部族羊馬三萬來降已到南界今差使人來赴闕奏事甲子太白晝見丁卯以滄州節度使安元信充北面行營馬步軍都排陣使辛未以宗正卿李紓充昭宗少帝改卜園陵使壬申京師雨足自是大雨至于九月晝夜陰晦未嘗澄霽江河漂溢隄防壞決天下皆訴水災丁丑詔吳越王錢鏐將

行冊禮準禮文合用竹冊宜令所司修製玉冊時郭崇韜秉政以爲不可樞密承旨段徊贊其事故有是命癸丑以天德軍節度使管內蕃漢都知兵馬使劉承訓爲天德軍節度觀察留後丙戌詔曰關內諸陵頃因喪亂例遭穿穴多未掩修其下宮殿宇法物等各令奉陵州府據所管陵園修製仍四時各依舊例薦饗每陵仰差近陵百姓二十戶充陵戶以備灑掃其壽陵等一十陵亦一例修掩量置陵戶戊子以刑部尚書李琪充昭宗少帝改卜園陵禮儀使己丑以工部郎中李途爲京北少尹充修奉諸陵使辛卯詔括天下私馬五代會要詔下河南河北諸州和市戰馬官吏除一匹外匿者坐罪將收蜀故也三楚新錄莊宗謂高季興曰今天下負固不服者惟吳蜀耳朕欲先有事于蜀而蜀地險阻尤難江南才隔荊南一水朕欲先之卿以爲何如季興對曰臣聞蜀地富民饒獲之可建大利江南國貧地狹民少得之恐無益臣願陛下釋吳先蜀時莊宗意亦欲伐蜀及聞季興之言果大悅

舊五代史卷三十二考證

唐莊宗紀六內園使　案歐陽史作內園栽接使攷五代會要內園栽接使係

梁時雜使創置之官

契丹安巴堅東攻渤海　案遼史太祖紀天贊三年五月渤海殺其刺史張秀

實而掠其民于東攻渤海之事闕而不載考五代會要同光二年七月契丹

東攻渤海與是書同

每兩與減五十文　案五代會要作每兩與減放五文

己酉車駕發鄴宮辛亥至德勝城　案五代春秋作庚子帝幸鄴都遂幸德勝

故城據是書則己酉發鄴宮辛亥至德勝城與五代春秋異蓋五代春秋祗

以詔下之日爲據也

庚辰車駕至自鄴　庚辰歐陽史作庚申考通鑑及五代春秋皆作庚辰據上

文正月甲午朔二月甲子朔三月癸巳朔則三月不得有庚辰也蓋其誤始

于是書而通鑑五代春秋皆襲其訛耳今姑從原本仍爲辨正于此

夏四月癸亥朔　案五代春秋作辛亥朔通鑑從是書
中書侍郎兼工部尚書平章事趙光允卒　案是書二年六月光允加兼戶部
尚書此處作工部前後互異未知孰是
安巴堅舊作阿保機今改　裕悅舊作于越今改

舊五代史卷三十二考證

舊五代史卷三十三

宋門下侍郎參知政事監修國史薛居正等撰

唐書第九

莊宗紀七

同光三年秋七月丁酉以久雨詔河南府依法祈晴滑州上言黃河決壬寅皇太后崩於長壽宮帝執喪于內出遺令以示于外癸卯帝于長壽宮成服百官于長壽宮幕次成服後于殿前立班奉慰乙巳宰臣上表請聽政不允表再上勅旨宜廢朝七日丁未宏文館上言請依六典改宏文館爲崇文館從之時樞密使郭崇韜亡父名宏豆盧革希崇韜指奏而改之（五代會要同光三年勅云崇文館比與宏文館並置今請改稱頗協舊典蓋豆盧革曲爲之說也）洛水泛漲壞天津橋以舟濟渡日有覆溺者己酉宰臣百官上表請聽政又請復常膳表凡三上以刑部尚書李琪充大行皇太后山陵禮儀使河南尹張全義充山陵橋道排頓使孔謙充監護使壬子河陽陝州上言河溢岸以禮部尚書王正言爲戶部尚書以御史中丞崔協爲禮部尚書

以刑部侍郎史館修撰判館事崔居儉爲御史中丞以尚書左丞歸藹爲刑部侍郎陝州上言河漲二丈二尺壞浮橋入城門居人有溺死者乙卯汴州上言汴水泛漲恐漂没城池于州城東西權開壕口引水入古河澤濼上言自今月一日雨至十九日未止戊午以刑部尚書判太常卿兼判吏部尚書銓事李琪爲吏部尚書依前判太常卿以兵部侍郎集賢殿學士判院事盧文紀爲吏部侍郎以給事中李光序爲尚書右丞許州滑州奏大水八月壬戌詔諸司人吏不許諸處奏薦如有勞績只許本司奏聞詔有司吳越王印宜以黃金鑄成其文曰吳越國王之印丁卯帝釋服百官奉慰于長壽宮戊辰客省使李嚴使蜀迴初帝令往市蜀中珍玩蜀法嚴峻不許奇貨東出其許市者謂之入草物嚴不獲珍貨歸而奏之帝大怒曰物歸中夏者命之曰入草王衍寧免爲入草之人耶由是伐蜀之意鋭矣庚辰幸壽安山陵作所鄴都大水御河泛溢癸未河南縣令羅貫長流崖州尋委河南府決痛杖一頓處死坐部內橋道不修故也及死人皆寃之甲申山陵禮儀使奏山陵封城之內先有邱墳合令子孫改卜

舊例給其所費無子孫者官爲瘞藏如是五品以上官所司仍以禮致祭從之
鳳翔奏大水己酉中書門下上言據禮儀使狀準故事太常少卿定大行太后
謚議太常卿署定訖告天地宗廟伏準禮文賤不得誄貴子不得爵母后必謚
于廟者受成于祖宗今大行太后謚請太常卿署定後集百官連署謚狀訖讀
于太廟太祖皇帝室然後差丞郎一人撰册文别定日命太尉上謚册于西宮
靈座同日差官告天地太微宮宗廟如常告之儀從之青州大水蝗己丑以襄
州留後李紹珙爲襄州節度使以邠州留後董璋爲邠州節度使九月辛卯朔
河陽奏黃河漲一丈五尺癸巳中書上言大行皇太后謚議合讀于太廟太祖
室其日集兩省御史臺五品已上尚書省四品已上諸司三品已上官于太廟
序立從之鎮州衞州奏水入城壞廬舍乙未制封第三子鄴都留守興聖宮使
檢校太尉同平章事判六軍諸衞事繼岌爲魏王幸壽安陵庚子襄州奏漢江
漲溢漂溺廬舍是日命大舉伐蜀詔曰朕夙荷丕基乍平僞室非不欲寵綏四
海協和萬邦庶正朔以遐同俾人倫之有序其或地居陬裔位極驕奢殊乖事

大之規但蘊偷安之計則必徵諸典訓振以皇威爰興伐罪之師冀遏亂常之黨蠢茲蜀主世負唐恩間者父總藩宣任君統制屬朱温東離汴水致昭皇西幸岐陽不務扶持反懷顧望盜據劍南之土宇全虧閫外之忱誠先皇帝早在并門將興霸業彼既會馳書幣此亦復展謝儀後又特發使人專持聘禮彼則更不迴一介之使答咫尺之書星歲俄移歡盟頓阻朕頃遵遺訓嗣統列藩追昔日之來誠繼先皇之舊好累馳信幣皆絕酬還背惠食言棄同卽異今觀孽豎紹據山河委閹宦以持權憑阻修而僭號早者曾上秦王緘札張皇蜀地聲塵形侮黷之言辭謗親賢之勳德昨朕風驅銳旅電掃兇渠復已墜之宗祧纘中興之歷數捷音旋報復命仍稽使來而尚抗書題情動而先誇險固加以宋光葆輒陳狂計別啓奸謀將欲北顧秦川東窺荊渚人而無禮罪莫大焉昨客省使李嚴奉使銅粱近歸金闕凡于奏對備述端由其宋光嗣相見之時于坐上便有言說先問契丹強弱次數秦王是非度此包藏可見情狀加以疏遠忠直朋比奸雄內則縱恣輕華競貪寵位外則滋彰法令蠹耗生靈既德力以不

量在神祇之共憤今命與聖宮使魏王繼岌充西川四面行營都統命侍中樞密使郭崇韜充西川東北面行營都招討制置等使荊南節度使高季興充西川東南面行營都招討使鳳翔節度使李曮充供軍轉運應接等使同州節度使李令德充行營招討副使陝府節度使李紹琛充行營蕃漢馬步都排陣斬斫使西京留守張筠充西川管內安撫應接使華州節度使毛璋充行營左廂馬步都虞候邠州節度使董璋充行營右廂馬步都虞候客省使李嚴充西川管內招撫使總領闕下諸軍兼四面諸道馬步兵士取九月十八日進發凡爾中外宜體朕懷辛丑授魏王繼岌諸道行營都統餘如故繼岌既授都統之命以梁漢顒充中軍馬步都虞候兼馬步軍都指揮使張廷蘊爲中軍步軍都指揮使牛景章充中軍左廂馬軍都指揮使沈斌充中軍右廂馬軍都指揮使卓瓌充中軍左廂步軍都指揮使王贇充中軍右廂步軍都指揮使供奉官李從襲充中軍馬步軍都監高品李廷安呂知柔充魏王衙通謁詔工部尚書任圜翰林學士李愚參魏王軍事丁未夕徧天陰雲北方有聲如雷野雉皆鳴俗所

謂天狗落戊申魏王繼岌樞密使侍中郭崇韜進發西征太子少師致仕薛廷珪卒贈右僕射甲寅幸壽安陵司天上言自七月三日大雨至九月十八日後方晴三辰行度不見丁巳幸尖山射鴈冬十月庚申朔宰臣及文武三品以上官赴長壽宮上大行皇太后謚曰貞簡皇太后辛酉幸甘泉遂幸壽安陵壬戌魏王繼岌率師至鳳翔先遣使馳檄以諭蜀部丁卯奉皇太后尊謚寶冊赴西京靈座宰臣豆盧革攝太尉讀冊文吏部尚書李琪讀寶文百官素服班于長壽宮門外奉慰淮南楊溥遣使進慰禮己巳中書上言貞簡太后陵請以坤陵爲名從之初卜山陵帝欲祔于代州武皇陵奏議天子以四海爲家不當分其南北乃于壽安縣界別卜是陵（五代會要載中書門下奏議云人君以四海爲家不當分其南北洛陽是帝王之宅四時朝拜禮須便近不能遠幸代州今漢朝諸陵皆近秦雍國朝陵寢布列京畿後魏文帝自代遷洛之後園陵皆在河南兼勳功臣之家不許北葬今魏氏諸陵尙在京畿祔葬代州理未爲允從之）丙子以前翰林學士戸部侍郎馮道依前本官充職戊寅西征之師入大散關（九國志趙庭隱傳云自入敵境即禁兵士焚廬舍剽財物蜀人德之）僞命鳳州節度使王承捷故鎮屯駐指揮使唐景思次第迎降得兵一萬二千軍儲四十萬又下三泉得軍

儲三十餘萬自是師無匱乏軍聲大振辛巳僞興州刺史王承鑒成州刺史王承朴棄城遁去康延孝大破蜀軍于三泉時王衍將幸秦州以其軍五萬屯于利州聞我師至遣步騎三萬逆戰于三泉延孝與李嚴以勁騎三千擊之蜀軍大敗斬首五千級餘衆奔潰王衍聞敗自利州奔歸成都斷吉柏津浮梁而去丁亥文武百官上表以貞簡皇太后靈駕發引請車駕不至山陵所戊子葬貞簡太后于坤陵己丑魏王繼岌至興州僞東川節度使宋光葆以梓綿劍龍普五州來降武定軍使王承肇以洋蓬壁三州來降興元節度使王宗威以梁開通渠麟五州來降階州刺史王承岳納符印請命秦州節度使王承休棄城自扶州路奔于西川太平廣記引王氏見聞記云王承休握銳兵于天水兵刃不舉既知東軍入蜀遂擁麾下之師及婦女孩幼萬餘口金銀繒帛于西蕃買路歸蜀沿路爲西蕃擄奪凍餓相踐而死迨至蜀存者百餘人唯與田宗汭等脫身而至魏王使人問之曰親握重兵何得不戰曰畏大王神武不敢當其鋒曰何不早降曰蓋緣王師不入封部無門納款曰初入蕃部幾許人曰萬餘口今存者幾何曰纔及百數魏王曰汝可償萬人之命遂斬之

十一月庚寅朔帝幸壽安號慟于坤陵戊戌以振武節度使朱守殷爲兗州節度使徐州鄴都上言十月二十五日夜地大震康延孝至利州修吉柏津浮梁

僞昭武軍節度使林思諤來降辛丑魏王過利州帝賜王衍詔諭以禍福甲辰魏王至劍州僞武信軍節度使王宗壽以遂合渝瀘忠五州來降丁未高麗國遣使貢方物康延孝李嚴至漢州王衍遣人送牛酒請降李嚴遂先入成都戊申祔貞簡皇太后神主于太廟己酉魏王至綿州王衍遣使上牋歸命庚戌皇弟鄆州節度使存霸滑州節度使存渥左金吾大將軍晉州節度使存乂邢州節度使存紀並授起復雲麾將軍右金吾大將軍同正荆南節度使高季興奏收復歸夔忠等州辛亥魏王至德陽僞六軍使王宗弼報王衍舉家遷于西宅宗弼權稱西川兵馬留後又報僞樞密使宋光嗣景潤澄宣徽使李周輅歐陽晃同有異謀惑亂蜀主已梟斬訖九國志王宗弼傳唐師陷鳳州衍遣三招討屯三泉以拒唐師未戰三招討俱遁走因令宗弼守綿谷而誅三招討宗弼遂與三招討同送款于魏王乃還成都斬宋光嗣等函首送于魏王遷衍及母妻于西宮壬子王衍遣使上表請降癸丑以吳越國馬步統軍使檢校太傅錢元球爲檢校太尉守侍中充靜海軍節度使乙卯魏王至西川城北丙辰蜀主王衍出降語在衍傳丁巳大軍入成都法令嚴峻市不易肆自興師凡七十五日蜀平得兵士三萬兵仗七

百萬糧三百五十三萬錢一百九十二萬貫金銀共二十二萬兩珠玉犀象二萬紋錦綾羅五十萬得節度州十郡六十四縣二百四十九己丑禮儀使奏貞簡皇太后升祔禮畢一應宗廟伎樂及諸祀並請仍舊從之十二月壬戌以前雲州節度使李存敬爲同州節度使以同州節度使檢校太保同平章事李令德爲遂州節度使以邠州節度使檢校太保董璋爲劍南東川節度副大使知節度事以華州節度使毛璋爲邠州節度使以左金吾大將軍史敬鎔爲華州節度使丁卯以武寧軍節度副使李紹文爲兗州觀察留後庚午宴諸王武臣于長春殿始用樂丙子以北京副留守太原尹孟知祥爲檢校太傅同平章事成都尹劍南西川節度副大使知節度事西山八國雲南都招撫等使以戶部尚書王正言爲檢校吏部尚書守與唐尹充鄴都副留守以鄴都副留守與唐尹張憲檢校吏部尚書太原尹充北京副留守知留守事己卯以獵辰狩于白沙皇后皇子宮人畢從庚辰次伊闕辛巳次潭泊壬午次龕澗癸未還宮是時大雪苦寒吏士有凍踣于路者伊汝之民飢乏尤甚衛兵所至責其供餉既不

能給因壞其什器撤其廬舍而焚之甚于剽刦縣吏畏恐竄避于山谷間甲申出御札示中書門下以今歲水災異常所在人戶流徙以避徵賦關市之征抽納繁碎宜令宰臣商量條奏丙戌第三姑宋氏封義寧大長公主長姊孟氏封瓊華長公主第十一妹張氏封瑤英長公主閏十二月甲午賜中書門下詔曰朕聞古先哲王臨御天下上則以無偏無黨爲至治次則以足食足兵爲遠謀緬惟前修誠可師範朕纂承鳳歷嗣守鴻圖三載于茲萬幾是總非不知五兵未弭兆庶多艱蓋賴卿等寅亮居懷康濟爲務冀盡數與之理洞詢盍徹之規今則潛按方區備聆謠俗或力役罕均其勞逸或賦租莫辨于後先但以督促爲名煩苛不已被甲胄者何嘗充給趨朝省者轉困支持州閭之貨殖全疎天地之災祥屢應以至星辰越度旱澇不時農桑失業于田園道殣相望于郊野生靈及此寢食寧遑豈非朕德政未孚焦勞自拙者耶朕昨親援毫翰軫念瘡瘼一則詢爾謀猷一則表予宵旰未披來奏轉撓于懷敢不翼翼罪躬乾乾軫慮咨爾四岳弼予一人何不舉賢才裨寡昧百辟之內羣后之間莫不有盡忠

者被掩其能抱器者艱陳其力或草澤有遺逸之士山林多屈滯之人爾所不知吾將安訪卿等位尊調鼎名顯代天既逢不諱之朝何恡由衷之說當宜歷告中外急訪英髦應在仕及前資文武官已下至草澤之士有濟國治民除姦革弊者並宜各獻封章朕當選擇施行其近宣御札亦告諭內外體朕意焉是時兩河大水戶口流亡者十四五都下供饋不充軍士乏食乃有鬻子去妻老弱採拾于野殍踣于行路者州郡飛輓旋給京師租庸使孔謙日于上東門外佇望其來算而給之加以所在泥潦輦運艱難愁歎之聲盈于道路四方地震天象乖越帝深憂之問所司濟贍之術孔謙比以吏進故無保邦濟民之要務唯以急刻賦斂爲事樞密承旨段徊奏曰臣見本朝時或遇歲時災歉國費不足天子將求經濟之要則內出朱書御札以訪宰臣請陛下依此故事行之即命學士草詞帝親札以訪宰臣非帝憂民之實也時宰相豆盧革等依阿徇旨竟無所陳但云陛下威德冠天下今西蜀平定珍寶甚多可以給軍水旱作沴天之常道不足以貽聖憂中官李紹宏奏曰侯魏王旋軍之後若兵額漸多饋

輓難給請且幸汴州以便漕輓時羣臣獻議者亦多大較詞理迂闊不中時病唯吏部尚書李琪引古田租之法從權救弊之道上疏言之帝優詔以獎之丁酉詔僞蜀私署官員等惟名與器不可假人況是遐僻偏方僭竊僞署因時亂而濫稱名位歸國體而悉合削除但恐當本朝屯否之時有歷代簪纓之士既陷彼土遂授僞官又慮有曾受本朝渥恩當時已居班秩須爲升降不可通同應僞署官至太師太傅及三少幷太尉司徒司空侍中中書令左右僕射已上並宜降至六尚書臨時更約僞署高低爲六行次第階至開府特進金紫者宜令文班降至朝散大夫武班降至銀青爵僞署將相已下與開國男餘並不得更稱封爵其有功臣者削去（五代會要云其有功臣名號並宜削去）如是僞署節鎮伐罪之初率先向化及立功效者宜委繼岌崇韜臨時奬任其刺史但許稱使君不得更有檢校官其僞署班行正四品以上酌此降黜五品以下如不曾經本朝授官若材智有聞即許于府縣中量材任使如無材智可錄止是蜀地士人並宜放歸田里如是西班有稱統軍上將軍者若是本朝功臣子孫及將相之嗣並據人

材高下與諸衞小將軍府率中郎將次第授任如是小將軍已下據人材堪任使者宜委西川節度使衙前補押衙不堪任使者亦宜放歸田里應已前降官除軍前量事迹任使外餘並稱前銜候朝廷續據才行任使庚子彰武保大等節度使高萬興卒甲辰淮南楊溥遣使朝貢乙巳以晉州節度使李存乂爲鄜州節度使以相州刺史李存確爲晉州節度使丙子兩省諫官上疏請車駕不巡幸汴州凡三上章乃允庚戌魏王繼岌奏遣秦州副使徐藹賫書招諭南詔蠻又奏點到兩川馬九千五百三十匹清異錄莊宗滅梁平蜀志頗自逸命蜀匠織十幅無縫錦爲被材被成賜名六合被辛亥制皇第二弟存霸可封永王第三弟存美可封邕王第四弟存渥可封申王第五弟存乂可封睦王第六弟存確可封通王第七弟存紀可封雅王是歲日旁有背氣凡十三

舊五代史卷三十三

舊五代史卷三十三考證

唐莊宗紀七禮部尚書王正言　正言原本作直言今據歐陽史改正

其許市者謂之入草物　入草原本訛全草今據通鑑及冊府元龜所引薛史改正

鎮州衞州奏　案原本脫鎮州二字今據冊府元龜所引薛史增入

太子少師致仕薛廷珪卒　少師原本作少保今據列傳改正

斷吉柏津　吉柏通鑑作桔柏考歐陽史亦作吉柏今仍其舊

梁僞昭武軍節度使林思諤來降　思諤原本作世諤今據通鑑十國春秋改正

僞武信軍節度使王宗壽以遂合渝瀘忠五州來降　案九國志王宗壽傳唐師入境郭崇韜遣使遺宗壽書宗壽不納聞衍降乃治裝赴闕歐陽史蜀世家亦言宗壽獨不降聞衍已銜璧大慟從衍東遷據是書則王衍未送款宗壽已降疑傳聞之誤

丙辰蜀主王衍出降　案王衍出降在十一月丙辰通鑑與是書同歐陽史作己酉蓋據上牋歸命而先書之其實己酉唐師尚在綿州未入成都也五代春秋作十二月蜀王衍降尤誤

辛巳次潭泊壬午次龕澗　潭泊原本訛覃泊龕澗原本訛寵澗今並從通鑑改正

長姊孟氏封瓊華長公主　案通鑑以瓊華爲克讓女則莊宗之從姊也隆平集東都事略孟昶傳並云父知祥尚唐莊宗妹俱與是書異

日于上東門外佇望其來　上東門原本作尚東門據通鑑注云洛城東面三門中曰建春左曰上東右曰永春今改正

如是西班有稱統軍上將軍者　西班原本作兩班今據五代會要改正

第七弟存紀可封雅王　雅王原本作睢王考通鑑及歐陽史皆作雅王是書宗室傳亦作雅今改正

舊五代史卷三十三考證

珍倣宋版印

西元二〇二〇年十一月一日重製一版

舊五代史（附考證）冊一（宋 薛居正 撰）

平裝四冊基本定價參仟元正
（郵運匯費另加）

發行人　張敏君
發行處　中華書局
臺北市內湖區舊宗路二段一八一巷八號五樓（5FL., No. 8, Lane 181, JIOU-TZUNG Rd., Sec 2, NEI HU, TAIPEI, 11494, TAIWAN）
客服電話：886-2-8797-8396
公司傳真：886-2-8797-8909
匯款帳戶：華南商業銀行西湖分行
179100026931
印　刷：維中科技有限公司
海瑞印刷品有限公司

No. N1055-1

國家圖書館出版品預行編目(CIP)資料

舊五代史/(宋)薛居正撰. -- 重製一版. -- 臺北
市 : 中華書局, 2020.11
冊 ; 公分
ISBN 978-986-5512-35-4(全套 : 平裝)

1.五代史

624.201 109016934